龙文年鉴

LONGWEN YEARBOOK | 2023

中共漳州市龙文区委党史和地方志研究室　编

方志出版社
Publishing House of Local Records

图书在版编目（CIP）数据

龙文年鉴．2023 / 中共漳州市龙文区委党史和地方志研究室编．—北京 ：方志出版社，2023.12

ISBN 978-7-5144-6179-4

Ⅰ．①龙… Ⅱ．①中… Ⅲ．①区（城市）－漳州－2023－年鉴 Ⅳ．①Z525.74

中国国家版本馆 CIP 数据核字（2023）第 250433 号

责任编辑：张　颢

责任校对：张玉霞

责任印制：梅中英

出 版 者：方志出版社

地　　址：北京市朝阳区潘家园东里 9 号（国家方志馆 4 层）

邮　　编：100021

网　　址：http://www.zgfzcb.cn

发　　行：方志出版社图书营销中心（010-67110500）

印　　刷：漳州市正华网印有限公司

开　　本：889 毫米 ×1194 毫米 1/16

印　　张：16.25

字　　数：412 千字

版　　次：2023 年 12 月第 1 版

印　　次：2023 年 12 月第 1 次印刷

定　　价：240.00 元

《龙文年鉴（2023）》编纂委员会

《龙文年鉴（2023）》编辑部

编辑说明

一、《龙文年鉴》是中共漳州市龙文区委员会、漳州市龙文区人民政府主持编纂的年度资料性文献，每年编纂出版一卷，《龙文年鉴（2014）》为首卷，2023卷为第10卷。

二、《龙文年鉴（2023）》以马克思列宁主义、毛泽东思想、邓小平理论、“三个代表”重要思想、科学发展观、习近平新时代中国特色社会主义思想为指导，坚持辩证唯物主义和历史唯物主义的立场、观点和方法，力求全面客观地记载2022年度龙文自然、政治、经济、文化、社会和生态文明建设发展状况，反映龙文经济社会发展进程中的新成就、新事物、新经验，旨在为各级、各部门科学决策提供依据，为社会各界及海内外人士了解和研究龙文，到龙文参观考察、投资兴业提供参考，并为续修地方史志奠定基础。

三、《龙文年鉴（2023）》在保持2022卷基本类目的基础上，改善框架设计，充实栏目内容，更好地丰富年鉴内容、突显龙文地方特色。

四、《龙文年鉴（2023）》记述时限为2022年1月1日至12月31日，记述区情总貌及单位机构时可上溯。凡在文中直书月、日的，均指2022年内的日期，文中“年内”指2022年内。书中涉及其他年份的时间均标明年份。

五、《龙文年鉴（2023）》在编排方式上采用条目体，分类目、分目、条目三级；类目除大事记、龙文概览和中共龙文区委员会、龙文区人民代表大会、龙文区人民政府、政协龙文区委员会、区纪委监委、民主党派、群众团体外，一般按行业或归口管理部门编排；分目除少数特殊行业外，一般按区辖一级单位编排。

六、《龙文年鉴（2023）》数字用法、标点符号用法分别采用国家标准《出版物上数字用法》（GB/T15835—2011）、《标点符号用法》（GB/T 15834—2011），计量单位采用国家技术监督局1993年12月发布的《量和单位》系列国家标准。

七、《龙文年鉴（2023）》采用的资料主要来自全区各级机关、企事业单位、群众团体，部分由编辑人员采编。

八、为便于读者查阅，《龙文年鉴（2023）》在卷首设有目录，卷后配有索引，采用主题词分析法，按首字主题词汉语拼音字母顺序排列。

龙文区地图

比例尺 1：83 000

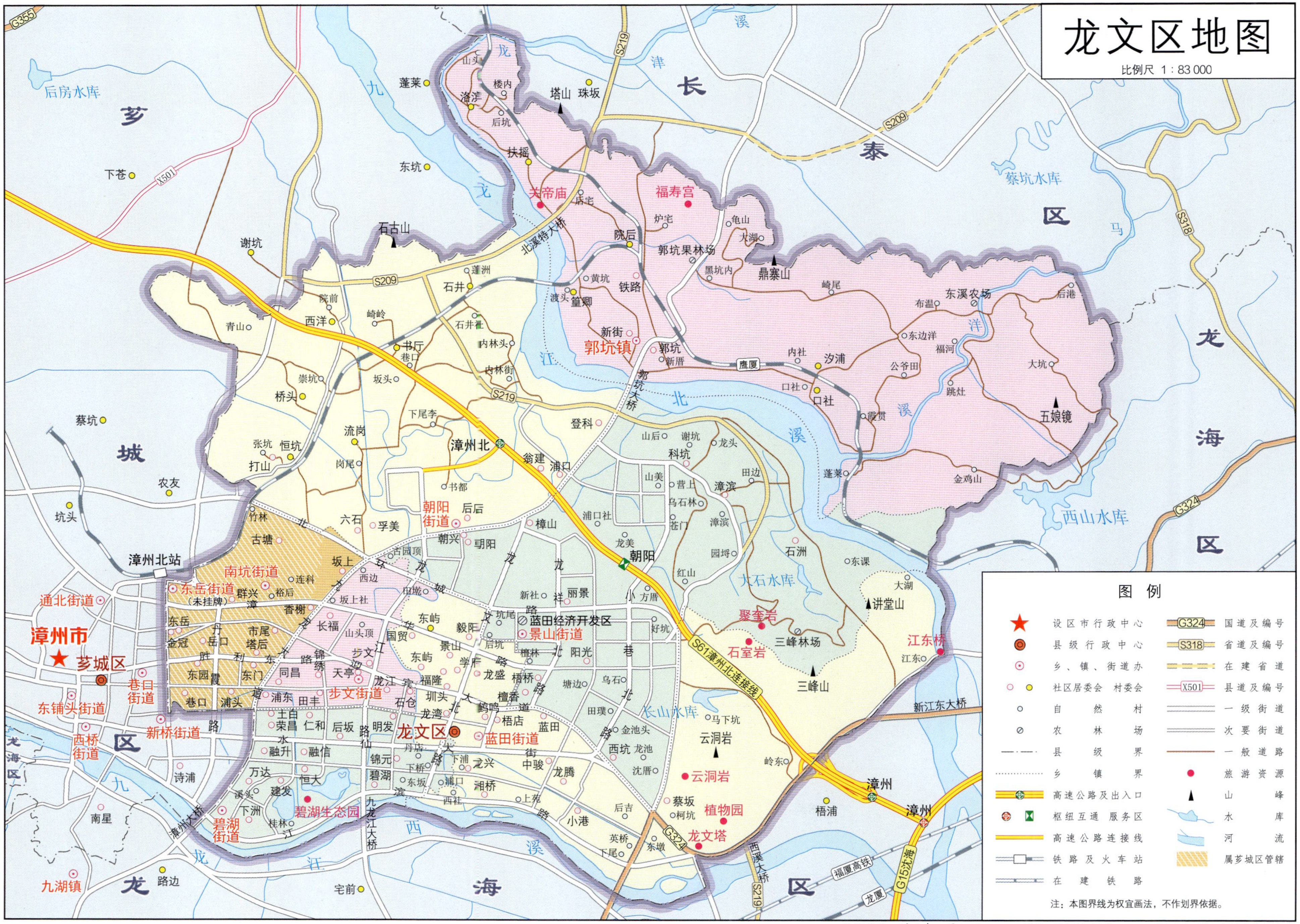

编制单位：福建省地图出版社 截至：2022年12月 审图号：漳S〔2023〕056号

2022 年 12 月 9 日，中国共产党漳州市龙文区第六届委员会第四次全体会议在区政府会议中心召开

2022 年 12 月 23 日，漳州市龙文区第六届人民代表大会第二次会议在区政府会议中心召开

2022 年 12 月 22—23 日，政协第六届漳州市龙文区委员会第二次会议在区政府会议中心召开

2022 年 1 月 29 日，中共漳州市龙文区纪委六届二次全会在区政府会议中心召开

2022 年 2 月 14 日，龙文区委工作会暨“产业发展项目建设攻坚年”动员部署大会在区政府会议中心召开

2022 年 1 月 3 日，蓝田经济开发区科技产业园主体工程项目开工

2022 年 7 月 20 日，福建海峡两岸（国际）农产品物流城复工复产启动暨 1、2 地块奠基仪式举行

2022 年 9 月 16 日，百威中国东南事业部总裁陈宁（左五）一行到龙文参观考察

2022 年 6 月 2 日，康佳集团董事局秘书、康佳移动互联事业部董事长吴勇军（前排右三）一行到龙文参观考察

2022 年 5 月 22 日，协丰集团在第一届中外采购节现场与采购界、深圳智能终端产业联合之家、深圳市南山区手机产业联合会、深圳市儿童智能产品协会、深圳市连接器行业协会举行共建智能终端（东南）生态产业园区战略签约仪式

2022 年 5 月 7 日，龙文区 2022 年惠台服务政银企座谈会暨战略合作签约仪式在厦门银行漳州分行举行

2022 年 6 月 18 日，蓝田经济开发区推进“二次创业”发展暨成立 30 周年大会举行

2022 年 1 月 11 日，漳州跨境电商（数字贸易）孵化园开园

2022 年 4 月 29 日，漳州“数商兴农”首期（郭坑镇）直播带货孵化陪跑培训班开班

2022 年 9 月 9—12 日，“全闽乐购·福见商旅”2022 年漳州市汽车美食中秋惠购活动暨 2022 年“全闽乐购”漳州市中秋国庆促消费活动在闽南水乡举行

2022 年 10 月 20 日，漳州市首家集化妆品检测功效评价与备案服务为一体的综合服务机构——福建中妆技术研究有限公司在龙文区正式开业

2022 年 1 月 3 日，漳州市东环城路马洲大桥正式通车

2022 年 5 月，龙祥北路全线通车

2022 年 9 月 27 日，全市乡村振兴重点镇现场会在郭坑镇召开

2022 年，郭坑镇洛滨村高标准建设农田 33.33 公顷，主要种植苦瓜、丝瓜、黄秋葵等蔬菜

2022 年 5 月，位于西溪亲水公园东墩段的向日葵花海“上线”，成为热门打卡地

2022 年 9 月 9 日，水利部河湖保护中心副主任李春明（左二）带领水利部调研组到龙文区，调研幸福河湖建设，并召开幸福河湖建设成效评估座谈会

2022 年，龙文区建成口袋公园 23 个。图为新浦东路与石仓南路交叉口东南侧联发君领首府口袋公园

2022 年 10 月 1 日，漳州天福茶文化馆在龙文正式开馆

2022 年 12 月，梧桥古厝文创项目开工

2022 年 4 月 1 日，龙文区实验小学改扩建工程开工

2022 年 7 月，漳州市实验小学龙文校区竣工

2022 年 9 月 18 日，“强国复兴有我 凝聚奋进力量”——龙文区喜迎二十大群众性主题宣传教育系列活动在闽南水乡启动

2022 年 12 月 17 日，第十四届海峡两岸中华武术大家练活动在吾悦广场举行

2022年9月2日，区委书记朱真（右三）与全国“人民满意的公务员”、区人民检察院一级检察官潘进格（左四）座谈

2022年8月4日，龙文区“零工服务中心（驿站）”揭牌

目录

大事记

龙文概览

中共龙文区委员会

龙文区人民代表大会

龙文区人民政府

政协龙文区委员会

纪检 监察

民主党派

群众团体

法 治

军 事

经济管理和监督

应急管理

农 业

工业与开发区

商 业

经贸合作

财政 税务

金 融

交 通

城乡建设

资源 环境

科技 教育

文化 旅游 融媒

卫生 体育

人力资源

社会民生

镇（街道）

人物·荣誉

附　录

索　引

大事记

1月

1日　“翰墨歌盛世、丹青颂龙文　新年书画名家作品展”在闽南水乡开展。省文联副主席、省美术家协会主席王来文，省美术家协会副主席兼秘书长赵胜利，区委书记朱真、区长林晓强等出席开幕式。

3日　龙文区举行2022年第一季度重点项目集中开竣工活动。开竣工重点项目48个，总投资229亿元，年度计划投资45亿元。市领导吴达金、林晓东，区领导朱真、林晓强、戴志嵩、李华胜等参加活动。

3日　龙文区召开经济运行分析会暨高质量发展项目、国家“十四五”重大工程支撑项目工作推进会。

5日　市安委会到龙文区考核2021年度安全生产暨消防工作目标责任制落实情况。

9日　漳州市慈善总会联合芗城区、龙文区慈善总会在漳州市委党校广场举行“漳州市2022年新春‘善情暖万家’活动启动暨漳州市慈善总会义工组织授旗仪式”。市政府一级巡视员张翼腾、市慈善总会会长游婉玲参加活动。

10日　副市长林少金一行到大闽食品、和动力智能科技、宏香记食品、百威雪津和青蛙王子等企业，调研工业企业生产和技改项目建设情况。

10日　漳州市举行招商大会暨项目签约活动。大会采用主会场+16分会场签约模式。龙文区组织10个项目签约，总投资72.1亿元。其中，富乘创新式智能划船器生产基地项目在市主会场现场签约，总投资8亿元。

11日　漳州跨境电商（数字贸易）孵化园开园仪式暨首届漳州数字经济峰会在龙文区举行。副市长郑立敏、区委书记朱真、区长林晓强等参加活动。

11日　龙文区召开2021年“六比一看”总结暨2022年“七比一看”竞赛活动部署会。

13日　市关工委主任李天森带领市关工委、市红十字会相关人员到蓝田开发区实验小学，开展关爱慰问活动。

13日　市决策督查办督查调研组到龙文区，开展九龙江西溪上坂断面水质提升和市区及周边地区空气质量提升专项督查调研。

14日　市政协主席吴文团、副主席曹阳一行到蓝田街道蔡坂社区、东屿社区、郭坑镇口社村，看望慰问困难群众和困难党员；到恒丽电子走访慰问专家人才邵跃明。

14日　龙文区召开全区党史学习教育总结大会。区委书记朱真参加并讲话，党史学习教育市委第一巡回指导组张志坚到会指导。

17日　副市长、市公安局局长林晓东一行到思特电子、片草心·熹玥会月子中心，走访慰问高层次人才。

18日　龙文区在融信皇冠假日酒店举行乡村振兴专场新闻发布会。

20日　省未成年人思想道德建设中心主任徐康一行到龙文区，看望慰问首届全国道德模范提名奖获得者阮文发。

20日　副市长兰万安带领市直有关部门负责人到双锦贸易、恒浦工贸，调研节前稳产保供和粮食安全生产工作。

29日　副市长郑立敏带领市直有关单位负责人到大润发龙文店，开展节日供应和疫情防控工作检查。

29日　中共漳州市龙文区第六届纪律检查委员会第二次全体会议召开。区委书记朱真到会讲话，区长林晓强、区人大常委会主任戴志嵩、区政协主席李华胜参加会议，市纪委监委第三纪检监察室相关负责人到会指导。

2月

7日　市委副书记黄水木一行到国峰精机、富乘健康科技等台资企业，走访看望台商。

10日　省人社厅党组书记、厅长孔繁军一行到恒丽电子、青蛙王子集团，督导调研稳岗稳工工作。副市长林少金、区委书记朱真等参加调研。

10日　市政协主席吴文团一行到大闽食品、雷勃动力传动、明鑫智能科技、青蛙王子、奥佳华智能健康产业园、恒丽电子等企业走访调研。

14日　龙文区召开区委工作会暨“产业发展项目建设攻坚年”动员部署大会。

15日　区委召开人大工作会议。区委书记朱真参加会议并讲话，区长林晓强主持会议，区人大常委会主任戴志嵩作总结讲话，区政协主席李华胜等参加会议。

16日　市政府一级巡视员张翼腾带领市直有关部门负责人到蓝田街道毅阳社区食堂、老年人照料中心、近邻党建活动室等，调研养老服务和社区工作。

17日　市委常委、组织部部长蔡亚东一行到区党群活动服务中心、青蛙王子集团、数字人才培训学院、蓝田街道福隆社区及郭坑镇洛滨村等地，就基层党建、人才引育、抓党建促乡村振兴等工作开展调研。

21日　副市长崔为磊带领市委台港澳办人员到富乘健康科技，调研对台工作。

21日　省残联、省人社厅认定区漳州市杰龙机电有限公司为2021年“福建省安排残疾人就业爱心单位”。

25日　省统计局党组书记、局长叶飞文带领省统计局调研组一行到大闽食品（漳州）有限公司和漳州市跨境电商孵化园，调研企业发展情况。市领导侯为东，区领导朱真、林晓强等陪同调研。

25日　副市长余向红、市政协副主席曹阳一行到漳州三中龙文校区项目建设现场，调研教育重点项目建设情况。

27日　区委书记朱真主持召开区全民健康管理工作座谈会，与中国县域医院院长联盟医院发展专家委员会主任委员、清华大学医学院健康中国领导力研究中心主任周生来教授一行，探讨研究龙文区全民健康管理工作规划。

3月

1日　副市长林少金到弘敏机电、科能电器和省农科院亚热带农业研究所，调研科研机构、科技企业发展情况。

2日　闽南师范大学党委书记吴彬镪、副校长蒋一婷一行到闽南师范大学龙文附属小学和闽南师范大学龙文附属幼儿园，调研指导工作。区长林晓强陪同调研。

2日　市委常委、市纪委书记、市监委主任陈文聪一到辖区街道、社区和项目、企业一线，就学习贯彻习近平总书记重要讲话重要指示批示精神，落实省委“提高效率、提升效能、提增效益”行动部署和全市“产业发展项目建设攻坚年”活动、“七比一看”竞赛要求，推进基层党风廉政建设和反腐败工作等开展调研。

2日　省林业局副局长林旭东一行到闽佳鑫人造板、悦丰木业等企业调研。

2日　市政协党组副书记、副主席陈跃鸿带领市政协调研组到郭坑扶摇文化产业项目、奥特路（漳州）光学科技、思特电子，开展“产业发展项目建设攻坚年”视察活动。

3日　省科技厅副厅长游建胜一行到大闽食品，调研科技创新工作。副市长林少金陪同调研。

3日　省体育局群体处一级调研员叶晓天带领调研组到智慧体育公园规划用地、仁和社区体医融合试点，调研体育工作。

4日　市人大常委会副主任李亚树带领调研组到无极药业、富乘健康科技、奥佳华智能健康产业园区和青蛙王子（福建）婴童护理用品等地，调研医药健康产业发展情况。

7日　省民政厅副厅长赵荣生一行到德润老年公寓、保利世茂璀璨滨江配建养老项目，调研督导养老服务“双十条”措施落实情况。市政府一级巡视员张翼腾、区委书记朱真等陪同调研。

9日　省委统战部常务副部长、省侨办主任黄进发一行到恒丽海丝钟表博物馆，调研党外代表人士队伍建设等工作。市委常委、组织部部长蔡亚东，区委书记朱真等陪同调研。

9日　市委副书记黄水木一行到景山社区卫生服务中心和西坑村公办卫生所，调研医疗卫生工作。

16日　副市长崔为磊一行到震东机械、国峰精机和福建古厝文化研究会，调研对台融合工作。

16日　副市长潘全胜一行到九十九湾内林双向泵站取水口、上美湖、湘桥湖、迎宾路响水桥北侧、碧湖生态公园，调研河湖及道路交通相关工作。

4月

1日　龙文区举行2022年第二季度项目集中开竣工仪式。开竣工项目42个，总投资98亿元，年度计划投资29.2亿元。市政协主席吴文团，区领导朱真、林晓强、戴志嵩、李华胜等参加。

11日　副市长兰万安一行到桂林排涝站、市区防洪堤下洲段和桂林水闸，调研市区防洪堤及九龙江防洪工程建设情况。

15日　市政协副主席曹阳带领创建全国文明城市督查组到区荣昌市场、清北学友书店、漳州市实验中学周边、市行政服务中心、龙文区创建全国文明城市指挥部等地，开展创城督查工作。

18日　市委副书记黄水木一行到大闽食品（漳州）有限公司，调研农业龙头企业发展情况。

20日　市政协副主席曹阳带领市督查组到朝阳街道六石、孚美、朝兴、后店等社区以及海峡两岸（国际）农产品物流城，督查创建全国文明城市工作。

21日　市委宣传部副部长黄仲芳带领市创城督查组到荣昌花园、青少年课外活动中心、锦绣社区、莘园小区以及蓝田综合大市场等地，督查创建全国文明城市工作。

22日　副市长林少金一行到奥佳华智能健康产业园区、福建和动力智能科技有限公司，调研推进“重中之重”项目建设。

24日　市政协副主席曹阳带领督查组到步文街道坂上中心小学、西蕃莲农贸市场、浦东批发市场、石仓永荣路菜市场等地，开展创建全国文明城市工作督查。

28日　省政协副主席、农工党省委会主委刘献祥带领省政协调研组到闽南水乡示范段、湘桥华佗庙等地，就加快培育文旅经济产业开展专题调研。

28日　副市长兰万安带领市直有关部门负责人到郭坑镇江畔家庭农场、猴照山家庭农场，调研推进特色现代农业产业发展。

28日　龙文区召开创建全国文明城市再动员再部署会。市政协副主席曹阳对近阶段创城工作作点评，区委书记朱真作强调讲话，市督查组成员、区长林晓强等参加会议。

28日　区委书记朱真主持召开四月份和第二季度“七比一看”竞赛活动推进会。

5 月

1 日　“全闽乐购·魅力龙文”美食嘉年华活动在闽南水乡开幕。

3 日　市政协副主席曹阳带领督查组到碧湖街道东升花园、龙文花园及周边、碧湖生态公园、西溪亲水公园等地，督查创建全国文明城市工作。

5 日　副市长郑立敏一行到万达广场，检查安全生产及创建全国文明城市工作。区长林晓强参加检查。

6 日　副市长林少金带领相关单位人员到中海油蓝田分输站，开展安全生产专项检查。

6 日　市政协副主席曹阳带领市督查组到蓝田街道东屿社区、漳州市第九中学、中骏蓝湾、龙腾社区等地，督查创建全国文明城市工作。

12 日　省委网信办副主任杨晓冬一行到漳州信产跨境电商孵化园，调研互联网企业发展情况。

12 日　省计生协会副会长张才毕，省计生协会党组成员、专职副会长、秘书长刘腾发带领调研组到景山街道梧桥社区亲子小屋、浦口社区等地，就计生协会组织服务大局转型发展情况开展专题调研。

15 日　市政协副主席曹阳带领市督查组到海峡农产品物流城，督查创建全国文明城市工作。

16 日　龙文区召开创建省级垃圾分类示范区动员部署会。区委书记朱真到会并讲话，区长林晓强主持会议，区人大常委会主任戴志嵩、区政协主席李华胜等区各套班子领导参加会议。

18 日　龙文区“乡村振兴”学历提升班开班仪式在漳州开放大学举行。漳州开放大学党委书记、校长李然出席开班仪式并讲话。

19 日　省防汛抗旱指挥部第二督导组到迎宾大道与景山路交叉口的易涝点，检查防汛备汛工作。

19 日　市政协副主席、民建漳州市委会主委陈仁朝带领市政协调研组到龙文一中、景山社区卫生服务中心、市实验小学龙文校区、龙溪学校、市第三医院等地，开展教育与医疗布局、创新教育与医疗投融资机制专题调研。

22 日　第一届中外采购节暨全球电子业采购大会与电子信息产业年会期间，龙文区在深圳举办招商引资推介会。副市长郑立敏参加活动，区委书记朱真在会上致辞。会后，区委书记朱真一行与深圳市儿童智能产品协会、深圳市连接器行业协会、采购界等商协会以及协丰集团负责人开展对接洽谈。

22 日　市政协副主席曹阳带领督查组到郭坑镇农贸市场、芦州渡口、郭坑新时代文明实践所、人民路、口社村等地，督查创建全国文明城市工作。

24 日　市妇联主席黄淑红一行到郭坑镇口社村、汐浦村、步文街道龙江社区等地，开展“好厝边”巾帼志愿服务及垃圾分类专项调研。

25 日　民盟漳州市委会与区委统战部联合在郭坑中心小学，举办“同心校园行”系列活动启动仪式。市人大常委会副主任、民盟漳州市委会主委吴芳华参加启动仪式。

26 日　副市长余向红带领一行到蓝田街道悦芽托育服务中心，调研托育服务工作。

26 日　龙文区医学会成立仪式在漳州市第三医院举行。

28 日　市城管局和区城管局联合在碧湖、步文、蓝田街道开展“门前三包”专项整治行动。市城管局局长卢坚到场指导。

29 日　市创城整改工作领导小组龙文区督查工作组组长曹阳一行到景山街道、蓝田经济开发区，督查创建全国文明城市工作。

6 月

2日　康佳集团董事局秘书、康佳移动互联事业部董事长吴勇军一行，到龙文区城市会客厅、蓝田经济开发区科技产业园、郭坑镇等地参观考察。区委书记朱真等陪同考察。

2日　龙文区举行矢崎项目增产增效签约仪式。区委书记朱真、区长林晓强参加仪式并见证现场签约。

4日　市政协副主席曹阳带领督查组到辖区，督查创建全国文明城市工作。

8日　副市长林少金一行到矢崎汽配、顶津食品、金锐达金属包装等公司，调研企业生产经营情况。

8日　市侨联调研组到港昌工贸有限公司和郭坑镇，调研食品行业侨资企业、基层侨联组织相关情况。

10日　市政协副主席曹阳带领督查组到长福社区、明发商业广场周边、朗域商业广场、市医院龙文院区周边等地，督查创建全国文明城市工作。

14日　市人大常委会党组副书记、副主任林俊德带领相关部门工作人员，到华星燃气郭坑LPG储备站、宝龙广场城市综合体、安然燃气蓝田门站等地，视察燃气安全管理工作。

15日　副市长兰万安带领市直有关部门负责人到郭坑镇口社村、扶摇村等地，调研推进乡村振兴工作。

15日　龙文区人民政府与闽南师范大学战略合作框架协议签订仪式举行。闽南师范大学领导吴彬镪、李顺兴、蒋一婷、林致远，区领导朱真、林晓强等参加仪式。

16日　副市长兰万安带领市直有关部门负责人到浦头港锦绣碧湖段、东墩排涝站等地，督导推进城市河湖管理工作。

18日　蓝田经济开发区召开推进“二次创业”发展暨成立30周年大会。市领导李亚树、曹阳，区领导朱真、林晓强、戴志嵩、李华胜等参加大会。

21日　市政府一级巡视员张翼腾一行到朝阳街道朝兴社区、打山社区幸福院和郭坑镇郭坑社区幸福院，调研为民办实事项目。

24日　工信部国际经济技术合作中心主任郑红、福州海峡两岸和平统一促进会会长陈承茂一行，到百威雪津（漳州）啤酒有限公司和和动力智能科技有限公司调研指导。副市长林少金、区长林晓强等陪同调研。

29日　先正达集团中国乡村振兴平台事业部中部大区总经理刘怀带领考察团，到郭坑树葡萄基地、口社中央厨房项目，实地参观考察。区长林晓强等陪同考察。

29日　平安福建建设表彰大会暨更高水平的平安福建建设工作会议在福州召开。龙文区获评“福建省平安建设示范县（市、区）”，步文街道锦绣社区、区人民检察院检察官潘进格分别获评平安福建建设先进集体和先进个人。

30日　三明市三元区区长肖世龙带领考察团，到龙文城市会客厅、青蛙王子集团、跨境电商孵化园、大闽食品（漳州）有限公司等地考察交流对口帮扶工作。

7月

1日　市政协副主席曹阳带领市督查组到蓝田街道毅阳社区、碧湖街道翰苑颐园小区、步文街道浦东批发市场和华东工业品批发市场等地，督查创建全国文明城市工作。

1日　市公安局龙文分局党建活动中心正式开馆。市公安局党委副书记、常务副局长梁宣旗，市公安局副局长、龙文区政府副区长、市公安局龙文分局局长林培利，市直机关工委副书记李恒超参加开馆仪式并参观展厅。

1日　海诺斯（漳州）工业机械有限公司等13家企业入选省科技厅公布的2022年省科技“小巨人”企业名单。

2日　龙文区在蓝田街道福隆社区广场举行闽台少数民族文化交流周启动仪式。

7日　市人大常委会副主任林俊德带领督查组到万达广场和明发社区，督查《漳州市市容和环境卫生“门前三包”责任区管理若干规定》贯彻实施情况。

8日　青蛙王子（福建）婴童护理用品有限公司董事长李振辉，被福建省企业与企业家联合会评为“第十九届福建省优秀企业家”称号。

14日　省人大常委会检查组到郭坑镇口社村、东溪农场，开展《乡村振兴促进法》执法检查暨乡村振兴三级联动调研。市人大常委会副主任沈茂欣、副市长兰万安、区人大常委会主任戴志嵩等参加调研。

15日　省生态环境厅调研组到龙文城市会客厅、碧湖街道、闽南水乡、郭坑镇、云洞岩、恒丽钟表博物馆等地，就区创建国家生态文明示范区省级预审工作开展调研。

19日　市委统战部调研组到郭坑镇口社村、金鸡山生态旅游项目等地，就乡村振兴和乡村生态旅游项目建设情况开展调研。

20日　省退役军人厅副厅长陈浩一行到朝阳街道六石社区，开展“八一”走访慰问活动。

20日　龙文区举行福建海峡两岸（国际）农产品物流城复工复产启动暨1、2地块奠基仪式。市领导郑立敏、曹阳，区领导朱真、林晓强，华尔顿集团创始人陈光明等参加活动。

21日　市政协副主席陈仁朝带领调研组到区铭望托育中心和悦芽托育中心，走访调研托育服务机构建设情况。

27日　市人大常委会副主任吴芳华一行到闽师大龙文附小、锄禾文化艺术培训中心等地，调研落实学校及教育主阵地作用、促进学生全面健康发展等情况。

8月

2日　漳州市首个街道层级新阶联——龙文区碧湖街道新的社会阶层人士联谊会召开第一次会员大会暨成立大会。市委统战部副部长黄文龙等参加会议。

4日　副市长林少金一行到奥佳华智能健康产业园区、漳州跨境电商（数字贸易）孵化园等地，督导推进市“重中之重”项目建设和调研就业服务工作。

4日　蓝田、步文、碧湖、朝阳、景山5个街道党工委书记和郭坑镇党委书记在区政府会议室进行模拟招商推介，区委书记朱真、区长林晓强参加活动并讲话。

4日　深圳市儿童智能产品协会会长陈国平一行到蓝田经济开发区，进行回访考察。区委书记朱真参加会见。

5日　中央统战部副部长、全国工商联党组书记、常务副主席徐乐江带领全国工商联调研组到恒丽电子有限公司和大闽食品（漳州）有限公司，调研区部分民营企业和商会发展工作。市领导吴卫红、区领导朱真等参加调研活动。

5日　龙文区召开区人武部部长任职命令宣布大会。漳州军分区大校司令员王常明到会宣读中央军委国防动员部命令和军分区党内任职通知，任命黄伟强为区人民武装部上校部长、党委副书记。

8日　省住建厅城管处处长黄常青一行，到永年公园美学小区社区爱心互助驿站、小区垃圾分类互动体验中心和小区定时分类投放点位，调研生活垃圾分类工作。

10日　区长林晓强一行与中南大学“星火计划”实践团举行座谈交流会。

15日　副省长、台盟福建省委员会主委郑建闽带领省直有关部门负责人到大闽食品（漳州）有限公司，围绕省第十一次党代会对漳州发展定位开展专项民主监督调研。市领导吴卫红、张翼腾，区领导朱真等陪同调研。

18日　市政协副主席陈仁朝带领市创建全国文明城市工作领导小组龙文区督查工作组到蓝田综合大市场、钱隆公馆、国贸润园等地，开展现场督查并召开座谈会。

18日　市决策督查办到上坂国控断面、江东桥断面、朝阳街道内河水质提升工程等地，开展国省控断面水质整治提升工作暨耕地“非农化”“非粮化”工作落实情况专项督查。

19日　漳州市金秋助学金龙文区部分发放仪式在区教育局举行。市关工委主任李天森参加仪式。

24日　副市长崔为磊一行到区儿童康复中心、杰龙机电有限公司、正能机电有限公司等地，调研残疾人事业工作。

24日　市政协副主席陈仁朝带领市创建全国文明城市督查工作组到蓝田街道梧店社区、蔡坂社区、湘桥社区、圳头社区、蓝田社区等地，督查创城工作。

25日　漳州市老年大学龙文区福隆、锦绣社区教学点揭牌成立。市委组织部副部长、老干部局局长陈四象，市老教协常务副会长兼秘书长张镇国参加揭牌仪式。

26日　市政协副主席陈仁朝带领市全国文明城市创建督查工作组到碧湖街道桂溪花园、荣昌市场、荣昌花园、融信澜园、龙文花园、下洲市场等地，督查创城工作。

27日　市委副书记黄水木一行到辖区老旧小区、商业大街、新时代文明实践中心站等地，督导全国文明城市创建工作。

30日　省卫健委二级调研员李加华到龙文区，为“省委省政府为民办实事普惠托育试点示范园”——龙文区悦芽托育服务中心授牌。

31日　市政协副主席陈仁朝带领市全国文明城市创建督查工作组，到步文街道香榭花都、长福安置小区、漳华苑、龙江社区和浦东批发市场，督查创建全国文明城市工作。

9月

2日　区委书记朱真一行与全国“人民满意的公务员”、区人民检察院一级检察官潘进格座谈。

8日　市委副书记黄水木一行到郭坑镇洛滨村、汐浦村、口社村等，调研乡村振兴工作。

9日　水利部河湖保护中心副主任李春明带领水利部调研组到九十九湾闽南水乡水系治理示范段、片仔癀展示馆、九十九湾湘桥湖等地，调研幸福河湖建设、河湖长制研究机构等工作开展情况，并召开幸福河湖建设成效评估座谈会。省水利厅党组成员、副厅长陈水树，区长林晓强等参加调研。

9日　“2022全闽乐购·漳州市中秋国庆促消费活动启动仪式”暨“漳州市汽车美食中秋惠购活动”在闽南水乡正式启动。

15日　省人力资源和社会保障厅副厅长童长峰带领省人社厅调研组到青蛙王子婴童护理用品有限公司，调研高校毕业生就业工作。

16日　市委常委、宣传部部长、统战部部长吴卫红一行到恒丽电子、宏香记等企业，调研推进民营企业发展。

16日　副市长郑立敏在龙文区政府会见厅会见百威中国东南事业部总裁陈宁一行。区领导朱真、林晓强等参加会见。

16日　副市长余向红、市政协副主席曹阳一行到漳州三中龙文校区项目现场，调研推进挂钩重中之重项目。

18日　“强国复兴有我、凝聚奋进力量”——龙文区喜迎二十大群众性主题宣传教育系列活动在闽南水乡启动。

18日　市文创设计大赛优秀作品巡展暨龙文区文创作品及宣传思想文化图片展在闽南水乡“非遗”展示中心开展。

20日　市人大常委会党组副书记、副主任林俊德带领部分市人大代表和相关部门工作人员到九十九湾（觉皇寺段）水环境整治项目、国贸天成口袋公园等地，开展中心城区城市更新工作情况督查。

21日　省安办副主任、省应急厅二级巡视员谢秀桐一行到龙溪轴承（集团）股份有限公司，督导检查区道路交通安全及工贸企业安全生产工作。

21日　市人大常委会副主任沈茂欣带领调研组到德润老年公寓，调研养老服务机构医养结合工作情况。

28日　市政府一级巡视员张翼腾带领市直有关部门负责人到锦绣、龙兴、丽景、明发等社区，调研社区治理工作。

28日　区委书记朱真在龙文区政府会见厅，会见上海裕廊东企业管理有限公司董事长黄顺昌、云创资本总裁胡龙润等企业客商。

10月

1日　龙文区政府举行国庆升国旗仪式。区委书记朱真、区长林晓强、区人大常委会主任戴志嵩、区政协主席李华胜等区四套班子领导，以及区直单位负责人参加升国旗仪式。

10日　福建科能集团董事长、九三学社社员吴毅禧代表九三学社漳州市委员会、福建科能集团向郭坑中心小学捐赠一批人工智能与机器人教学设备。市政协副主席、九三学社漳州市委员会主委曹阳见证捐赠仪式。

10日　龙文区委、区政府联合新华社中国经济信息社福建经济研究中心主办的龙文区城市社区高质量治理路径研讨会在福州悦华酒店举行。省直有关部门以及漳州市委政法委等相关单位的领导、专家出席会议。

13日　区长林晓强在龙文区政府会见厅，会见中节能实业发展有限公司闽粤区域总负责人、中节能（深圳）投资集团有限公司执行董事陈军。

18日　副市长林少金一行到漳州顶津食品有限公司，调研食品行业数字化转型工作。

20日　省水利厅党组成员、副厅长陈水树带领省安办安全生产驻守督导组到漳州鸿荣精细化工有限公司、闽运公交公司和内林泵站，开展安全生产督导检查。

20日　漳州市首家集化妆品检测、功效评价与备案服务为一体的综合服务机构——福建中妆技术研究有限公司在龙文区正式开业。

24日　漳州市、龙文区和郭坑镇三级河长办协同龙文生态环境局、农业农村局等单位，在九龙江北溪开展渔业资源增殖放流活动。

25—26日　漳州市县（区）政协提案委员会第十五次联席会议在龙文区召开。与会人员一行到区城市会客厅、大闽食品（漳州）有限公司、福建省海丝钟表博物馆、郭坑镇口社村等地参观考察。市政协副主席卢力，龙文区委书记朱真、区政协主席李华胜及各县（区）政协副主席、提案委主任等参加会议。

30日　中国县域医院院长联盟医院发展专家委员会主委、清华大学健康中国领导力研究中心主任周生来教授到郭坑中心卫生院、口社村、东溪农场等地，开展全民健康管理规划实地调研。

11月

1日　市委常委、宣传部部长、统战部部长吴卫红一行到璞山岩寺（片仔癀）遗址、福建省牛创文旅产业发展有限公司、翁清香贝雕工作室、云洞岩石刻博物馆等地，调研指导文旅工作，宣传贯彻党的二十大精神。

1日　市政协副主席陈仁朝带领督查工作组到翰苑颐园、碧洲园、滨洲园和下洲花园小区，开展创建全国文明城市工作督查。

3日　龙文区召开学习宣传贯彻党的二十大精神培训会暨“福小宣”在龙文宣讲活动专题报告会。会议邀请市委讲师团黄瑞土作党的二十大精神解读。

4日　市政府一级巡视员张翼腾一行到郭坑镇郭坑社区长者食堂，调研民政领域为民办实事项目。

10日　副市长兰万安一行到万达嘉华酒店蘑菇节展馆，检查第十六届中国蘑菇节筹备情况。

21日　龙文区政府与中国联通漳州分公司举行“数字政府”战略合作框架协议签约仪式。

23日　龙文区举行学习贯彻党的二十大精神宣传宣讲“六进”活动暨“奋进新征程　建功新时代”主题宣传启动仪式。

23日　学习贯彻党的二十大精神市委宣讲团报告会暨区委理论学习中心组（扩大）学习会在区第一会议室举行。市委宣讲团成员、市卫健委党组书记、主任黄镇平作宣讲报告。

24日　龙文区红十字会第二次会员代表大会和第二届理事会第一次会议在区政府会议中心召开。会议选举产生第二届理事会理事和新一届领导班子。市红十字会党组书记、常务副会长吴晶晶到会指导，区长林晓强参加会议并讲话。

25日　龙文区第四次归侨侨眷代表大会在区政府会议中心召开。会议选举产生区侨联新一届委员会和领导班子。市侨联主席陈红到会指导，区长林晓强参加会议并讲话。

25日　龙文区残疾人联合会第五次代表大会召开。会议选举产生新一届区残联领导班子和出席市残联第七次代表大会代表。区长林晓强参加会议并讲话。市残联二级调研员王东升到会指导。

29日　龙文区科学技术协会第二次代表大会召开。会议选举产生新一届区科学技术协会委员会和领导班子。市科协副主席周云强到会指导。区长林晓强参加会议并讲话。

12月

9日　中共漳州市龙文区第六届委员会第四次全体会议在区政府会议中心召开。

14日　恒丽电子有限公司入选第七批省级新型研发机构名单。

15日　福建省美术家协会、区人民政府和市文学艺术界联合会，联合在永润创客小镇举办“意之大者”——福建省第九届写意画大展。

16日　2022“全闽乐购·跨年购”漳州市促消费活动暨龙文区“食遍八闽”汽车美食节活动在碧湖生态公园启动。

17日　市漳台交流协会、区闽台武术交流中心主办的第十四届海峡两岸中华武术大家练活动在吾悦广场举行。

20日　市政府一级巡视员张翼腾一行到龙文区，召开征求2023年《政府工作报告（征求意见稿）》意见座谈会。

22—23日　政协第六届漳州市龙文区委员会第二次会议在区政府会议中心召开。

23日　漳州市龙文区第六届人民代表大会第二次会议在区政府会议中心召开。

24日　中国工程院院士郑绵平携家属回到家乡郭坑镇海滨村。区委书记朱真陪同，并为院士长廊揭牌。

30日　郭坑镇首届国风文化节在东溪农场承泽楼举行。闽南师范大学乡村振兴战略研究院向郭坑镇授牌“乡村振兴战略研究实践基地”，闽台文化发展研究中心向郭坑镇授牌“漳州市最佳影视外景拍摄地”战略合作单位。

自然地理

【位置面积】 龙文区位于漳州平原中部，介于北纬24°29′～24°42′，东经117°29′～117°43′，西接芗城区，东联台商投资区，南临九龙江西溪与龙海区颜厝镇、九湖镇隔江相望，北邻长泰区城关镇。鹰厦铁路、漳州火车东站坐落区内，距厦深高铁漳州站3千米；厦漳、漳龙、漳诏高速公路直接城区，国道324、国道319和省道官九线横贯全境；陆路距厦门高崎国际机场43千米，水路沿九龙江直达漳州港、厦门港。2022年，全区总面积126平方千米。

【地质地貌】 区境地质发育经历地槽、准台地及太平洋边缘活动带3个阶段，最后形成现代大陆轮廓。地貌发育在8000万—200万年前形成现今高低丘陵、九龙江河谷平原雏形。距今3.5万年发生多次海进海退，其中8000—2500年的海进，海水进抵漳州西洋坪以西地段；距今2500年，海水东退，陆地延伸，漳州平原成陆。隋唐时期，大体形成自东北向西南缓缓倾斜，以山丘和平原为主的地貌。

【主要气候特征】 2022年，辖区年平均气温22.2℃，和常年平均（22.2℃）持平，异常度为0，属正常。年日照时数1885.1小时，较常年偏多73.5小时，属正常。年极端最低气温2.6℃，出现在12月19日；年极端最高气温39.7℃，出现在7月24日。各月平均气温变化：5月异常偏低，6月、12月偏低，1月、3月、11月偏高，其余月份正常。各季节平均气温变化：与常年相比，四个季节均属正常。

年总降水量为1474.8毫米，比常年（1604.2毫米）少129.4毫米，年降水量距平百分率为—8.1%，属正常。月降水量与常年同期相比：2月、11月异常偏多，5月显著偏多，3月偏多，1月、6月正常，12月偏少，其余显著偏少。各季节降水量与常年相比：冬季显著偏多，夏季显著偏少，其余正常。年内共出现3场暴雨，分别发生在5月12日、5月27日、11月24日。全年降水时空分布不均，暴雨日数偏少，出现春夏连阴雨和夏秋连旱，给农业、水利和电力等行业带来不同程度的影响。

【主要气象灾害】 2022年，辖区主要气象灾害有暴雨、高温、干旱、台风、低温霜冻等。

暴雨：全年共出现暴雨3场，分别发生在5月12日、5月27日、11月24日。日最大降水量为63.1毫米（5月12日）。受低层西南急流和切变影响，5月11—13日，辖区出现持续性强降水过程，过程雨量最大118.3毫米（郭坑镇汐浦村）。

高温：全年日最高气温≥35℃的日数为55天，年极端最高气温出现在7月24日（39.7℃）。全区共出现7次≥37℃高温过程，分别为7月17日、7月21—25日、7月27日、7月30日至8月1日、8月15日、8月21—23日、8月27日。

干旱：2022年夏季，辖区降水量显著偏少，10月24日至11月21日，出现长时间连续无雨或少雨天气，是历史少见的夏秋连旱。气象干旱在10月上旬达到高峰，辖区出现气象特旱，森林火险等级较高，对农业方面有一定影响。

台风：2022年，对辖区影响较明显的台风有2个：2203台风“暹芭”（台风级）、2209台风“马鞍”（台风级），影响个数与常年相比正常。受台风“暹芭”外围和西南急流影响，7月1—7日，辖区出现持续性强降水天气，过程中有12个自动站雨量达到100毫米以上，其中以龙文区实验小学131.2毫米为最大，极大风力以长山水库12.3米/秒（6级）为最大。受台风“马鞍”外围环流影响，8月25日，辖区普降小到中雨天气，极大风力6级（郭坑镇中心医院，11米/秒、6级）。

低温霜冻：2022年12月18—19日以及24—25日，辖区受到强冷空气南下影响，出现寒潮天气，据区域自动气象站监测，极端最低气温分别为：郭坑镇东溪农场0.5℃，郭坑镇汐浦村1.5℃。在这两次低温过程，东溪农场部分蔬菜叶片出现霜冻情况。菊花种植在大棚内，未造成影响。

（张凌艺 撰　李育慧 审）

【森林资源】　2022年，全区森林覆盖率15.22%，森林蓄积量283551立方米，植树造林99.53公顷、封山育林28.8公顷、森林抚育35.47公顷。全年无森林火灾发生。

人文地理

【建置沿革】　秦始皇三十三年（前214）置闽中郡，区境属之。汉高祖五年（前202），为闽越国辖地。汉始元二年（前85），属会稽郡冶县。东汉时，属会稽郡侯官县。三国吴永安三年（260），属建安郡东安县。西晋太康三年（282），属晋安郡晋安县。南朝梁大同六年（540），析晋安县地置龙溪县，隶龙溪县。隋大业三年（607），隶建安郡龙溪县。唐垂拱二年（686），隶漳州龙溪县。此后，区境一直归属龙溪县。1949年9月19日，桥头、修滨、郭坑、关霞4乡解放，建立龙溪县第六区，区公所设古塘村。1992年6月，成立漳州市蓝田工业开发区。1993年5月12日，龙海县撤县建市，步文镇、郭坑镇属龙海市。1996年1月11日，漳州市建立龙文工业开发区。1996年5月31日，根据国务院同意福建省设立漳州市龙文区的批复，1996年7月2日，福建省人民政府作出设立漳州市龙文区的批复，析龙海市步文镇、郭坑镇和芗城区东岳街道办事处所辖东岳、漳糖、东关、南坑、洋�、岳口、东园、巷口、市尾9个居委会和洋�、古塘、群勇、市尾、塔后5个村委会设立龙文区（县级建制）。1997年1月1日，漳州市龙文区成立。2006年10月，蓝田工业开发区与龙文工业开发区合并为福建漳州蓝田经济开发区。

【行政区划】　2022年，龙文区辖5个街道（蓝田、步文、碧湖、朝阳、景山）、1个镇（郭坑）、1个省级开发区（蓝田经济开发区），下设12个行政村、69个社区。

【人口】　2022年年底，龙文区户籍人口20.2万人，常住人口30.67万人。人口出生率4.04‰，死亡率3.4‰，自然增长率0.64‰。人口城镇化率91.85%。

经济社会发展

【概况】　2022年，龙文区实现

2022年龙文区行政区划一览表

表1

镇（街道）	村	社区	自然村
蓝田街道		学府、蔡坂、小港、中骏、蓝田、圳头、湘桥、景山、东屿、龙腾、龙盛、梧店、国贸、龙湾、鹤鸣、龙兴、毅阳、福隆	
步文街道		天亭、长福、锦绣、坂上、浦东、石仓、同昌、田丰、步文、龙江、香榭、莲花、北仓	
碧湖街道		碧湖、万达、后坂、明发、土白、融升、下洲、建发、仁和、恒大、融信、锦元、荣昌、兴湖	
景山街道		檀香、阳光、朝阳、丽景、浦口、梧桥、科坑、西坑、漳滨、新石洲、石洲、樟山、云景、融景	
朝阳街道	恒坑	六石、翁建、孚美、登科、后店、打山、朝兴	恒坑
	桥头		桥头、楼内、宗坑
	西洋		西洋、崎岭、院前、青山
	流岗		流岗
	书厅		书厅、巷口、坂头、下尾李
	石井		石井、蓬州、内林头
郭坑镇	汐浦	郭坑、新街、铁路	汐浦
	口社		口社、下贯、帆莱峰
	院后		院后、芦宅
	篁卿		黄坑、渡头
	扶摇		扶摇、后宅
	洛滨		洛滨、山头、山厝

地区生产总值439.15亿元，比上年增长7%。其中，第一产业增加值5.42亿元，比上年增长6.2%；第二产业增加值167.99亿元，比上年增长8.7%；第三产业增加值265.74亿元，比上年增长6%。人均地区生产总值143303元，比上年增长6.7%。一般公共预算总收入21.82亿元，比上年增长7.1%，其中一般公共预算收入16.08亿元，比上年增长18%；一般公共预算支出18.92亿元，比上年增长21.6%。

【农业】 2022年，全区农林牧渔业完成总产值9.27亿元，比上年增长6.8%。粮食种植面积65.8公顷，比上年增加5公顷，全年粮食产量463吨，比上年增加40吨，增产9.46%。肉蛋奶总产量6288.1吨，比上年下降1.75%。肉类总产量5358.1吨，比上年下降0.57%。

【工业和建筑业】 2022年，全区全部工业增加值114.6亿元，比上年增长9.2%，工业产品销售率94.5%，比上年下降2个百分点。规模以上工业企业实现利润32.59亿元，比上年增长18.4%。

全区资质等级以上的总承包和专业承包建筑业企业完成建筑业总产值81.6亿元，比上年增长17.6%；全社会建筑业增加值53.8亿元，比上年增长7.6%；房屋建筑施工面积294.7万平方米，比上年增长7.3%；房屋建筑竣工面积68.5万平方米，比上年增长29%；实现利润30亿元，比上年增长36.4%；税金及附加总额2432.8万元，比上年增长17.3%。

【固定资产投资】 2022年，全区完成固定资产投资261亿元，比上年增长10.5%。其中，项目投资159.2亿元，比上年增长40.8%；房地产开发投资101.8亿元，比上年下降17.8%。

【国内贸易】 2022年，辖区社会消费品零售总额252.5亿元，比上年增长7.3%。全区限额以上汽车业完成销售额93亿元，比上年增长9.4%，其中限额以上汽车零售额完成89.8亿元，比上年增长10%。

【对外经济】 2022年，全区进出口总额123821.08万美元，比上年增长24.65%。其中，出口91289.94万美元，比上年增长33.76%；进口32531.14万美元，比上年增长4.66%。全年新设立外商投资企业9家，比上年增长12.5%。按验资口径统计，合同外资3776万美元，比上年增长5.6%；实际利用外资1862万美元，比上年增长193.6%。

【科学技术】 2022年，全区科学技术经费支出5027万元，比上年增长33.93%。全区高新技术企业净增数53家，截至年底，全区共有高新技术企业159家。专利授权957件，比上年下降23.68%。

【资源和环境】 2022年，全区完成造林绿化总面积99.53公顷。全区共有取得排污许可证的企业107家，全年关停转迁企业1家。全区集中式饮用水水源水质达标率为100%。全年完成82家企业环境统计。

【交通】 2022年，全区公路网点里程203.07千米。全年实现公路货运量1026.95万吨，比上年增长41.8%，公路货物运输周转量127313.67万吨千米，比上年增长43.5%。全年实现公路客运量50.89万人次、公路旅客运输周转量7683.49万人千米。

【民生保障】 2022年，龙文区居民人均可支配收入50823元，比上年增长7.5%，总量位居全市第二。截至年底，全区参加城镇基本养老保险人数330人（仅指实行自收自支、差额核算的事业单位）；全区纳入城市最低生活保障的居民1091户（1811人）；纳入农村最低生活保障的居民312户（491人），其中特困供养对象239人。

年末，全区农村幸福院（园）13所，床位共105张。全区各种社区服务设施66个，其中社区服务中心1个。

【社会事业】 2022年，全区普通高中招生1470人（其中民办818人），在校生4067人（其中民办2425人），毕业983人（其中民办603人）。全区初中招生3008人（其中民办1238人），在校生8584人（其中民办3868人），毕业生2989人（其中民办1434人）。普通小学招生5908人（其中民办0人），在校生30760人（其中民办259人），毕业生3684人（其中民办99人），特殊教育在校生（6～15岁）107人。幼儿园在园幼儿12845人（其中民办5601人）。

年末，全区共有各类艺术表演团体1个，文化馆1个。

年末，全区共有各类卫生机构229个，其中医院6个，卫生院1个，社区卫生服务中心5个；共有卫生技术人员2415人，其中医生938人（含医师、乡医）、注册护士1252人；共有床位1270张；农村有医疗点的村数占总村数的100%，乡村医生和卫生员22人。

风景名胜

【云洞岩风景区（国家AAAA级旅游景区、省级风景名胜区）】 云洞岩景区位于蓝田街道蔡坂社区，距漳州市中心仅8千米，是漳州市区唯一一个国家AAAA级旅游景区、省级风景名胜区，亦是省重点文物保护单位，被誉为“闽南第一洞天”“福建第二碑林”“丹霞第一洞天”“闽南第一碑林”，有大小洞穴40余处，历代各体书法题刻200余处。因山上有一石洞，天将降雨，云雾从洞中飞出，雨霁天晴，云雾又飘回洞里，故名云洞岩。云洞岩风景区的主峰海拔280米，景区规划总面积12.6平方千米，外围保护地带5.5平方千米，分为云洞岩、岭兜山、瑞竹岩、长山、大石5个景区。多为丘陵地带，属南亚热带海洋性季风气候，一年四季均适宜游览。

【福建省海丝钟表博物馆（国家AAA级旅游景区）】 福建省海丝钟表博物馆位于恒丽钟表工业园内，是一座以漳州钟表产业基础为依托，辅以“钟表文化”为主题切入点，将文化创意与特色旅游融合，是福建省唯一以钟表文化为主题的“旅游+文化+产业”融为一体的大型主题观光工厂。

【闽南水乡（省级旅游休闲街区）】 闽南水乡九十九湾连通九龙江，全长14.45千米，是漳州历史上连接海丝起点的内河港口，也是辖区重要的防洪排涝通道。闽南水乡是九十九湾综合治理示范段，全长500米。2015年，闽南水乡河道整治、滨水景观建设、商贸街建设全面展开；2019年，建成并开始招商运营。园区内含5幢砖木古厝，12幢前店后院式仿古建筑，9幢沿水乡外街建筑。主街总长500米，采用开放式步行街，设有东、南、西、北4个主入口，石仓街、闽印街、南风街、水月街、乡央街、圳头街6个街区。2021年，漳州闽南水乡被省发展改革委评为省级旅游休闲街区；2022年，被市商务局认定为“市级夜间经济聚集示范区”。

【湘桥村（省级历史文化名村）】 湘桥村位于蓝田镇九龙江畔，南邻西溪湿地亲水公园，东望云洞岩，全村总面积2平方千米，人口3400人。2007年，湘桥村入选第三批省级历史文化名村。湘桥村历史上人才辈出，有清康熙奉政大夫、杭州同知黄金钟，广西同知黄知遇，清雍正刑部主事黄天瑞，清乾隆翰林院检计黄阑枝，现代著名国画家、美术教育家黄稷堂等。湘桥村现有明清古建筑10余座，较有代表性的是“大夫第”“翰林第”“贡元第”“进士第”和华佗庙等。

【扶摇关帝庙（省级文物保护单位）】 扶摇关帝庙位于龙文区郭坑镇扶摇村，始建于明万历二十八年（1600），清代两次重修。庙宇依山而建，坐东北朝西南，由庙前埕、戏台、前殿、天井、正殿、两廊、侧室等组成，占地面积约4200平方米，建筑面积452平方米。主体建筑两进，抬梁式木构架，单檐歇山顶，前、正殿均面阔3间、进深3间。正殿一对盘龙八仙檐柱，为清光绪十年（1884）扶摇旅台杨氏乡亲捐赠。附属文物主要有庙后瑶山顶明代寨堡镇安寨、山麓13座陶窑遗址等。2009年11月16日，扶摇关帝庙由福建省人民政府公布为第七批省级文物保护单位。

综 述

【概况】 2022年，龙文区委以习近平新时代中国特色社会主义思想为指导，贯彻落实党的二十大精神，坚持稳中求进的工作总基调，统筹疫情防控和经济社会发展，统筹发展和安全，聚焦“提高效率、提升效能、提增效益”，开展“产业发展项目建设攻坚年”活动和“七比一看”竞赛，加快建设高质量发展先行区，经济社会发展、党的建设取得新成效。全区完成地区生产总值439.15亿元，比上年增长7%；一般公共预算总收入21.82亿元，比上年增长7.1%，地方一般公共预算收入16.08亿元，比上年增长18%，城镇居民人均可支配收入53051元，比上年增长6.5%；农村居民人均可支配收入27732元，比上年增长9.9%，获评年度全省城市发展“十优”区。

【党的二十大精神学习宣传贯彻】 2022年，龙文区委围绕迎接和学习宣传贯彻党的二十大开展工作。组织开展“奋进新征程建功新时代”系列主题宣传活动；召开区委理论学习中心组学习会传达学习党的二十大精神，研究制定《学习贯彻党的二十大精神工作方案》；常态化推进党员干部培训，开展“九个一”系列活动；成立“新思想耀八闽‘福小宣’在身边”宣讲小分队21支158人，开展宣讲126场次，在龙文融媒开辟“学习宣传贯彻党的二十大精神”等专题专栏。坚持“第一议题”制度，召开区委常委会学习习近平总书记重要讲话重要指示批示精神，围绕《习近平谈治国理政》第四卷、《闽山闽水物华新——习近平福建足迹》等主题开展专题研讨，做好习近平总书记重要讲话重要指示批示精神贯彻落实情况“回头看”工作。

【产业发展】 2022年，龙文区委以开展“产业发展项目建设攻坚年”活动和“七比一看”竞赛为抓手，突出工业、突破工业，培育壮大高端食品饮料、高端精密制造、新型消费电子等产业。全年全区新增规上工业企业21家，规模以上工业增加值比上年增长11.3%；新增限上贸易企业87家，完成社会消费品零售总额252.5亿元，比上年增长7.3%。坚持“亩均论英雄”，制定出台《龙文区促进产业集约发展提高投资效益若干措施》，加快“退二优二”，推进低效工业用地再开发11.33公顷，清理闲置厂房58.2万平方米。强化创新驱动，全区共有160家国家高新技术企业，位居全市第一，申报国家高新技术企业80家，申报数位居全市第一，超额完成市下达的全年任务；海诺斯工业机械等13家企业获评省级科技“小巨人”企业。发展数字经济，做强跨境电商产业园，建成新经济产业园（试点），电商交易额突破98亿元。深挖消费潜能，开展“全闽乐购·悦动龙文”“福见商旅”等活动。发展生态休闲游、城市近郊游，打造20个乡村振兴“串点连线成片”精品线路，推进口社田园综合体、汐浦生态养殖基地、篁卿康养体验园等7个乡村振兴项目。

【招商选资】 2022年，龙文区委制定《产业大招商攻坚行动工作方案》，编制《龙文区产业链招商地图》，建立健全招商信息储备库，研发“数字产业服务地图”，推进精准招商选资，带动产业转型升级。围绕科技产业园、跨境电商孵化园等产业新高地，深化“产业链+新平台+零土地”招商，用好“异地孵化”“飞地经济”等模式，孵化园入驻电商及其配套企业97家。挖掘外出乡贤资源，设置驻粤港澳大湾区招商联络处，成立招商小分队，派2名干部驻深圳招商，拓展“行业+属地+群团”的联动招商模式。全年新签约产业项目90个，总投资203.25亿元。

【营商环境优化】 2022年，龙文区委制定《比改革亮点促营商环境全面提升行动方案》，推进337项改革任务。完成福建省网上办事大厅跨域通办模块配置，设置“e政务”自助服务一体机点位19个，进驻政务服务事项129项，全流程网办事项占比90%。推出“一件事套餐”34项，办理时限平均压缩59.2%， 申办材料平均精简25%。编制《项目实施手册》，前期工作流程压缩到128天，推行“交地即交证”“拿地即开工”。深化“千名干部挂千企”，32名处级领导、81名业务骨干挂钩联系204家企业。出台技改奖补、贴息贷款、“腾笼换鸟”等惠企政策，优化政策“免申即享”流程，全年共兑现各级惠企政策资金1.64亿元。

【对外开放】 2022年，龙文区委培育发展服务贸易、数字贸易，推动传统外贸企业向跨境电商转型、向内外贸融合方向发展，全年完成进出口总额82.56亿元，比上年增长28.73%，实际利用外资1861.6万美元，比上年增长193.67%。创新对台金融服务，举办龙文区2022年惠台服务政银企座谈会暨战略合作签约仪式，向区台商投资企业联谊会会员单位提供综合授信额度10亿元；完善涉台纠纷化解机制，揭牌成立龙文区涉台纠纷人民调解委员会，聘任3名台胞为区检察院听证员。深化两岸基层交流交往，举办宗亲、宫庙、文化交流等活动11场，邀请中新网走访辖区重点台青台商台企，制作推出台胞在漳生活创业专题系列报道10期。

【民生保障】 2022年，龙文区委实施为民办实事项目34个，民生支出占财政支出80%以上。建成投用学校（含幼儿园）4所，新增学位3330个，公办幼儿园占比53.02%，普惠性学前教育覆盖率85.96%；统筹用活教师编制，增加教师编制500名；龙文区教师进修学校通过省级标准化教师进修学校评估验收。全区每万人口拥有全科医生数6.8人，千人均床位数4.13张；新设立碧湖、蓝田街道社区卫生服务中心，改造公办卫生所（站）3个，新申报省级卫生村（社区）46个；实现基层中医馆全覆盖。新建成投用长者食堂8个、养老服务照料中心1个、社区居家养老服务站2个；完成部分社区及609户困难老年人家庭“适老化”改造；蓝田街道福隆社区被国家卫生健康委、全国老龄办命名为“2022年全国示范性老年友好型社区”。创建“零工劳务服务中心”“社区零工服务驿站”，全年全区城镇新增就业人数8198人，“‘线上线下’齐发力做优做实用工服务新模式”被省发改委评为2022年第一批优化营商环境工作典型经验做法。低保和特困供养审核确认权限下放各镇（街道），居民最低生活保障和特困人员救助供养标准全市最高。

【社会安定稳定】 2022年，龙文区委统筹发展和安全，抓好安全生产、社会稳定各项工作。对照国务院安全生产工作“15条硬措施”和省66条、市99条，细化制定安全生产措施106条，紧盯危化品、燃气、自建房3个专项整治以及道路交通、消防、建筑施工等重点领域安全工作，梳理明晰“职责清单”“任务清单”，“一月一主题”开展安全隐患大排查大整治，全年亡人事故起数下降50%，死亡人数下降50%，通过省政府安全生产考核。开展常态化扫黑除恶斗争，上级交办线索核查办结率100%。完善区、镇、村三级信访评理体系，落实领导干部“四门四访”（开门接访、进门约访、登门走访、上门回访），国家交办第一批、第二批55件治重化积信访件全部办结。万嘉世贸小区、华美达酒店等历史遗留问题得到解决，海峡物流城二次重组成功，实现复工复产。强化金融风险防控，不良贷款率降至0.53%。创新“1234”多元调处模式，搭建区、镇、村三级信访评理室73个，打造“王芳武市级金牌调解工作室”等品牌调解工作室12个；6月，获评全省平安建设示范区。

【生态文明建设】 2022年，龙文区委制定《龙文区国家生态文明建设示范区规划（2021—2025）》，聚焦“水气土”三大重点领域，年度空气质量改善幅度全省排名第八。“天地网”下发图斑全部完成核查，累计整改违法占用耕地165宗，8宗新增乱占耕地建房全部拆除复耕。推进山水林田湖草沙一体化保护和修复项目，整改完成省生态环保督察交办信访件18件。九十九湾连通水系项目入选全国首批“幸福河湖”试点和省首批河湖文化遗产名录。

【党的建设】 2022年，龙文区委落实党委主体责任、纪委监督责任、党委书记第一责任、班子成员“一岗双责”“四责协同”机制；制定《龙文区“强党建、树典型、促发展”党建三年行动方案》；抓好市委全面从严治党主体责任检查意见问题整改，开展区对镇（街道）检查及“回头看”工作。探索开展“跨村联建”，以郭坑镇为试点，成立三个片区联合党组织，12个行政村捆绑联动、抱团发展。创新“五和联创”（和善村民、和睦邻里、和煦村落、和谐社会、和畅乡风）积分制管理，郭坑镇口社村获评第二批省级乡村治理示范村。开展省级城乡社区“近邻”服务试点，景山街道丽景社区“社企联动”做法获评省新时代党建优秀案例。推进“两新”组织（新经济组织和新社会组织）党建工作，成立快递物流行业党委、漳州跨境电商（数字贸易）孵化园党支部。

【干部队伍建设】 2022年，龙文区委建立“5+N”例会、“五个一”（每月一调度、每月一推进、每月一拉练、每月一通报、每月一报告）等工作推进机制及督查问效机制，全区各项主要经济指标实现正增长。制定区级干部作风“五不”（履职不担当、工作不碰硬、落实不见效、能力不适应、内心不敬畏）问题专项整治二十条措施，在蓝田经济开发区试点干部作风考核并在全区推广。聚焦产业发展、项目建设、招商引资等重点领域，举办“两新”领域党组织书记暨党龄逢十党员专题培训15期、举办首期招商引资实务培训班，开展“镇街书记赛招商”“比业务赛招商”等活动。根据“七比一看”竞赛、创建全国文明城市等中心工作的一贯表现和关键时刻的能力担当，提拔晋级和进一步使用干部83人。落实“三个区分开来”，为受到错告、诬告的干部澄清正名，运用“四种形态”批评教育帮助和处理71次。树立先进典型，区检察院潘进格被评为全国“人民满意的公务员”，龙文公安分局施晓健入选全国“最美基层民警”。

重要会议

【中国共产党漳州市龙文区第六届委员会第四次全体会议】 中国共产党漳州市龙文区第六届委员会于2022年12月9日召开第

四次全体会议。全会由区委常委会主持，区委书记朱真讲话。全会深入学习贯彻党的二十大精神，全面贯彻落实省委十一届三次全会、省管干部学习贯彻党的二十大精神专题研讨班和市委十二届四次全会精神，讨论朱真受区委常委会委托作的工作报告，审议通过《中共漳州市龙文区委关于深入学习宣传贯彻党的二十大精神 加快建设高质量发展先行区的决定》。区委书记朱真就《决定（讨论稿）》向全会作说明。

全会充分肯定一年来区委常委会的工作。一致认为，区委常委会坚持以习近平新时代中国特色社会主义思想为指导，认真贯彻落实党的十九大、十九届历次全会和二十大精神，坚决落实党中央、国务院决策部署和省委省政府、市委市政府工作要求，坚定拥护“两个确立”、坚决做到“两个维护”。坚决落实“疫情要防住、经济要稳住、发展要安全”重要要求，坚持稳中求进工作总基调，聚焦“提高效率、提升效能、提增效益”，深入开展“产业发展项目建设攻坚年”活动和“七比一看”竞赛，高效统筹疫情防控和经济社会发展，统筹发展和安全，全力以赴稳增长、防疫情、守底线、惠民生、转作风、优环境、强党建，加快建设高质量发展先行区，经济社会发展、党的建设取得新成效。

全会指出，党的二十大是在全党全国各族人民迈上全面建设社会主义现代化国家新征程、向第二个百年奋斗目标进军的关键时刻召开的一次十分重要的大会，是一次高举旗帜、凝聚力量、团结奋进的大会。习近平同志代表十九届中央委员会所作的报告，是党团结带领全国各族人民夺取新时代中国特色社会主义新胜利的政治宣言和行动纲领，是马克思主义的纲领性文献。党的二十届一中全会选举产生了以习近平同志为核心的新一届中央领导集体，充分体现了全党共同意志，充分反映了亿万人民共同心愿，充分展现了我们党朝气蓬勃、兴旺发达、奋发有为。要从国家战略全局充分认识党的二十大的里程碑意义，坚定自觉用党的二十大精神统一思想、统一意志、统一行动。

全会强调，要深刻领会党的二十大精神实质和丰富内涵，紧密结合党的二十大作出的战略部署，与贯彻落实习近平总书记对福建工作的重要讲话重要指示精神和指导漳州工作的重要指示精神紧密结合起来，与贯彻落实省第十一次党代会、省委十一届三次全会、省管干部学习贯彻党的二十大精神研讨班和市第十二次党代会、市委十二届四次全会、区第六次党代会部署要求紧密结合起来，牢牢把握总目标、总方向、总要求，落实到高质量发展先行区建设的全过程各方面。

全会强调，“两个确立”是党在新时代取得的最重大的政治成果、最重要的历史经验，是时代的呼唤、历史的选择、人民的期盼，是全党全军全国各族人民的高度共识和共同意志，是党应对一切不确定性的最大确定性、最大底气、最大保证。福建是习近平新时代中国特色社会主义思想的重要孕育地和实践地，必须把坚定拥护“两个确立”、坚决做到“两个维护”作为最高政治原则和根本政治责任落到实处，不断提高政治判断力、政治领悟力、政治执行力，坚决维护以习近平同志为核心的党中央权威和集中统一领导，深学细照笃行习近平新时代中国特色社会主义思想，严明党的政治纪律和政治规矩，切实把对习近平总书记的深厚爱戴之情转化为干事创业的强大动力。

全会提出，深刻把握新时代新征程党的使命任务，深刻领会中国式现代化的中国特色、本质要求和重大原则，坚持从党和国家事业发展全局的高度，谋划和推进龙文工作，奋力开创龙文发展新局面。把握总体要求，以习近平新时代中国特色社会主义思想为指导，深入落实习近平总书记对福建工作重要讲话重要指示精神，加强党的全面领导，弘扬伟大建党精神，围绕统筹推进“五位一体”总体布局、协调推进“四个全面”战略布局，立足新发展阶段、贯彻新发展理念、服务和融入新发展格局，紧扣“四个更大”重要要求，着力加快建设现代化经济体系，着力深化改革开放，着力推进城乡品质提升，着力加强生态文明建设，着力探索对台融合发展新路，着力提升人民生活水平，全力建设高质量发展先行区。到2035年，我区基本实现社会主义现代化，高质量发展先行区展现崭新局面，成为全市高质量发展的重要增长极；从2035年到本世纪中叶，城市发展能级跃升到新高度，在现代化滨海城市建设中走在前列，在更高水平上展现中国式现代化的生动图景。

全会提出，完整准确全面贯彻新发展理念，全力推进产业转型升级，加快乡村全面振兴，完善提升城市功能，持续扩大对外开放，优化提升营商环境，推动经济实现质的有效提升和量的合理增长，全方位推进高质量发展。坚持科技是第一生产力、人才是第一资源、创新是第一动力，全面推进科教兴区战略、人才强区战略、创新驱动发展战略，不断增创发展新动能新优势。发展全过程人民民主，坚持党的领导、人民当家作主、依法治国有机统一，扩大人民有序政治参与，推进新时代人大工作高质量发展，全面发展协商民主，完善大统战工作格局，巩固和发展生动活泼、安定团结的政治局面。坚持走中国特色社会主义法治道路，坚持依法治区、依法执政、依法行政共同推进，法治龙文、法治政府、法治社会一体建设，全面推进严格执法、公正司法、全民守法，全面提高全区各方面工作法治化水平。践行以人民为中心的发展思想，坚持尽力而为、量力而行，拓宽居民增收渠道，促进高质量充分就业，提升社会保障水平，完善健康服务体系，推动文化繁荣发展，解决好群众“衣食住行学、生老病死养”等实际问题，切实提高人民生活品质，让人民群众的获得感更强、幸福感更可持续、安全感更有保障。牢固树立和践行绿水青山就是金山银山的理念，持续推进生态龙文建设，加快绿色低碳发展，强化污染防治攻坚，着力提高生态系统质量，打造高素质高颜值的美丽龙文。坚决维护国家安全和社会稳定，贯彻总体国家安全观，筑牢国家安全防线，提高公共安全治理水平，提升社会治理效能，扎实推进安全体系和治理能力现代化建设，建设更高水平的平安龙文。坚持贯彻新时代党解决台湾问题总体方略，充分发挥对台独特优势，持续做好“通、惠、情”文章，深化对台各领域融合，加快打造台胞台企登陆“第一家园”。

全会提出，坚持党的全面领导，弘扬伟大建党精神，落实新时代党的建设总要求和新时代党的组织路线，加强基层党组织建设，打造高素质干部队伍，全面从严管党治党，以高质量党建引领保障高质量发展。

全会号召，全区上下要在以习近平同志为核心的党中央坚强领导下，以习近平新时代中国特色社会主义思想为指导，深入学习宣传贯彻党的二十大精神，自信自强、守正创新，踔厉奋发、勇毅前行，加快建设高质量发展先行区，为现代化滨海城市建设和中国式现代化做出更多龙文贡献。

【全区党史学习教育总结大会】 2022年1月14日，全区党史学习教育总结大会召开。区委书记朱真强调，要深入学习贯彻党的十九届六中全会和中央政治局专题民主生活会精神，认真学习贯彻落实中央、省和市党史学习教育总结会议精神，全面总结全区党史学习教育，巩固拓展党史学习教育成果，弘扬伟大建党精神，持续从百年党史中汲取砥砺奋进的力量，全力建设产城人深度融合发展的滨江产业新城富美中心城区，以实际行动迎接党的二十大胜利召开。党史学习教育市委第一巡回指导组张志坚同志到会指导。

【2022年度龙文区委常委述责述廉会议】 2022年1月18日，区委书记朱真主持召开2022年

度龙文区委常委述责述廉会议。会议贯彻落实习近平新时代中国特色社会主义思想，贯彻落实党的二十大精神，以及二十届中央纪委二次全会精神，按照《中国共产党党内监督条例》以及省委、市委有关要求，认真开展述责述廉并接受评议工作，进一步促进区委领导班子成员廉洁从政、履职尽责。会上，区委常委逐一述责述廉，朱真逐一点评并讲话。

【2022年区委工作会暨“产业发展项目建设攻坚年”动员部署大会】 2022年2月14日，2022年区委工作会暨“产业发展项目建设攻坚年”动员部署大会召开。区委书记朱真作动员讲话，区长林晓强主持会议，常务副区长沈义勇宣读《关于表彰龙文区2021年度经济建设突出贡献奖、经济建设贡献奖和纳税大户的决定》《关于表彰龙文区2021年度新时代新担当新作为先进集体和先进个人的决定》。

【市委宣讲团到龙文宣讲党的二十大精神】 2022年11月23日，学习贯彻党的二十大精神市委宣讲团报告会暨区委理论学习中心组（扩大）学习会在龙文区第一会议室举行。市委宣讲团成员、市卫健委党组书记、主任黄镇平作宣讲报告。区委书记朱真、区人大常委会主任戴志嵩、区政协主席李华胜参加，区长林晓强主持报告会。报告会上，黄镇平从党的二十大的重大意义、主题和主要成果，过去5年工作和新时代10年伟大变革，马克思主义中国化时代化，中国式现代化，全面建设社会主义现代化国家的目标任务，坚持党的全面领导和全面从严治党等六个方面，对党的二十大提出的重要思想、重要观点、重大战略、重大举措作全面系统的阐述和讲解。与会领导干部表示，报告主题鲜明、内容丰富，既有深入浅出的理论阐释，也有联系实际的具体事例，听后深受教育和启发，对全面理解和准确把握党的二十大精神，加快建设高质量发展先行区，具有重要的指导意义。

区委综合事务管理

【概况】 2022年，龙文区委办围绕迎接学习宣传贯彻党的二十大主题主线，践行习近平总书记“五个坚持”的重要要求，推动“三服务”事业高质量发展。加强政治学习，组织开展学习活动14次，讲党课活动4次。落实“三会一课”制度，召开支部党员大会8次，支委会14次，组织生活会1次。把主题党日活动与支部“三会一课”、意识形态、文明创建等有机融合，开展学习调研、志愿服务、革命教育等活动。从制度层面规范办文办会办事流程，修订完善《中共漳州市龙文区委办公室机关工作制度汇编》，提升办公室工作的制度化、规范化、标准化水平。龙文区委办获评全省党委办公厅（室）系统先进集体，王水旺获评全省党委办公厅（室）先进个人。

【文字综合工作】 2022年，龙文区委办围绕全区改革发展稳定大局，起草领导讲话稿、汇报材料、总结材料等文稿300余篇。紧扣“产业发展项目建设攻坚年”活动和“七比一看”竞赛、民生社会事业短板等区委中心工作开展调查研究，撰写调研报告3篇。

【信息工作】 2022年，龙文区委办向省、市报送信息1390条，其中，被中央国安办采用4条、省委国安办采用7条、市委国安办采用22条，获市领导批示2条，被《八闽快讯》《福建信息》《漳州信息》采用195条，党委信息工作全市排名前三。健全完善信息报送机制，编订刊发《龙文信息》正刊33期、增刊13期。聚焦紧急信息报送，处理紧急信息180条。

【后勤服务】 2022年，龙文区委办规范会务活动，筹办各类会议121场、会见16场，组织参加省、市视频会议46场，调研活动134场。控制发文数量，全年以区委、区委办名义发文130

余件。

【督查工作】 2022年，龙文区委办研究出台《龙文区“七比一看”竞赛问责与激励办法》，制定区委“5+N”例会、“五个一”等工作推进机制和督查问效机制；依托重点项目监控云平台开展全过程闭环管理，每半月跟踪项目进展情况。全年共办理领导批示件127件，办结率100%。

【机要保密】 2021年，龙文区委办完善密码通信网络，强化电子政务内网管理，做好密码通信服务保障，实现24小时安全运转，全年零错情、无延误。区委保密办强化保密宣传、细化保密措施、加强保密检查，是年，全区未发生失泄密事件。

【从严治党】 2022年，龙文区委办牵头组织对全区4个镇（街道）、8个区直单位，开展龙文区2021年以来全面从严治党落实情况检查，集体约谈领导干部60人，梳理问题97项。实施市委“五不”专项问题整治，联合区纪委监委、区政府督查室、区效能办及区直有关部门，定期不定期开展工作纪律及干部作风监督检查。

【深化改革】 2022年，龙文区委办抓好区委全面深化改革委员会办公室各项工作，改革成效被《漳州改革财经情况》采用2期，区委书记朱真到省委深改委作改革创新典型情况汇报。

组织工作

【概况】 2022年，全区共有党的基层组织530个，基层党委24个，党工委8个，总支部34个，支部472个，党员8503人。

【换届“回头看”工作】 2022年，龙文区委组织部开展换届“回头看”工作，组建6个区级调研专班和6个镇级工作小组，共63名基层骨干参与形成“区级+镇级”上下联动体系，对80个村（社区、农场）和503名村（社区）班子成员逐一审查，召开座谈会12次，实地调研98次，走访638人次，联审联查村级八大项工作，对发现的问题整改到位。做好社区“两委”届中补选工作，补选“两委”33人。推进村干部队伍素质培养，与漳州开放大学合作举办“乡村振兴”学历提升班，全区60名学员报名。

【近邻党建】 2022年，龙文区委组织部出台近邻党建“1+2”创建奖补和近邻党建示范点“一社区一品牌”方案，投入200万元，打造8个新的近邻党建示范点，截至年底，全区共有20个近邻党建示范点。景山街道丽景社区《创新“社企联动·融合党建”模式 聚“大近邻”促“微治理”》获评福建省新时代党建优秀案例。

【“跨村联建·振兴乡村”工程】 2022年，龙文区委组织部创新实施“跨村联建·振兴乡村”工程，结合“一村一品”建设，以“强村带弱村”模式，采取项目联带、

2022年9月19日，龙文区高层次人才暨企业高管培训班在浙江大学华家池校区开班

多村捆绑等形式，推动村财联创联带联增。试点“五和联创”积分制管理，聚焦乡村治理的短板，弹性设计积分内容。采取“村企合作、项目开发、投资收益”模式，12个行政村签约入股龙文发展集团，每年增收43.2万元。结合村情实际，13名市、区派驻第一书记制定各村抓党建促乡村振兴工作方案，选派辖区3名退出领导岗位的干部，担任乡村振兴工作队队员。与漳州农商银行合作创新“党建+金融助理+多社融合”联动模式，选派80名党员金融骨干，打造专业化党员人才队伍。

【企业党建】 2022年，龙文区委组织部探索“两新”党建服务企业发展新路径，《民企党建如何走实干之路？——看漳州科能如何实现党建与企业发展同频共振》在全国非公有制企业党建公众号发布。深化“千名干部挂千企”活动，29名处级领导担任非公党建指导员，帮助企业解决党建难题。聚焦新业态行业、新就业群体，成立全市首个区级快递物流行业党委和漳州跨境电商（数字贸易）孵化园党支部；将数字经济人才培训学院纳入区“党建阵地联盟”新试点，组建龙文区数字经济人才培训学院党建阵地联盟。

【人才工作】 2022年，龙文区委召开人才工作会，研究区级F类高层次人才、区委人才工作领导小组和人才办议事规则等11项工作。全年全区新增209家省级及以上各类平台载体，高新技术企业净增数和总数均位居全市第一。发挥龙文数字经济人才学院孵化作用，共126家电商及其配套企业入驻产业园，与浙江大学、中南大学、华东理工大学等9所高校签订合作协议，全年共审核通过新增就业人才716人，全市排名第一。全年新增省级各类高层次人才8人，市级各类高层次人才44人。跟进掌握人才政策落实情况，全区人才专项资金年度使用1195.8万元。紧扣新时期人才培训需求，组织开展高层次人才暨企业高管浙江大学培训班及22场次涵盖印刷、电工、乡村振兴等方面的技能培训班。建立优秀人才库、优秀学子库、人才需求库、在外优秀人才库“四库”，常态化组织人才论坛、人才大课堂、现场观摩等交流活动10余场。全年共慰问71位各类人才专家，解决1名市级高层次人才家属安置和2名子女就学问题。

【公务员队伍管理】 2022年，全区共招录公务员（含参公）10人、事业干部34人（不含教师）、安置选调生2人、区外调入干部10人。机关、参公单位年度考核评出优秀等次175人。给予2021年年度考核优秀嘉奖199人，记三等功10人。建立健全公务员平时考核制度，全年组织开展平时考核2次，评出好等次公务员（含参公）237人次。

【干部管理监督】 2022年，全区共调整配备干部117人，其中，提拔18人、进一步使用11人、晋升职级60人、平级调整28人。龙文区委组织部贯彻落实市委、市政府“五不”问题专项整治部署要求，制定出台《漳州市龙文区干部作风“五不”问题专项整治二十条措施》，创新开展干部作风考核，共考核干部职工4328人次，评出优秀等次895人次。强化选任监督，审核把关拟提任（转任）科级领导职务干部廉政对照检查材料，做好干部任职前公示情况结果报告。健全“12380”举报电话受理机制，畅通信访举报通道。完成涉粮专项检查选人用人有关问题的自查自纠和整改工作。严格执行领导个人重大事项报告、经济责任审计、学历更改审批等监督制度。委托龙文区审计局对11名党政主要领导干部开展离任（任期）经济责任审计，对2名乡镇党政主要领导开展自然资源离任审计。根据干部调整情况，部署通知龙文区统计局、市场监管局等10个部门主要领导按照规定做好离任交接。按照学历更改审批流程，办理1批次8人次干部学历（学位）更改。

【干部教育培训】 2022年，龙文区委组织部依托市委党校分校（长泰区委党校）、福建网络干部学院等平台开展干部教育培训工作。截至年底，共组织干部参加省、市、区各类培训班748人次，其中省级培训86人次、市级培训106人次、区级培训556人次；组织干部参加各级各类网络培训4307人次。组织干部参加“推进新时代民族宗教工作高质量发展”专题培训班，第7、8期县（市、区）党政领导班子政治能力提升专题进修班，加强全省组织能力建设专题培训班，县处级公务员任职培训班（第83期），全省第21期乡镇党委（街道党工委）书记示范培训班，福建省党政领导干部学习贯彻习近平总书记关于“三农”工作的重要论述专题培训班4场专题辅导报告，全省“推动城市建设高质量发展”专题培训班等省级培训。调训干部参加市委党校春季秋季各类主体班次9期。组织干部参加省、市2022年度新冠疫情防控知识专题培训班，参加全市乡镇（街道）党（工）委组织委员业务能力专题培训班、全市乡镇党政正职执政能力提升专题培训班等市级专题培训7期。及各个业务领域的专题教育培训。

【干部人事档案管理】 2022年，全区共转递干部人事档案57卷，收集各类归档材料5000余份，按照新进档案必审原则，做好新考录及新调入干部人事档案的接收、审核工作，共接收、审核档案37份。完成干部人事档案数字化建设，制作数字档案1000余卷。组织在职干部填写干部履历表。

【党员教育管理】 2022年，龙文区委组织部落实党员领导干部双重组织生活会制度，督促指导全区472个基层党组织召开年度组织生活会。征订《习近平在福建》《中国共产党组织建设一百年》《闽山闽水物华新——习近平福建足迹》等书籍27666套，覆盖全区所有党组织和科级以上干部。“两节”及“七一”期间走访慰问困难党员、老干部、烈士家属、因公牺牲干部家属142人次，发放慰问金、慰问品13.34万元。

2022年12月，区委组织部举办领导干部学习贯彻党的二十大精神专题研讨班

【党员发展工作】 2022年，全区新发展党员112人，举办3期党员发展对象培训班，共培训116人。开展第二批排查整顿农村发展党员违规违纪问题工作，并梳理排查第一批、第二批严重违反入党程序和“带病入党”两类重点问题27个，完成17名相关人员的处置工作。梳理四类重点问题典型案例，通过开展基层党务工作者培训、下基层调研等方式，加强发展党员业务指导，规范发展党员程序，全年共培训457人次。

（黄佳滨　阮婷婷　黄哲文　陈惠芬　黄宇婧　陈智斌　林珺　陈艺伟　撰　冯小英　审）

宣传工作

【党的二十大精神学习宣传贯彻】 2022年11月23日，龙文区委理论学习中心组召开（扩大）会议，邀请市委宣讲团成员、市卫健委党组书记、主任黄镇平，作学习贯彻党的二十大精神宣讲报告。根据《关于做好学习贯彻党的二十大精神宣讲工作的通知》精神，龙文区委宣传部会同区直有关单位组建学习贯彻党的二十大精神区委宣讲团，到各镇（街道）、开发区、区直有关单位、学校、国有企业、台资企业、区属金融单位、民主党派、“两新”组织等单位开展宣讲，全年共开展报告会12场。10月11日，龙文区迎接党的二十大理论工作推进会暨全区党委（党组）理论学习中心组学习经验交流座谈会举行，并成立“新思想耀八闽‘福小宣’在身边”宣讲小分队，从各镇（街道）、开发区和区直有关单位等20个单位挑选宣讲员137人，组建“‘福小宣’在龙文”宣讲小分队21支，开展宣讲189场次。

【意识形态工作】 2022年，龙文区委宣传部调整充实意识形态暨宣传思想工作领导小组成员，制定《2022年度全区宣传思想工作要点》，对各镇（街道）、开发区、区直单位开展2021年度意识形态绩效考评。召开全区网络安全专题培训会，加强网络安全教育。召开2022年龙文区网络安全专题暨应急演练推进会，做好各领域行业调查摸底、隐患排查、队伍组建等工作，开展“闽盾-2022”应急演练。

【“福”文化转化利用】 2022年，龙文区委宣传部落实“用闽南文化点亮千年漳州古城”行动计划，投入7000万元，实施云洞岩景区基础设施建设工程（一期）。福建海丝钟表博物馆策划举办“福见·二十四节气”主题文化展，将“福”文化与岁时节令文化结合，集中展示“福”文化的演变和传播形式。以朱子文化遗存保护利用、品牌打造为重点，塑造朱熹陈淳Q版IP形象。依托云洞岩景区山腰上“福”字摩崖石刻，打造节日期间网红打卡拍照点。在湘桥湖公园设置“十二生肖福蛋”景观，不定期举办“福满龙文”街头文化展演，推进闽南语音乐情景剧《福满龙文——朱熹陈淳与龙文》的隔空对话创作编排。以“福”文化为主题，“三下乡”等活动广泛开展，组织文化惠民、“非遗”展示等活动50余场。

【文化建设】 2022年，龙文区委宣传部完成第五批区级非物质文化遗产项目和第三批区级非物质文化遗产代表性传承人评审工作，新增区级“非遗”项目10个、区级“非遗”传承人6人。向省、市体育局争取专项资金建设智慧体育公园，购买公共健身设施，开展全民健身运动会系列赛事17场，向省、市体校输送优秀运动员。

【重大主题宣传报道】 2022年，龙区委宣传部围绕迎接宣传贯彻党的二十大的主题，组织策划“奋进新征程 建功新时代”“非凡十年”系列宣传，推出“闽山闽水物华新”“喜迎二十大”等系列专题专栏，参与全省“我说新福建”主题活动，“福来福见·‘一分钟说福建’”短视频。组织策划“创建全国文明城市进行时”“扎实推进‘产业发展项目建设攻坚年’，深入开展‘七比一看’竞赛”“乡村振兴”等一批专题栏目。组织“龙文区贯彻党的十九届六中全会精神暨推进高质量发展新闻发布会”3场、主题采风活动1场，邀请《人民日报》、中央广播电视总台、新华网、《经济日报》等中央、省、市级主流媒体40余家，刊载相关新闻报道100余篇。建立一支相对稳定的新闻通讯员队伍，全年，市级以上主流媒体和自办媒体平台共刊发、播出龙文区相关报道6757条（平面媒体1560条、广电媒体1573条、网络媒体3624条），其中央级媒体89条、省级媒体359条、市级媒体1596条。区融媒体中心被福建日报社评为优秀报道组，“龙文融媒”公众号粉丝数增加至4.9万人，今日头条粉丝数增加至13.9万人。

【精神文明创建】 2022年，龙文区委宣传部开展“扁平化指挥、全域化创建、专班化创建、全员化创建、奖惩化创建”“六大攻坚”和“十项专项整治”行动，建立健全创建全国文明城市常态化、长效化机制。龙文区年度省级文明城区测评成绩85.27分，全省31个城区排名第十三，比2021年前进1名，两年综合成绩排名第九。新时代文明实践提档升级，建成“1+6+80”阵地[1个区新时代文明实践中心、6个镇（街道）新时代文明实践所、80个社区（村）新时代文明实践站]，实现全区文明实践所站建设全覆盖，相关经验做法在全市现场推进会上作交流发言。在“全国志愿服务信息”系统注册志愿服务队伍415个、志愿者近4万人。将文明实践工作纳入区级财政预算，下拨150万元，保障新时代文明实践中心所（站）工作经费，活动开展较好的所站实行以奖代补，调动工作的积极性。全年，围绕“文化、文创、文艺、文学、文旅、文字、文明”，开展“周周有活动、月月有主题”文明实践活动400余场次。

【乡风文明】 2022年，龙文区委宣传部完善和发挥农村“一约四会”作用，推动移风易俗“软任务”变成“硬约束”。由群众推举乡贤人士组成红白理事会，规范婚丧嫁娶、婴儿满月、子女升学、乔迁新居、参军入伍、老人做寿等民风民俗类事宜，纳入村规民约并公示上墙。全年共开展各类移风易俗宣传活动219场。扩大禁炮范围，节省开支1000万元。结合乡村振兴“串点连线成片”建设，开展行政村示范创建活动，每年每村创建示范户10户以上，示范户作为评选文明家庭的重要参考。通过寻找传统文化与文明新风尚的结合点，挖掘文化资源，结合民俗特色，向群众展示具有本地特色的民俗物件，再现闽南传统生活习俗。提升朝阳街道淳风堂规划建设新时代文化实践所，组织拍摄《淳风俗以济物华》宣传片、《北溪陈淳》微纪录片、《家风家训》网络宣传片，全方位向群众展示陈淳家风教育、国政时务、民风民俗、廉政德政的理念主张。

【网络治理】 2022年，龙文区委网信办完善意识形态和文化安全领域协调机制，加强意识形态领域形势综合分析、日常研判和情况通报。强化重点领域意识形态工作，加强宣传思想阵地管理，强化新闻网络从业人员管理。深化“扫黄打非”斗争，打击各类非法出版传播活动。持续深化拓展网络生态治理、“清朗”等专项整治行动，对商业网站平台和公众账号突出问题进行集中整治。开展网络安全知识技能宣传普及，办好“国家网络安全宣传周”。按照“谁主管谁负责”“谁发布谁负责”和“属地管理”原则，进一步加强公共领域宣传载体管理。

（区委宣传部供稿）

统战工作

【党派工作】 2022年，龙文区委统战部投入90余万元，建设龙文区民主党派之家，打造各民主党派的学习阵地、活动阵地、服务阵地。指导民革龙文总支、民建龙文总支、致公党龙文总支、九三学社龙文支社完成基层组织换届选举工作。引导各民主党派履行参政议政、民主监督的职能，全年共提交建言献策55篇、提案22篇、调研报告3篇，其中建言献策3篇被省委办采用、4篇被省政协采用。

【民族工作】 2022年，龙文区委统战部成立漳州市首家县（区）铸牢中华民族共同体意识读书社。组织开展铸牢中华民族共同体意识主题月和民族团结进步宣传月活动，共悬挂张贴宣传标语30幅（条）、发放宣传资料1200余份。邀请6名畲药传承人参加畲族医药“非遗”项目“四进”活动。做好流动少数民族人员服务管理工作，协调解决4名流动少数民族学生就学问题，帮助4名少数民族学生开具中考加分证

2022 年 7 月 8 日，龙文区统战系统“爱乡爱企促发展 同心同行兴万村”行动启动，各镇（街道）、村（场）与商协会（新阶联）结对共建签约

明，协助完成 13 名少数民族高考生照顾政策资格审核工作。

【宗教工作】 2022 年，龙文区委统战部落实“三和六明”（寺观和谐、僧众和善、信众和乐、爱憎分明、场所文明、管理严明、财务透明、特色鲜明，心地光明）工作机制，开展《互联网宗教信息服务管理办法》学习培训。结合“宗教政策法规学习月”活动，宣传贯彻《宗教事务条例》《福建省宗教事务条例》等法规。印发《宗教活动场所开展“四进”活动的工作方案》，组织宗教界人士到南靖县城隍庙（红十五军政治部遗址）等场所开展爱国主义教育。

【新的社会阶层人士统战工作】 2022 年，龙文区委统战部完成区新的社会阶层人士联谊会办公场所建设，成立漳州市首个街道层级新的社会阶层人士联谊会——漳州市龙文区碧湖街道新的社会阶层人士联谊会。与漳州农商银行西坑支行党支部联合开展“组织共建、活动共联、资源共享”系列活动，促进“党建 + 金融”双基联动。成立中共漳州市龙文区碧湖街道新的社会阶层人士联谊会兼合式支部。组织新的社会阶层人士联谊会会员到长泰、漳浦、南靖，开展学习交流活动，签署共建协议书。建设特色鲜明的实践创新基地矩阵，建成投用全市面积最大、功能最全的新的社会阶层人士联谊会企业服务中心实践创新基地，新增福建乐程市政园林工程有限公司和郭坑镇猴照山家庭农场两个实践创新基地。

【侨务工作】 2022 年，龙文区成立涉侨检察联络室，聘任 3 名涉侨检察联络员、2 名涉侨公益诉讼观护员。展现侨乡文化，开展“侨批与侨乡文化”专题讲座。

（洪艳琳 撰 陈维忠 审）

机构编制

【概况】 2022 年，龙文区委编办严格执行“编办一部门承办，主管机构编制的领导一支笔审批，机构编制部门一家行文”的“三个一”制度；完善“一证一库”管理制度，实现编制实名制管理。严格执行用编申请制度，按照《漳州市龙文区机构编制委员会工作规则》有关规定，对全区区直机

2022 年 9 月 16 日，龙文区检察院涉侨检察联络室挂牌成立，聘任 3 名涉侨检察联络员

关、镇（街道）和事业单位全年用编计划实行申请报备制度。坚持服务改革、服务发展为主线，加大“弱、散、小”单位的整合撤并力度，严控机构编制总量。

【党政机构改革】 2022年，龙文区委编办配合做好粮食和物资储备系统改革，梳理区发改局（粮储局）机构职能和编制，明确行政干部履行粮食行政管理职能；通过加挂牌子、核增财政核拨事业编制的方式，推进涉粮专项工作开展。深化行政复议体制改革，在区司法局内设机构法治股加挂漳州市龙文区人民政府行政复议办公室牌子。完善贸促系统体制机制，成立中国国际贸易促进委员会龙文区委员会，机构性质为群团机关，促进区与国（境）外组织及各国贸促机构和商协会开展交流合作与经贸往来。稳妥做好疾控机构筹备工作，根据中央关于疾病预防控制体系改革有关部署要求以及上级关于县（区）卫生健康局加挂同级疾病预防控制局牌子的通知要求，在区卫健局加挂漳州市龙文区疾病预防控制局牌子。

【事业单位改革】 2022年，龙文区委编办统筹调剂300名财政核拨事业编制用于补充教师队伍，同意区卫健局使用12名事业编制用于招考卫生人才；增加20名财政核拨事业编制，用于在各镇（街道）、开发区派驻设立统计服务中心（隶属区统计局直接管理的正股级公益一类财政核拨事业单位）；并同意区统计局使用12名财政核拨事业编制用于春季事业单位招考；成立区未成年人救助保护中心，核定财政核拨事业编制2人，股级职数1人；成立区土地收购储备中心，核定财政核拨事业编制2人，股级职数1人。

【综合执法改革】 2022年，龙文区委编办推进“一支队伍管执法”，制定印发乡镇（街道）“一支队伍管执法”改革工作方案及第一批、第二批赋权清单共110项，率先在全市组织召开承接确认书签订仪式，完成第一批（无过渡期）、第二批（过渡期一年）事项下放工作。强化应急管理执法队伍运行机制及水利渔业执法干部队伍力量，对漳州市龙文区安全生产执法大队、漳州市龙文区农林水综合执法大队进行更名，明确机构职责、编制职数。

【党政群机关统一社会信用代码赋码发证工作】 2022年，龙文区委编办按照分级管理的原则，推进本级党政群机关的赋码和证书发放工作，编制“党政群机关统一社会信用代码服务指南”，明确适用范围、办理依据、办理条件、申请材料及基本流程、办理结果及联系方式等内容。

【中文域名注册工作】 2022年，龙文区委编办推进中文域名注册和网站标识加挂工作，通过网站、QQ群、微信群及微信公众号等多种载体，加大宣传力度，做好区行政机关和事业单位已注册域名的续费等日常维护工作。

【事业单位登记管理】 2022年，龙文区委编办规范事业单位登记管理。制定印发《关于开展事业单位法人登记清理规范工作方案》，依托事业单位网上登记管理系统筛选出213家需要规范清理的事业单位，并及时做好区事业单位法人登记清理规范工作。按期完成2021年度辖区具备独立法人资格的57家事业单位年度报告书的初审、复审以及网上公示工作。做好事业单位编制结构划分工作，结合事业单位的功能、职责任务、工作性质等因素，对全区127家事业单位行政管理人员、专业技术人员以及工勤技能人员等三类人员结构进行重新核定、分类管理。

（吴志忠 撰　刘清华 审）

机关党建

【概况】 2022年，龙文区直机关党工委下辖党委2个、党总支部4个、党支部68个、党员数

1241人。全年召开党工委会议12次，指导批复换届选举、补(改)选委员党组织45个，撤销党组织3个，审批党组织更名1个。

【机关党员思想建设】 2022年，龙文区直机关党工委组织开展“忠诚在心、奉献在岗”和宣讲党的二十大精神等教育活动3场，参与教育培训的党员165人次，邀请教授为机关党员干部作新思想宣讲和机关党建业务辅导；组织机关党员干部到漳州市城市展示馆参观学习市直机关党建改革创新成果汇展；发动机关党员观看学习习近平总书记所作的党的二十大报告。分发《闽山闽水物华新——习近平福建足迹》《习近平谈治国理政》第四卷等学习用书325套和党的二十大精神学习用书《党的二十大报告学习辅导百问》《二十大党章修正案学习问答》《党的二十大文件汇编》421套。

【党建引领】 2022年，龙文区直机关党工委指导区直机关开展“六型”模范机关创建活动，深化党支部“达标创星”活动，被评为五星级的党组织有9个、被评为四星级的党组织有11个。区直机关各级党组织探索党建与业务融合，区委政法委《打造护企新机制 提升警务新效能》获漳州市第五届“推进机制活、建设新福建”机关体制机制创新优秀案例征集评选活动三等奖；区检察院党组织注重典型培树，培树出全国“人民满意的公务员”潘进格；区直机关各级党组织开展落实机关党员“双报到”，开展创建全国文明城市助力党员志愿服务行动。联合区妇联开展“党建带群建、喜迎党的二十大”主题活动，联合区总工会开展“喜迎党的二十大——永远跟党走”2022年龙文区工会杯职工羽毛球团体赛，联合团区委开展党的知识有奖竞答活动。

【革命传统学习】 2022年，龙文区直机关党工委组织40余名区直机关党务工作者到红色革命教育基地漳浦县车本村重温入党誓词，重走红军路，观看主题教育片，接受党史学习教育。全年，区直机关各级党组织共组织开展红色革命传统学习90场次，1439人次参加。

【机关党风廉政建设】 2022年，龙文区直机关党工委重点对机关工委党费、党建工作经费管理情况进行监督检查。监督机关工委落实好全面从严治党主体责任，参与“三重一大”事项研究；协助做好全面从严治党主体责任检查和区直单位党委(党组)理论学习中心组学习巡听旁听等工作。全年，完成各派驻纪检监察组移送的案件13起。参加全省纪检监察案件审理业务培训和上级纪委组织的案件评查工作。

(林雅君 撰　吉文银 审)

老干部工作

【概况】 2022年，全区管理服务离休干部2人(其中易地安置1人)，处级退休干部20人。

【老干部待遇落实工作】 2022年，龙文区委老干部局针对离休干部思想、生活实际，落实“一人一策”制度，为高龄离休干部购买家政服务；将长期异地居住离休干部纳入走访慰问范围，做好异地安置离休干部慰问工作；调整离休干部无工作遗偶定期定额生活补助标准，慰问生病住院的离退休干部，协调解决异地离休干部生病护理费；做好老干部“四就近”服务工作，组织开展离退休干部重阳节、春节慰问活动。

【离退休干部近邻党建工作】 2022年，龙文区委老干部局以“五融五助”为抓手，创建福隆社区、锦绣社区离退休干部融入近邻党建示范点，激励离退休党员干部当好信息搜集员、政策宣传员、风尚引领员、基层治理员，向社区提供第一手社情民意资料，向居民群众宣传党的新思想和新精神，推动离退休党员干部“常态报到”。依托“党建+志愿服务”模式，发挥离退休党员干部特长，帮助社区开展红色宣讲、维护稳定等社区治理工作。

【老年学习阵地建设】 2022年，龙文区委老干部局拓展老年教育服务范围，加大老年教育向社区延伸办学的力度，在福隆社区、锦绣社区成立市老年大学教学点。

（何志森 撰　冯小英 审）

党校教育

【概况】 2022年，市委党校龙文分校组织主体班培训7期，短期培训班6期。举办中共党的二十大精神专题研讨班并到基层开展宣讲。

【培训工作】 2022年，市委党校龙文分校举办6期科级干部培训班和1期中青年干部培训班，134名干部参加培训；举办3期党员发展对象培训班，122人参加；举办2期龙文区新时代基层干部主题培训班，300人参加；组织1000多名干部登录2022年度福建干部网络学院进行在线学习；组织2000多人次干部参加龙文区新时代基层干部网络培训班和中国干部网络学院“基层教师讲好党的二十大精神”视频直播培训等；举办区管干部学习贯彻党的二十大精神专题研讨班，全区411名科级干部参加培训，组织宣讲团成员到街道、社区、主体班开展党的二十大精神宣讲等。

（曾慧玲 撰　吴东风 审）

漳台交流

【概况】 2022年，龙文区委台港澳办推进台胞台商服务工作，加强与台经贸合作和台胞台商合法权益保障，创新对台金融服务，开展两岸融合发展故事宣传，年度市对县区台湾人才考核工作排名第二。深化与台交流交往，举办漳台青年美丽乡村行、第十四届海峡两岸中华武术“大家练”等联谊活动11场。

【对台招商】 2022年，由台企台丽集团开发运营的盈科智谷产业园落户龙文，产业园用地面积8公顷，建筑面积16万平方米，总投资15亿元，主要建设标准化厂房、定制化厂房及产业大厦，配套空中休闲花园、人才公寓、园区超市、员工餐厅等服务设施。10月1日，漳州天福茶文化馆开馆。该馆位于辖区龙文南路与水仙大街交界处，毗邻闽南水乡，投资近3000万元，馆内面积1200平方米，以传统茶文化为主题，打造天福“咱们的第二客厅”品茗空间。

【台企台胞服务】 2022年5月7日，龙文区2022年惠台服务政银企座谈会暨战略合作签约仪式在厦门银行漳州分行举行。厦门银行漳州分行向区台商投资企业联谊会会员单位提供意向性综合授信额度支持10亿元。开展全区定居台胞摸排建档工作，建立定居台胞档案186个。5月12日，龙文区委台港澳办、区司法局、台联在台企国峰精机，举行龙文区涉台纠纷人民调解委员会揭牌仪式。龙文区检察院聘任3名台

2022年5月7日，厦门银行漳州分行向龙文区台商投资企业联谊会会员单位提供意向性综合授信额度支持10亿元

胞为首届选任听证员。龙文区委台港澳办、区司法局推动盈科漳州律所探索涉台调解、法律服务精准普法新方法、新模式、新机制；加强与台商协会、台企、台胞的沟通交流，丰富对台法治宣传教育的形式和载体。

2022年2月11日，同根同源两岸情 龙文台胞闹元宵联谊交流活动在芗城区古城孔庙举行

2022年9月4日，区台胞台商到檀林威惠庙，开展宫庙文化交流

【漳台联谊交流】 2022年2月11日，龙文区委台港澳办组织留在辖区过年的25名台胞台商、台湾青少年到芗城区古城孔庙，参观“科举制度在台湾——台湾进士专题展”，并邀请闽师大台籍教授郭秋显讲解。2月26日，龙文同根同源两岸情台胞踏青忆英烈交流联谊活动在龙海区双第华侨农场鹭凯生态庄园举行，活动组织台胞台商参观“李林事迹陈列馆”，聆听华侨抗日女英雄事迹。5月8日，“姻缘牵两岸•情暖母亲节”暨关爱两岸婚姻家庭交流联谊活动在龙文区举行，活动组织15户台属观看动画喜剧电影、子女为母亲献花、台胞台属普法交流等活动。5月28日，由龙文区委台港澳办、区台联主办的“‘粽’情满满迎端午•同‘粽’同源是一家”台胞端午联谊活动在永润文化中心举行，15户台胞家庭和蔡坂社区居民共同体验包粽子、观看以端午为主题的沙画表演、亲子沙画瓶创意手工教学制作等活动，蔡坂社区居民还向台胞赠送象征端午安康的香囊。6月25日，漳台青年美丽乡村行交流活动在区举行，市台联青委会成员与台湾青年到郭坑镇铁道兵烈士纪念碑，缅怀为修建鹰厦铁路而牺牲的烈士；到扶摇村“闽台乡建乡创”合作项目瑶山风景区、口社村霞贯双溪生态农庄和东溪农场等地调研。7月2日，闽台少数民族文化交流周启动仪式在蓝田街道福隆社区广场举行，活动为期7天，分为“台湾少数民族文化进社区”和“台湾少数民族文化进学校”两个部分，通过设置“台湾少数民族文化长廊”，开展台湾少数民族歌舞表演、电影观摩和文化展览，分发《台湾少数民族文化宣传册》，举办铸牢中华民族共同体意识读书分享会等多种形式，加强闽台少数民族文化交流。9月4日，檀林威惠庙、檀林社区居民代表、数十位常住辖区的台胞台商、云霄陈元光故居燕翼宫代表通过视

频云端连线的方式，和台湾高雄左营慈安宫的信众共同祭奠开漳圣王陈元光。11月11日，辖区35位台胞台商参加由龙文区委台港澳办、区台联举办的“践行二十大·启航新征程”暨走近龙文历史文化交流活动。12月11日，省古厝文化研究会与龙文区委台港澳办联合举办以“八宝印泥·两岸福”为主题的漳台青少年“非遗”文化交流活动，15名漳台青少年在老师的指导下，动手制作“八宝印泥”。12月15日，龙文区委台港澳办、区台联联合举办“一张明信片 情系两岸心”台胞手书寄语迎新春活动，组织辖区12位台胞和居民代表向岛内亲友寄送明信片。12月17日，第十四届“海峡两岸中华武术大家练”活动在吾悦广场举行，活动以“共筑中国梦，同叙两岸情”为主题，通过线上线下相结合方式开展，台北市北投区国术委员会代表队、台湾武艺文化研究会代表队、台湾嘉义县勤习堂武术代表队等6支队伍通过线上视频交流展演，台湾媒体人张孟崇到现场观演。

【两岸融合发展故事宣传】 2022年，龙文区委台港澳办邀请中新网采访辖区重点台胞台商，制作推出台胞在漳生活创业专题系列报道8期。截至年底，中新社报道龙文对台题材稿件21篇，同步被台海网、东南网、新华网等转载报道。

（陈燕 撰　林志华 审）

史志工作

【概况】 2022年，龙文区委史志研究室做好龙文重大事件、重点工作、重要活动等资料的收集、整理，编写龙文2022年大事记；完成《龙文年鉴（2021）》校对、修改和印刷出版等工作，完成《龙文年鉴（2022）》初稿编写工作；完成《福建年鉴（2022）》《漳州年鉴（2022）》《市委执政纪要》等书籍龙文部分相关内容文稿撰写和图片征选报送工作。

【年鉴编撰】 2022年，龙文区委史志研究室编写龙文2022年大事记四期，共3万多字；完成《龙文年鉴（2021）》校对和修改等工作，5月正式出版，全书共30卷42万字；开展《龙文年鉴（2022）》文稿和图片征集工作，11月，完成初稿编写。

档案工作

【概况】 2022年5月19日，龙文区档案馆完成区委办、区委政法委等4个单位文书和婚姻档案数字化整理、接收进馆工作，全年共接收文书5695件、数字化扫描118127张；婚姻档案16145份，其中，内地居民婚姻登记档案16114份，涉外婚姻登记档案31份，数字化扫描143478张。开展《龙文祠庙档案》收集编研工作，初步完成排版66个。

【“两类档案”整理归集】 2022年，龙文区档案馆做好新冠肺炎疫情防控档案和党史学习教育材料的收集、整理、归集工作，同步建设全区疫情防控工作专题数据库。全年共收集2021年度疫情防控材料979件、照片28张、视频档案11个，党史学习教育材料3318件。

【“迁台记忆”和侨批档案征集】 2022年，龙文区档案馆征得各类“迁台记忆”和侨批档案文献实物39件。其中“迁台记忆”档案文献10件，侨批档案文献29件，包含前国民党副主席、台北市长郝龙斌赠送区武术协会的贺词，清荣禄大夫墓志铭，承载侨民生活记忆的商照、邮票、证书等。

【社会公共服务】 2022年，龙文区档案馆围绕“6·9”国际档案日宣传主题，参加市档案馆主办的档案宣传活动；制作档案法宣传短视频，编发档案宣传主题短信；通过LED显示屏播放宣传标语、设置宣传展板、发放宣传材料。全年向社会提供档案查询89份，其中民生档案查询64份、文书档案查询25份，提供复印材料494页；收到感谢信1封，查询服务非常满意率95%以上。设置政府信息公开查阅场所，接收29个政府信息公开单位的文件材料纸质版和电子版文件各814份。推进“异地查档、跨馆服务”工作，接入全国档案查询利用服务平台，并接受电话异地跨馆查档。

【档案安全管理】 2022年，龙文区档案馆开展库房、档案安全检查13次，排查问题6个，落实整改措施5条。落实消防安全保障措施，参加档案消防安全知识培训和现场操作演练；定期开展档案安全、责任区域防火防盗、用电安全及消防系统排查工作；完善《档案馆消防安全管理制度》，普及逃生面罩使用方法、用火用电消防安全常识；采购消防逃生面罩7个，更换消防灭火器16个。配备网络安全保障的档案信息化基础设施，采用光盘、移动硬盘、台式机械硬盘3种不同存储介质对档案数字化成果进行异地备份。

（区档案馆供稿）

龙文区人民代表大会

重要会议

【概况】 2022年，龙文区人大常委会共召开常委会会议7次，听取审议“一府一委两院”工作报告23项，依法作出决议决定12项，依法任免地方国家机关工作人员54人次、人民陪审员18人次，举行宪法宣誓9场30人次。开展调研、视察、执法检查活动13次，配合省、市人大开展活动17次。

【龙文区第六届人民代表大会第二次会议】 2022年12月22—23日，龙文区第六届人民代表大会第二次会议在区政府会议中心召开，出席大会实到代表139人（应到代表169人）。大会听取和审议龙文区人民政府区长林晓强关于龙文区人民政府工作的报告；审查和批准龙文区2022年国民经济和社会发展计划执行情况及2023年国民经济和社会发展计划草案的报告，批准龙文区2023年国民经济和社会发展计划；审查和批准龙文区2022年预算执行情况及2023年预算草案的报告，批准龙文区2023年区本级预算；听取和审议龙文区人民代表大会常务委员会主任戴志嵩关于龙文区人民代表大会常务委员会工作的报告；听取和审议龙文区人民法院院长沈炎坤关于龙文区人民法院工作的报告，听取和审议龙文区人民检察院检察长张文锋关于龙文区人民检察院工作的报告。大会审议六份报告并作出相应决议。

2022年12月22—23日，漳州市龙文区第六届人民代表大会第二次会议召开

【区六届人大常委会会议】 2022年2月9日，区六届人大常委会第一次会议审议通过龙文区人民代表大会常务委员会议事规则、龙文区人民代表大会常务委员会组成人员守则、龙文区人大常委会2022年工作要点，表决

通过关于批准龙文区2022年新增政府债务限额及区级预算调整方案的决议，作出开展第八个五年法治宣传教育的决议。

2022年2月25日，区六届人大常委会第二次会议表决通过龙文区第六届人大常委会代表资格审查委员会组成人员名单、关于批准龙文区学校基础设施组团建设工程PPP项目财政支出责任纳入区级财政预算及中长期财政规划的决议。

2022年4月27日，区六届人大常委会第三次会议听取区发改局、教育局、工信局局长及区法院1名副院长、区检察院1名副检察长的履职情况报告，并进行满意度测评。

2022年6月23日，区六届人大常委会第四次会议表决通过关于批准2021年区本级决算、龙文区2022年第二批新增政府债务限额及第二次区级预算调整方案的决议。

2022年8月25日，区六届人大常委会第五次会议表决通过《漳州市龙文区人民代表大会常务委员会任免国家机关工作人员的规定修正案》。

2022年10月27日，区六届人大常委会第六次会议表决通过关于批准龙文区2022年第三批新增政府债券收支及第三次区级预算调整方案，作出补选、增选龙文区第六届人民代表大会代表的决定。

2022年12月8日，区六届人大常委会第七次会议表决通过关于批准2022年龙文区财政收支预算调整方案，听取审议2021年度龙文区本级预算执行和其他财政收支审计发现问题整改情况报告，审议通过龙文区第六届人民代表大会常务委员会代表资格审查委员会关于个别代表的代表资格的审查报告。

监督工作

【法律监督】 2022年，龙文区人大常委会首次听取审议区监察委员会开展工程建设领域反腐败工作情况的报告，在调研的基础上听取审议区法院2020年以来行政审判工作情况的报告、区检察院2019年以来刑事执行检察工作情况的报告。建立“统一受理、分工审查”工作机制，实现备案审查工作和信息化建设“两个覆盖”，备案审查工作的经验做法被市人大在全市作为典型进行推介。开展《中华人民共和国环境保护法》《福建省物业管理条例》《中华人民共和国妇女权益保障法》《福建省实施〈中华人民共和国妇女权益保障法〉办法》《中华人民共和国科学技术普及法》《福建省科学技术普及条例》实施情况执法检查。

【专题视察调研】 2022年，省、市、区人大三级联动，开展乡村振兴促进法执法检查暨乡村振兴工作情况和《关于进一步减轻义务教育阶段学生作业负担和校外培训负担的意见》落实情况调研。视察全区河湖长制工作落实情况，调研落实人大常委会财政预决算审议意见情况、促进全区中医药传承创新发展情况、“12345”政务服务便民热线平台运行情况、铸牢中华民族共同体意识推动新时代龙文区民族工作高质量发展情况。

【信访工作】 2022年，龙文区人大常委会共受理群众来信来访12件，其中省、市人大交办10件，办结率100%。

代表工作

【代表进退机制】 2022年4月27日，区六届人大常委会第三次会议听取区人大常委会代表资格审查委员会关于杨以茸代表资格终止的报告，杨以茸因工作变动调离本行政区域，其代表资格终止。10月27日，区六届人大常委会第六次会议接受黄进强辞去龙文区第六届人大代表职务的请求。11月24日，蓝田街道东屿（一）选区、步文街道同昌选区分别增选陈跃林、王志明为龙文区第六届人民代表大会代表，碧湖街道后坂（一）选区补选杨俊川为龙文区第六届人民代表大会代表。

【代表工作能力建设】 2022年8月3—5日，龙文区第六届人大代表履职培训班在谷文昌干部学院举行，集中学习党的理论和人大业务知识，交流履职经验。全年共组织区、镇（街道）两级人大代表视察、调研等活动25场次。并从市、区有关单位中遴选16名技术骨干（高级专业职称占比50%）组成新一届人大城环委专家顾问组，由常委会颁发聘书。

【代表履职】 2022年，龙文区人大常委会健全代表述职制度，开展代表向原选区选民作述职报告活动，组织人大代表接受选民询问和满意度测评。出台《龙文区人大代表履职积分评价办法》，调动代表履职积极性。

【代表建议督办】 2022年，龙文区人大常委会共组织提交代表建议办理双方对接23场，现场督办14场，推动52件代表建议办理落地落实，听取审议政府办理代表建议情况报告。

【代表履职保障】 2022年，龙文区人大常委会组成人员直接联系168名代表，听取代表意见建议。全年共有416人次市、区代表参加常委会组织的调研视察、执法检查，以及列席常委会会议、旁听法院庭审、参与新冠肺炎疫情防控、创建全国文明城市督查等活动。建立人大代表联系群众活动室19个。组织开展“人大代表集中活动月”活动，让代表通过走访、座谈、述职、回访原选区、参加代表小组活动等方式，听取、反映群众的意见建议。

人事任免

【区六届人大常委会第一次会议人事任免事项】 2022年2月9日，区六届人大常委会第一次会议决定任命吴秋潭为龙文区人民政府办公室主任，苏钟铿为龙文区发展和改革局局长，林溪圳为龙文区教育局局长，林加德为龙文区工业和信息化局局长，孙树林为龙文区民政局局长，洪春笙为龙文区司法局局长，何聪佩为龙文区财政局局长，李鹏志为龙文区人力资源和社会保障局局长，陈志强为龙文区自然资源局局长，吴生城为龙文区住房和城乡建设局局长，黄艳辉为龙文区交通运输局局长，王智铭为龙文区农业农村局局长，林建海为龙文区商务局局长，薛晓红为龙文区文化体育和旅游局局长，卢文周为龙文区卫生健康局局长，陈聪毅为龙文区退役军人事务局局长，张东溪为龙文区应急管理局局长，陈跃忠为龙文区审计局局长，陈跃林为龙文区市场监督管理局局长，林志贤为龙文区统计局局长，黄俊勇为龙文区城市管理局局长，张金清为龙文区人民政府信访局局长。表决前，拟任命的区政府组成人员作供职发言。会议举行宪法宣誓仪式和任命书颁发仪式。

【区六届人大常委会第二次会议人事任免事项】 2022年2月25日，区六届人大常委会第二次会议决定任命阿不拉·吾甫尔为龙文区人民政府副区长。

【区六届人大常委会第三次会议人事任免事项】 2022年4月27日，区六届人大常委会第三次会议决定接受方响宏辞去龙文区人民政府副区长职务的请求，任命谢武为龙文区人民政府副区长。

【区六届人大常委会第四次会议人事任免事项】 2022年6月23日，区六届人大常委会第四次会议免去陈跃林的龙文区市场监督管理局局长职务、黄进强的龙文区人民代表大会常务委员会碧湖街道工作委员会主任职务，任命杨俊川为龙文区人民代表大会常务委员会碧湖街道工作委员会主任。

【区六届人大常委会第五次会议人事任免事项】 2022年8月25日，区六届人大常委会第五次会议免去蔡艺婷的龙文区监察委员会委员职务，免去欧阳江华的龙文区人民法院副院长、审判委员会委员、审判员职务，免去陈亚彩的龙文区人民法院审判委员会委员、审判员职务，免去陈仙莺的龙文区人民法院审判员职务、林长江的龙文区人民法院朝阳人民法庭庭长职务、陈婧怡的龙文区人民法院家事少年审判庭庭长职务、王井根的龙文区人民法院朝阳人民法庭副庭长职务、严淑珍的龙文区人民法院家事少年审判庭副庭长职务、魏志艳的龙文区人民法院朝阳人民法庭副庭长职务、苏碧恋的龙文区人民法院民事审判庭副庭长职务；任命欧阳剑耘为龙文区人民法院副院长、审判委员会委员、审判员，任命林长江为龙文区人民法院副院长、陈婧怡为龙文区人民法院审判委员会委员、王井根为龙文区人民法院立案庭庭长、严淑珍为龙文区人民法院家事少年审判庭庭长、魏志艳为龙文区人民法院朝阳人民法庭庭长、苏碧恋为龙文区人民法院立案庭副庭长、李芹生为龙文区人民法院民事审判庭副庭长、郑惠燕为龙文区人民法院审判员、杨晓敏为龙文区人民法院审判员；任命何佳喜等18位龙文区人民法院人民陪审员。

【区六届人大常委会第六次会议人事任免事项】 2022年10月27日，区六届人大常委会第六次会议免去林志贤的龙文区统计局局长职务，免去蓝小川的龙文区监察委员会副主任职务，免去陈再兴的龙文区人民检察院检察委员会委员、检察员职务，任命林志贤为龙文区市场监督管理局局长，任命陈俊毅为龙文区统计局局长，任命潘进格为龙文区人民检察院检察委员会委员。

（郑松辉 沈思航 撰　张少鹏 审）

龙文区人民政府

综 述

【经济社会发展】 2022年，龙文区实现地区生产总值439.15亿元，比上年增长7%；一般公共预算总收入21.82亿元，比上年增长7.1%，其中一般公共预算收入16.08亿元，比上年增长18%；一般公共预算支出18.92亿元，比上年增长21.6%，固定资产投资261亿元，比上年增长10.5%；进出口总额123821.08万美元，比上年增长24.65%；实际利用外资1862万美元，比上年增长193.6%；社会消费品零售总额252.5亿元，比上年增长7.3%；城镇居民人均可支配收入53051元，比上年增长6.5%；农村居民人均可支配收入27732元，比上年增长9.9%。

【重点项目】 2022年，龙文区新开工项目95个，总投资212亿元；竣工项目75个、总投资388亿元；4个省级续建、51个市级在建重点项目均超序时进度完成。科技产业园等13个项目获得地方政府专项债14.05亿元，智慧科技园基础设施项目获国开行投放基金3.8亿元，“幸福河湖”项目获水利部、财政部补助资金近亿元。深化“产业链+新平台+零土地”招商，通过“异地孵化”“飞地经济”等模式拓展市场和发展空间。截至年底，孵化园入驻电商及其配套企业97家。设置粤港澳大湾区招商联络处，成立招商小分队，拓展“行业+属地+群团”的联动招商模式。全年新签约产业项目90个，总投资203.25亿元。

【城乡建设】 2022年，龙文区推进北溪“一江两岸”、龙江新城等城市设计及云洞岩风景名胜区等规划提升，推动324国道改线、云洞岩步道、海绵城市等项目落地开工。实施城乡品质提升项目112个，中心城区提升项目178个。完成5条道路、28条背街小巷，7条农村公路改造提升。建成投用“口袋公园”23个，新建改造绿地4.53公顷，新增公共停车位3607个。实施乡村振兴“串点连线成片”村庄建设6个，完成村庄生活污水治理设施建设及验收7个，整治既有裸房239栋，创建“绿盈乡村”6个，村庄清洁行动典型案例被省农业农村厅印发推广。推进口社田园综合体、汐浦生态养殖基地、篁卿康养体验园等7个乡村振兴项目。郭坑镇“五和联创”（和善村民、和睦邻里、和煦村落、和谐社会、和畅乡风）乡村治理积分制在全市推广。朝阳街道桥头村、郭坑镇口社村获评2022年度省级乡村治理示范村。《福建龙文：优化公共服务 擦亮乡村幸福底色》短视频入选农业农村部“农村公共服务十年建设成果小视频”优秀作品展。

【社会民生】　2022年，龙文区建成投用学校（含幼儿园）4所，新增学位3330个，公办幼儿园占比53.02%，普惠性学前教育覆盖率85.96%；统筹用活教师编制，增加教师编制500个；区教师进修学校通过省级标准化教师进修学校评估验收。全区每万人口拥有全科医生数6.8人，千人均床位数4.13张；新设立碧湖、蓝田街道社区卫生服务中心，改造公办卫生所（站）3个，新申报省级卫生村（社区）46个，在全市率先实现基层中医馆全覆盖。新建成投用“长者食堂”8个、养老服务照料中心1个、社区居家养老服务站2个；完成部分社区及609户困难老年人家庭“适老化”改造；蓝田街道福隆社区被国家卫生健康委、全国老龄办命名为“2022年全国示范性老年友好型社区”。全区城镇新增就业人数8198人，在全省率先创建“零工劳务服务中心”“社区零工服务驿站”，“‘线上线下’齐发力做优做实用工服务新模式”被省发改委评为2022年第一批优化营商环境工作典型经验做法。低保和特困供养审核确认权限下放各镇（街），居民最低生活保障和特困人员救助供养标准全市最高。

【生态文明建设】　2022年，龙文区制定实施《龙文区国家生态文明建设示范区规划（2021—2025）》，深化“水气土”三大重点领域系统治理，落实“三线一单”（生态保护红线、环境质量底线、资源利用上线和生态环境准入清单）硬约束，年度空气质量改善。“天地网”下发图斑全部完成核查，累计整改违法占用耕地165个，8宗新增乱占耕地建房全部拆除复耕。推进山水林田湖草沙一体化保护和修复项目，整改完成省生态环保督察交办信访件18件。九十九湾连通水系项目入选全国首批“幸福河湖”试点和省首批河湖文化遗产名录。北溪、西溪流域断面水质均达到Ⅲ类水质考核目标，集中式饮用水源地水质达标率100%。创建首批省级生活垃圾分类示范区，碧湖街道“‘五建五抓’助推垃圾分类实践出彩”被国家机关事务管理局评为2021—2022年度公共机构能源资源节约示范案例。

【为民办实事】　2022年，区委、区政府为民办实事项目共34项，年度计划投资10亿元，累计完成投资11.7亿元，占年度计划的117%。完成“四好农村路工程”建设、安置房建设项目、幼儿园和中小学建设项目、养老服务工程建设、治理“餐桌污染”、建设“食品放心工程”等一批好事实事。

龙文区2022年为民办实事项目完成情况汇总表

表2

序号	项目名称	年度计划投资（万元）	累计完成投资（万元）	占年计划投资数（%）	年度目标任务	项目进展情况
1	新建（续建）幼儿园	1150	1170	101.74	新建（续建）4所幼儿园	1.*保利世茂和宝龙配套幼儿园改造：投用 2.*融信漳州公馆配套幼儿园改造：进行改造施工 3.郭坑第二中心幼儿园：投用

续表 2

序号	项目名称	年度计划投资（万元）	累计完成投资（万元）	占年计划投资数（%）	年度目标任务	项目进展情况
2	新建（续建）学校	38000	44500	117.11	新建（续建）3 所学校	1. 龙溪学校：完成总工程量的 75% 2. 通源学校：完成总工程量的 71% 3. 漳州市第三中学龙文校区：进行桩基施工及土方回填
3	市第九中学配套设施完善提升项目	300	302	100.67	对原校园旧消防系统进行维修改造	完成
4	安置房建设	43200	43520	100.74	建设 4 处安置房共 2671 套	1.* 中铁海语印象：完成竣工验收 2.* 龙泽花园 01 地块：完成桩基施工以及东侧支护桩施工 3.* 蔡坂安置房：各楼栋主体结构施工 4. 长福安置房：完成竣工验收
5	支渠生态护坡工程	800	910	113.75	对郭坑高排渠，口社、下州等支渠两岸进行驳岸护坡加固	完成
6	水源地保护工程	225	275	122.22	保障水源保护区安全，打通巡河通道堵点，建设生态走廊	完成
7	生态养殖污染防治与研究项目	550	555	100.91	占地面积 75.2 亩，配套建设相关生态养殖设施。2022 年开工	开工
8	* 口袋公园建设工程	200	500	250	建设 5 个口袋公园	完成 21 个
9	* 智慧体育公园	250	260	104	利用辖区绿地改建成融运动、休闲、娱乐一体的智慧体育公园。2022 年开工	开工

续表 2

序号	项目名称	年度计划投资（万元）	累计完成投资（万元）	占年计划投资数（%）	年度目标任务	项目进展情况
10	*推行生活垃圾分类	200	730	365	城市建成区居住小区生活垃圾分类覆盖率达100%，打造1个生活垃圾分类示范片区	完成
11	福乐家园	500	90	18	用地面积约6.92亩，建设综合楼及配套设施。2022年开工	完成建设用地规划许可及交地手续，完成初步设计及概算初稿，正进行地质勘察、报审水土保持报告表
12	市第三医院（扩建三期）	5000	5640	112.8	新建一栋门诊住院楼，建筑面积76533平方米，新增床位495张。2022年完成打桩和地下室开挖	桩基先行
13	区级粮食储备库二期建设工程项目	250	300	120	建设总仓容2.22万吨的4座平房仓及配套附属设施。2022年开工	开工
14	农贸市场环境和设施改造提升	141	292	207.09	11个已改造的农贸市场巩固提升建设	完成
15	城市公共停车设施建设	370	370	100	新增停车泊位350个	完成
16	电动汽车公共充电桩安装工程	250	255	102	完成25台充电桩（标准桩）建设	完成
17	推进绿道建设改造	300	300	100	新建改造绿道3千米	完成
18	市政生活污水管网建设	1000	1300	130	新建改造10千米	完成
19	农村供水保障工程	2000	6508	325.4	完成主干管及入村管道铺设40千米	完成约85.2千米
20	实施全民健身工程	10	33.97	339.7	全年开展不少于6场全民健身运动会活动	完成18场全民健身活动
21	道路交通安全隐患路段整治	140	156	111.43	完成4处道路安全隐患路段整治	完成

续表 2

序号	项目名称	年度计划投资（万元）	累计完成投资（万元）	占年计划投资数（%）	年度目标任务	项目进展情况
22	实施“四好农村路工程”	361	1924	532.96	新建改建农村公路 3 千米	完成 8.3 千米
23	实施养老服务提升工程	60	60	100	建设 4 个长者食堂（助餐点）	完工
24	实施助残服务工程	470	500.94	106.58	发放残疾人“两项补贴”	完成
		300	300	100	完成 21 处无障碍设施改造提升	完成
25	开展各类职业技能培训和符合条件的在校生及大中专毕业生创业项目择优帮扶资助	7	7	100	培训高素质农民 150 人	完成
		8	18	225	对在校生和毕业五年内在龙文创业的全日制普通大中专毕业生创业项目进行扶持。获得省级、市级创业资助项目，区级按其奖励金额的 50% 给予资助	完成
		300	341.43	113.81	开展各类补贴性职业技能培训 1425 人	完成
26	义务教育薄弱环节改善与能力提升	710	2595	365.49	完成漳州市实验小学龙文校区（2 号教学楼）扩容建设	完成
27	学校教室照明改造工程	88.8	84.02	94.62	改造龙文区公办学校的照明系统	完成
28	提高城乡居民基本养老保险基础养老金标准	301.8	301.8	100	区级城乡居民基本养老保险基础养老金最低标准由 145 元 / 月上调至 155 元 / 月	完成
29	提高基本公共卫生服务能力	2264.25	2343.07	103.48	从 2021 年每人每年 79 元提高到 84 元（按往年每年增加 5 元标准，以国家或省确定为准）	完成

续表 2

序号	项目名称	年度计划投资（万元）	累计完成投资（万元）	占年计划投资数（%）	年度目标任务	项目进展情况
30	公共场所配置 AED+ 群众性应急救护公益培训	43.6	43.6	100	计划配置 AED 共 13 台，培训救护员 1400 名	完成
31	婴幼儿照护服务普惠项目	220	220	100	新建 220 ～ 260 个婴幼儿照护服务普惠托位	完成
32	深化科技特派员服务百企千村工程	40	125	312.5	选派 15 名以上科技特派员挂钩服务 10 家企业和 5 个行政村	完成
33	安全应急保障提升工程	110	110	100	按“五个一”标准打造 1 个安全主题公园示范点	完成
34	治理“餐桌污染”建设“食品放心工程”	39	88.4	226.67	开展专项行动，严厉查处食品安全违法违规行为	完成
					创建国家食品安全示范城市；建设 3 个省级、2 个市级“明厨亮灶”示范单位	完成
					“一品一码”全过程追溯体系建设	完成
					防控食品安全风险隐患	完成

说明：加 * 项目同时为区级和市级为民办实事项目

重要会议和活动

【区政府常务会议】 2022 年 1 月 19 日，区长林晓强主持召开区政府 2022 年第一次常务会议。会议研究购买耕地占补平衡指标、对近三年及 2021 年度考核优秀公务员（含参公）予以奖励、2020 年度龙文发展负责人薪酬考核结果和 2018—2020 年度龙文发展负责人任期经营业绩考核结果、漳州市龙文发展有限公司向下属全资子公司漳州市龙文发展商贸服务公司增资等有关事项。

2022 年 1 月 26 日，区长林晓强主持召开区政府 2022 年第二次常务会议。会议研究 2022 年区委区政府为民办实事项目、加快解决原聚善堂项目用地后续遗留问题、启动区级粮食储备库二期建设工程项目、漳州市实验小学龙文校区项目建设、漳州三中片区征迁补偿等有关事项。

2022年1月30日，区长林晓强主持召开区政府2022年第三次常务会议。会议研究区政府债务限额管理及2022年第一批新增政府债券资金安排使用有关事项。

2022年2月10日，区长林晓强主持召开区政府2022年第四次常务会议。会议研究2021年龙文区新时代新担当新作为先进集体和先进个人建议名单和2021年经济建设突出贡献奖、经济建设贡献奖、纳税大户建议名单等有关事项。

2022年2月21日，区长林晓强主持召开区政府2022年第五次常务会议。会议研究《漳州市龙文区2022年“产业发展项目建设攻坚年”活动实施方案（送审稿）》、《调动农民种粮积极性稳定粮食生产若干措施（送审稿）》、关于漳州市龙文发展有限公司剥离下属企业漳州市龙文区路通运输发展中心等有关事项，传达全国和省、市春季农业生产会议精神。

2022年3月7日，区长林晓强主持召开区政府2022年第六次常务会议。会议研究《龙文区创建国家食品安全示范城市工作方案（送审稿）》《漳州市龙文区征收集体土地及集体土地上房屋征收补偿安置实施方案（送审稿）》及景山街道增设社区、2022年度区人大代表建议和政协提案承办单位分解等有关事项，传达贯彻全市乡村振兴现场推进会精神。

2022年3月9日，区长林晓强主持召开区政府2022年第七次常务会议。会议研究《龙文区城市社区治理方案2022—2024年》《龙文区城市社区治理考核办法》《龙文区城市社区治理工作任务汇总表》等文件。

2022年4月4日，区长林晓强主持召开区政府2022年第八次常务会议。会议传达学习习近平总书记重要指示精神及全国、全省、全市安全生产工作视频会议精神，研究《促进漳州市新经济产业园（试点）发展的扶持政策（送审稿）》《漳州市龙文区推进电子商务发展五条措施（送审稿）》《2021—2024年度龙文区竞技体育奖励办法（送审稿）》，听取规范性文件涉及计划生育内容专项清理工作情况汇报。

2022年4月18日，区长林晓强主持召开区政府2022年第九次常务会议。会议审议《漳州市龙文区创建幸福河湖实施意见（送审稿）》《关于规范房屋建筑和市政基础设施小规模工程承发包行为的实施意见（送审稿）》《龙文区棚户区改造项目建成后存量安置房、店面及车位移交处置工作方案（送审稿）》，研究提高城乡居民最低生活保障水平和特困人员救助供养标准、智能安防小区建设项目等事项，听取制止耕地“非农化”、防止耕地“非粮化”工作落实情况汇报。

2022年4月25日，区长林晓强主持召开区政府2022年第十次常务会议。会议研究郭坑镇农村产业融合发展项目有关事项。

2022年5月10日，区长林晓强主持召开区政府2022年第十一次常务会议。会议研究《2022年龙文区打击制售假冒卷烟工作实施方案（送审稿）》《漳州市龙文区关于做好2022年全面推进乡村振兴重点工作的实施意见（送审稿）》《龙文区安全生产违法行为举报奖励办法（送审稿）》及区人武部新营区和应急救援指挥中心项目、九龙江防洪工程龙文段项目等有关事项，传达学习《关于更加有效发挥统计监督职能作用的意见》，听取第一季度统计工作情况汇报。

2022年5月23日，区长林晓强主持召开区政府2022年第十二次常务会议。会议研究龙文区2020—2021年度“守合同重信用”企业名单、采取有偿方式委托其他县落实年度补充耕地任务、《关于加强补充耕地项目管理的实施方案（送审稿）》、《龙文区人民政府 闽南师范大学战略合作框架协议书（送审稿）》、《龙文区推进绿色储粮、科学保粮三年行动工作方案（送审稿）》

等事项，传达学习漳州市工程项目招标投标领域突出问题专项整治动员部署会精神。

2022 年 6 月 2 日，区长林晓强主持召开区政府 2022 年第十三次常务会议。会议传达学习统计造假不收手不收敛问题专项纠治工作动员部署会精神，研究国务院督查组检查发现问题整改事项。

2022 年 6 月 13 日，区长林晓强主持召开区政府 2022 年第十四次常务会议。会议研究《龙文区政府债务限额管理及 2022 年第二批新增政府债券资金安排使用方案（送审稿）》《2021 年区本级决算报告（草案）》以及落实对口帮扶三明市三元区资金、推行企业增产增效奖励暨开展首批企业奖励、漳州龙文区朝阳园区控制性详细规划调整等事项。

2022 年 6 月 20 日，区长林晓强主持召开区政府 2022 年第十五次常务会议。会议听取铸牢中华民族共同体意识推动新时代民族工作高质量发展专题工作情况汇报，传达学习贯彻全市加快债券资金支出进度工作会议精神，研究保利世茂璀璨滨江配套养老设施启用事项。

2022 年 7 月 8 日，区长林晓强主持召开区政府 2022 年第十六次常务会议。会议研究推荐漳州市抗击新冠肺炎疫情表现突出集体和个人有关事宜。

2022 年 7 月 21 日，区长林晓强主持召开区政府 2022 年第十七次常务会议。会议研究蓝田街道申请暂借东屿社区六个征迁项目资金有关事项。

2022 年 7 月 25 日，区长林晓强主持召开区政府 2022 年第十八次常务会议。会议传达学习《福建省人民政府办公室关于进一步完善我省统计体系的若干意见》，研究《龙文区乡镇（街道）“一支队伍管执法”改革工作方案（送审稿）》《漳州市龙文区妇女儿童发展纲要（2021—2030）年）（送审稿）》以及构建幸福社区生活圈项目、龙文区法院扩建审判法庭建设用地等事项。

2022 年 8 月 4 日，区长林晓强主持召开区政府 2022 年第十九次常务会议。会议研究龙文区教师进修学校建设事宜。

2022 年 8 月 8 日，区长林晓强主持召开区政府 2022 年第二十次常务会议。会议传达贯彻全市乡村振兴现场推进会精神，研究漳州市九十九湾连通水系幸福河湖项目前期工作及《2021 年度龙文区绩效考评结果通报》《2022 年龙文区经济社会运行和高质量发展监测与绩效管理工作方案（送审稿）》。

2022 年 8 月 15 日，区长林晓强主持召开区政府 2022 年第二十一次常务会议。会议传达学习省长赵龙听取各设区市下半年经济工作汇报会议、市政府迎接国务院第九次大督查会议精神，研究漳州蓝田经济开发区朝阳园区产业开发及基础配套建设投融建一体化项目、朝阳中学和龙文区实验小学改扩建项目土地征迁等事项。

2022 年 8 月 23 日，区长林晓强主持召开区政府 2022 年第二十二次常务会议。会议听取全区食品安全及创建国家食品安全示范城市、中央环保督察反馈问题整改销号、批而未供和闲置土地处置、政府债券资金使用和管理等工作的情况汇报，研究《关于深化集体林权制度改革推进龙文林业高质量发展的实施方案（送审稿）》、推进审计整改工作、继续开展居家养老专业化服务和部分养老服务设施托管运营、龙文发展集团参与“漳州华美达广场”公开变卖及筹措参与变卖资金、福视传媒闲置土地处置、购买耕地占补平衡指标等事项。

2022 年 9 月 8 日，区长林晓强主持召开区政府 2022 年第二十三次常务会议。会议研究关于龙文发展集团有限公司持股漳州蓝田开发有限公司及向国开行申请贷款有关事项。

2022 年 9 月 13 日，区长林晓强主持召开区政府 2022 年第二十四次常务会议。会议研究《漳州市龙文区“十四五”残疾人保障和发展规划（送审稿）》《漳州市龙文区法治政府建设实施方案（2021—2025 年）（送审稿）》

等事项。

2022年9月20日，区长林晓强主持召开区政府2022年第二十五次常务会议。会议研究漳州一中龙文分校与碧湖小学项目建设资金、市环境集团清扫保洁购买服务等有关事项。

2022年9月21日，区长林晓强主持召开区政府2022年第二十六次常务会议。会议研究废止涉及促进建筑业转型升级若干措施文件有关事项。

2022年10月25日，区长林晓强主持召开区政府2022年第二十七次常务会议。会议传达贯彻全市乡村振兴重点乡镇工作推进会精神，研究龙文区2022年第三批新增政府专项债券资金安排及一般债券资金调剂使用方案、漳州市新经济产业园（试点）项目等事项。

2022年11月7日，区长林晓强主持召开区政府2022年第二十八次常务会议。会议研究《龙文区公共租赁住房分类保障管理办法（送审稿）》、“平安城市”雪亮工程等高清视频监控建设（九期）等事项。

2022年11月14日，区长林晓强主持召开区政府2022年第二十九次常务会议。会议研究对2021年年度考核追加的优秀公务员予以奖励、《龙文区全民健身实施计划（2021—2025年）（送审稿）》等事项。

2022年12月1日，区长林晓强主持召开区政府2022年第三十次常务会议。会议研究2022年龙文区财政收支预算调整（草案）有关事项。

2022年12月12日，区长林晓强主持召开区政府2022年第三十一次常务会议。会议研究乡镇（街道）“一支队伍管执法”（消防）改革，《龙文区贯彻落实〈福建省人民政府办公室关于进一步完善我省统计体系的若干意见〉的实施方案（送审稿）》《龙文区促进建筑业持续健康发展若干措施（送审稿）》《龙文区建立健全食品安全分层分级精准防控末端发力终端见效工作机制实施方案（送审稿）》《郭坑镇防洪排涝工程专项规划（2018—2030年）》，漳州蓝田开发有限公司解除合作协议、涉及人口与计划生育内容的配套规范性文件专项清理，2023年收支预算编制等事宜。

2022年12月16日，区长林晓强主持召开区政府2022年第三十二次常务会议。会议研究《政府工作报告（送审稿）》、《龙文区行政许可事项清单（2022年版）（送审稿）》、2022年主要经济指标预计完成及2023年初步安排、粮食安全工作等事项。

2022年12月19日，区长林晓强主持召开区政府2022年第三十三次常务会议。会议研究《龙文区鼓励商贸企业做大做强若干措施（送审稿）》、废止《漳州市龙文区人民政府关于印发促进闽南水乡特色小镇项目发展扶持方案的通知》《实施“后征迁时代”市域治理新模式试点工作方案（送审稿）》等事项。

【2021年度区政府党组述责述廉会】 2022年1月20日，区长林晓强主持召开2021年度区政府党组述责述廉会。会上，区政府党组班子成员对执行政治纪律和政治规矩、履行管党治党责任、推进党风廉政建设和反腐败工作，以及执行廉洁纪律情况进行述责述廉，林晓强逐一点评。

【龙文区政府与闽南师范大学签订战略合作框架协议】 2022年6月15日，龙文区人民政府与闽南师范大学战略合作框架协议签订仪式举行，双方代表签订龙文区人民政府与闽南师范大学签订战略合作框架协议书和共建“闽南师范大学附属龙溪学校”协议书，以及教育合作与捐赠协议。

【龙文区“零工服务中心（驿站）”揭牌】 2022年8月4日，龙文区举行“零工服务中心（驿站）”揭牌仪式。中心占地面积160平方米，规划服务区、候工大厅、招聘区、培训报名点、岗位信息发布区等多个区域，形成集招工候工、政策咨询、现场招聘、信息推介、技能培训等多样化服务于一体的全免费、公益性服务模式。同步开发“龙文区零工劳务服务”线上系统，系统设置企业招聘、个人求职、打零工、招聘动态等功能模块，通过提供线上服务可以实现不同层次的求职招聘智能化服务。

区政府综合事务管理

【概况】 2022年，龙文区政府办围绕全区中心工作，发挥综合统筹、参谋辅政、协调服务等各项职能，统筹抓好政务服务等业务工作，保障区政府工作高效有序开展。

【文字综合工作】 2022年，龙文区政府办起草政府工作报告、季度经济分析会等综合文稿，撰写会议纪要84篇。围绕中共党的二十大精神，市委、市政府“七比一看”竞赛，人民群众关切的重点难点热点问题，开展调查研究，累计保障区领导到基层检查调研60余次，迎接上级领导调研检查49次，接待客商考察15次；向市政府办报送《借鉴“苏州现象”经验，探索龙文发展新模式》《发挥规划引领与用地支撑 建设首善之区与未来之城》等5份调研报告。

【信息工作】 2022年，龙文区政府办共上报政务信息250余篇，其中国办采用34篇、《福建信息》采用55篇，获市领导批示2条，全市排名第三。

【督查工作】 2022年，龙文区政府办围绕区委、区政府的重大决策部署、重点工作任务，群众关心的热点难点问题，制定督查计划表，明确目标任务、责任主体和完成时限。全年共督查反馈区长交办事项47项、区长批示件72项，办结98件；承办人大代表建议和政协提案150件（市政协提案8件、区人大代表建议52件、区政协提案90件），由36个单位负责承办，均在法定期限内办复，代表、委员满意率为100%；受理并办结投诉件3件。组织开展重点项目督查、为民办实事项目督查等22次。

【政务公开】 2022年，龙文区政府办加强政府门户网站管理，拓展公开内容，通过区政府门户网站和“龙文融媒”微信公众号同步发布龙文重大决策、重要政策及主要动态。全年，区政府门户网站共发布公示公告716条，龙文要闻376条，部门动态412条，镇（街道）、开发区动态323条，组织政务访谈12场次，全站累计访问数2360万人次，未出现单项否决事项。加强政务新媒体管理，与区融媒体中心共同做好信息发布、解读回应、政务服务等工作，建立“三审三定”机制。

【后勤保障】 2022年，龙文区政府办承办各类会议100余场，保障用车申请16613次，累计服务人数52781人次、行驶里程410613.5千米。

（区政府办供稿）

行政服务

【概况】 2022年，龙文区行政服务中心受理各类行政审批和公共服务事项187619件，办结187618件，办结率100%；其中即办件132456件，即办率99.73%。

【“政务服务”网上办】 2022年，龙文区行政服务中心开展事项调整，多批次梳理优化政务服务指标，进驻中心的2595项审批、服务事项中，“一趟不用跑”事项2441项，占比94.07%，“最多跑一趟”事项2593项，占比99.92%，全流程网办事项2260项，占比87.09%，即办事项1882项，占比72.52%；运用电子证照压缩材料5117项，全部事项平均须提交材料2.9个。

【“省内通办”“跨省通办”“异地代收”推进】 2022年，龙文区行政服务中心完成“省内通办”“跨省通办”“异地代收”事项梳理，并根据龙文区外出务工人员辐射情况，拓展与广西贵港市港北区、港南区、覃塘区协同实行“跨省通办”“异地代收”；完成福建省网上办事大厅“跨域通办”相关模块的配置工作。

【“e 政务”自助服务】 2022 年，龙文区行政服务中心构建全区统一“e 政务”自助服务一体机体系。在全区布设 19 个“e 政务”点位，分布于镇（街道）便民服务中心、基层派出所、工业园区、企业、社区、AAAA 级景区等人流量较大的地方，同时推动 150 项自助服务事项进驻自助一体机，并通过高德地图、百度地图等电子地图上添加“e 政务”自助服务机导航定位。

【“一件事”套餐】 2022 年，龙文区行政服务中心新增“我要开办房地产经纪机构”“我要开办劳务派遣有限公司”“我要办理购房落户”“我要开办道路货物运输企业”“高频证照变更联办”“我要经营对外贸易企业”等 8 个“一件事”套餐，套餐总数增至 34 项。整合 175 项服务事项，办理时限平均压缩 59.9%，申办材料平均精简 34.2%，办理各类“一件事”套餐服务事项 7538 件。5 月，在全省首推“购房落户多合一”一件事；6 月，在全市率先实现新生儿出生“六合一”一件事全流程落地；9 月，在全市率先实现士兵退役全流程网上申报。

【便民服务中心改革】 2022 年，龙文区行政服务中心推动便民服务中心“一门、一窗、一章”“帮代办”改革。一门：通过统一梳理绑定，制定综合服务指南，实现“多部门大厅办理”向“一个便民服务中心集中办理”转变，实现事项办理“一门进、一门出、一窗通办”的综合服务模式；一窗：在各镇（街道）便民服务中心统一设置“综合窗口”，由“多部门窗口受理”向“一个综合窗口受理”转变，推行“一窗受理、全科服务”改革；一章：指导和督促各镇（街道）加快“多个单位印章管审批”向“一枚印章管审批”转变，启用“一枚印章”审批，6 个镇（街道）便民服务中心均统一刻制“审核审批专用章”，并建立审核审批印章管理制度；帮代办：6 个镇（街道）便民服务中心均建立镇（街道）村（社区）两级代办制度，以村（社区）“两委”为主，其他工作人员为辅的便民服务代办员队伍，并全面开展全程服务代办。

【项目建设“联审联办”】 2022 年，龙文区行政服务中心推行“联审联办”服务模式，由审批窗口发起申请、综合窗口组织、召开联审会议，实行同步交件、同时受理、限时办结的服务模式；明确各部门工作职责，梳理简化办事流程，减少审批内部流转环节；提前介入项目审批进程、窗口技术力量靠前指导业主报批；完善工程建设项目施工许可联合图审、联合验收工作。全年共有 35 个项目实现联合验收，联合验收率 100%。

（林志群 撰 许惠忠 审）

信访工作

【概况】 2022 年，龙文区信访局受理来信、来邮、来访 2305 件/批、5959 人次，其中国家、省、市转交办的来信、来邮 1742 件，接待群众来访 563 批 4217 人次；全区信访形势总体较为平稳。

【信访积案化解】 2022 年，龙文区信访局做好信访积案化解工作，55 件信访积案全部落实“六定五包”责任制，明确包案领导、责任单位、责任人等，依法依规为信访群众排忧解难。

【网上信访】 区新冠疫情发生后，龙文区信访局贯彻落实中央、省、市、区关于做好疫情防控工作的要求，畅通网上信访投诉办理渠道，累计办理信访件全部按时办结。

（陈勇彬 撰 苏坤金 审）

政协龙文区委员会

重要会议

【区政协六届二次会议】 2022年12月22—23日，区政协六届二次会议在区政府会议中心召开。会议期间，委员们围绕“一府两院”工作报告，就全区经济社会发展的重大问题和群众关心的热点问题进行讨论，并通过大会发言、小组讨论和提案等多种形式建言献策。

【区政协常务委员会会议】 2022年，区政协召开常务委员会会议5次。

2022年4月19日，区政协召开六届一次常委会会议。会议传达学习全国政协十三届五次全会精神、习近平总书记《在中央政协工作会议暨庆祝中国人民政治协商会议成立70周年大会上的讲话》精神、中办《关于加强和改进新时代市县政协工作的意见》精神、省委“三提三效”精神、市委“四个有”精神；协商区政协2022年度工作要点、主要工作安排和协商工作计划。

2022年6月23日，区政协召开六届二次常委会会议。会议传达学习贯彻习近平总书记在5月27日中共中央政治局会议上审议《中国共产党政治协商工作条例》的重要讲话精神及中共中央印发《中国共产党政治协商工作条例》通知精神；传达学习贯彻全国政协“学习贯彻习近平总书记重要指示，深入开展政协委员读书活动”座谈会会议精神；协商通过《关于社区智慧治理的探索与思考的调研报告》《关于破解企业用工难题调研协商的调研报告》；研究人事事宜。

2022年9月22日，区政协召开六届三次常委会会议。会议开展《推动“健康龙文”康养事业发展的思考》专题议政性协商；通报1—8月全区经济运行情况；传达学习贯彻习近平总书记在党外人士座谈会上的重要讲话精神、在中央统战工作会议上的重要讲话精神；传达学习《人民日报》刊发的中共福建省委文章《奋力把总书记擘画的新福建蓝图变为美好现实——学习〈闽山闽水物华新——习近平福建足迹〉的体会》精神；审议通过有关人事事项。

2022年12月16日，区政协召开六届四次常委会会议。会议传达学习贯彻党的二十大精神和省委、市委、区委常委会（扩大）会议精神；传达学习贯彻习近平总书记在8月31日、12月2日党外人士座谈会上的重要讲话精神；传达省委十一届三次全会、市委十二届四次全会、区委六届四次全会精神；协商通过《提升中心城区文明城市创建水平的几点思考》调研报告；协商通过相关文件规则和草案；审议通过有关人事事项。

2022年12月21日，区政协召开六届五次常委会会议。会议听取各组汇报关于区委书记讲话、六届政协常委会工作报告、提案工作报告讨论情况；协商通过《政协第六届漳州市龙文区委员会第二次选举办法（草案）》、六届增补常委名单、六届二次会议决议（草案）。

协商议政

【概况】 2022 年，龙文区政协共开展 17 项调研协商。通过“委员征题、班子议题、领导选题”等形式，聚焦经济、教育、医疗、社会管理等社会难点热点问题，确定“社区智慧治理的探索与思考”“提升中心城区文明城市创建水平的几点思考”等 4 个常委会调研协商课题。分专题、分阶段确定“关于促进 3 岁以下婴幼儿照护服务发展”等对口视察协商 4 个、“古村落历史文化保护与开发的建议协商”等界别视察协商 4 个、“关于加强教师培养与交流，促进教育均衡发展的建议”等重点提案协商 5 个。

【提案工作】 2022 年，龙文区政协共收集提案 119 件，审查立案提案 90 件；组织督查、视察活动 19 场，提案现场协商 17 场，对接协商 129 人次；提案办复率和委员满意率均达 100%。其中，“关于加强教师培养与交流促进教育均衡发展的建议”等 5 件重点提案实行班子成员分包督办制度。

龙文区政协六届一次会议重点提案登记表

表 3

案　号	提案人	案　　由	类　别	主办单位	督办领导	督办专委会
22108	陈泉盛	关于成立龙文区电动卷门机行业协会的建议	经济	民政、工信分办	蔡丽池	提案委
22003	林俊生	深挖龙文文化资源助推我区文旅融合发展	社会	文体旅游局、组织部、宣传部	庄启龙	文史委
22005	何华忠	关于推进龙文区商会建设的建议	经济	工商联［民政、各镇（街道）会办］	吴敏燕	经济委
22094	唐顺军 陈晓菊	关于加强教师培养与交流促进教育均衡发展的建议	文化	教育局、人社局	杨东黎	教科卫体委
22008	民革龙文总支 罗世荣	龙文区适龄残障儿童少年就学问题亟待解决	社会	教育局、残联	林金明	社法委

民主监督

【概况】 2022 年，龙文区政协围绕“城市道路建设”“内河水系联排联调”等内容开展会议监督和调研视察监督；围绕“关于进一步优化营商环境”“关于完善龙文区公共卫生体系建设”等课题开展提案监督；联动公检法以及区住建局、教育局、市场监管局等职能部门，对全区经济发展、城市规划设计、食品安全、公开招考等方面开展监督。

【社情民意信息】 2022 年，龙文区政协委员提交社情民意信息 133 条，被市级及以上采用 56 条。其中，《建议完善医疗机构结余药品规范管理机制，保障药品安全避免药品浪费》被省委办公厅采用，《关于推广网络公告送达，进一步提高诉讼效率的建议》等6条社情民意信息被省政协采用，采用及得分位居全市县（区）第一。

联谊联络

【概况】 2022年，龙文区政协加强与各民主党派、工商联和社会各界的联系，为各民主党派、工商联和社会各界建言发声搭建平台，各民主党派、工商联在年会、常委会等协商活动中，进行会议发言60余人次。

【考察调研】 2022年，龙文区政协配合市政协开展辖区“优化主城区教育与医疗布局”“饮用水水源保护”等课题研究、视察活动10次。组织委员到长泰、华安，围绕“休闲观光农业”“破解企业用工问题”等主题开展参观学习5次。对接南靖、云霄等县区政协到区，围绕“二手车交易市场建设”“培育发展现代物流产业”等课题开展专题调研4次。对接德阳、三明、邵武等各地政协到区，围绕快递物流、花卉苗木、工业园区发展情况等主题开展调研考察。

（杨沛哲 撰　宋超 审）

纪检 监察

综 述

【概况】 2022年，龙文区纪委监委推进党风廉政建设和反腐败斗争，审查调查、村级小额工程项目监督、“巡审联动”提升巡察质效等工作取得新成效。是年，区纪委监委获评全省纪检监察系统先进集体，1名干部受到省纪委监委嘉奖。

【中共漳州市龙文区第六届纪律检查委员会第二次全体会议】 2022年1月29日，中共漳州市龙文区第六届纪律检查委员会第二次全体会议在区政府会议中心召开，区委常委、区纪委书记、区监委主任江华泉代表区纪委常委会作题为“牢记初心勇担当，强化监督严问责，为加快建设产城人深度融合发展的滨江产业新城富美中心城区提供坚强保障”的工作报告。

【纪检监察干部队伍建设】 2022年，龙文区纪委常委会贯彻民主集中制，落实常委会会议议事规则和决策程序。学习宣传贯彻党的二十大精神和习近平总书记重要讲话重要指示精神，全年组织集中学习16次、专题研讨12次。开展“四练”活动，组织全员培训2场130人次参加，抽调参与实战练兵35人次。树立正确选人用人导向，选优配强镇（街道）纪委（纪工委）、派驻纪检监察组干部。强化内部监督制约，优选聘请区监委第二届特约监察员，落实请示报告、“八小时以外”监督管理等制度，践行“六带头、六严禁”等行为规范，及时核查处置有关纪检监察干部的问题线索。

执纪监督

【纪律审查】 2022年，龙文区纪委监委开展粮食购销领域、工程项目招标投标领域突出问题专项整治。全年共处置问题线索78件，立案37件，党纪政务处分34人，采取留置措施3人，移送司法机关3人，查办市纪委监委指定管辖的卢某某、陈某某等严重违纪违法案件。将监督检查、审查调查与发现问题、指导督促相结合，提出纪检监察建议2份。

【信访监督】 2022年，龙文区纪委监委强化信访监督，把“见人见事见效”落实到处理检举控告工作全过程，发挥信访举报作为问题线索“主渠道”的作用。完善“周、月、季、年”信访举报综合分析、报告、通报机制，定期开展辖区接待群众来访情况分析和报告。开展“四访”活动，受理信访举报99件，办理检举控告类初信初访13件，办结10件，按期办结率100%。开展“三多”（多年、多头、多层）信访举报专项治理，区纪委监委领导班子成员带信下访，化解信访举报2件。推动纪检监察干部走村入户，建立“周周谈”制度，形成走访日志，做到“一户一记、一村一册、一镇一档”，全年共走访79个村（社区）421人，协调解决业务外问题49个。

党风廉政建设

【党风廉政宣传教育】 2022年，龙文区纪委监委做实分级分类警示教育，先后召开全区领导干部、城管系统警示教育大会。加强廉洁文化阵地建设，选取“全面从严治党警示教育基地”“淳风堂”申报市级廉洁文化示范基地。创新廉洁文化宣传手段，串联“警示教育基地”、“淳风堂”、中正和平坊、红色记忆馆、陈嘉言墓志铭等元素，推出廉洁文化地图“云参观”VR版本，统筹推进形势教育、纪法教育、警示教育和家风家训，打造党员干部廉政教育阵地。创作微视频宣传推广村级小额工程监督。

【党风政风监督】 2022年，龙文区纪委监委紧扣“产业发展项目攻坚年”、“七比一看”竞赛、创建全国文明城市等中心工作，采取“室组地”联动等方式开展监督检查231次，发现并督促整改问题89个，问责27人。开展享乐主义、奢靡之风整治，在春节、国庆等重要时间节点，开展节前约谈提醒；针对违规吃喝、违规收送礼品礼金礼卡等节日期间易发多发问题，列出节前监督检查清单；深化节假日专项监督检查，查处违反中央八项规定精神问题2件2人。开展形式主义、官僚主义整治，推动干部作风“五不”问题专项整治，查处不担当、不作为、乱作为等问题11起27人。落实“三个区分开来”，做好容错纠错、澄清正名、回访教育等工作，运用“四种形态”批评教育帮助和处理82人次，其中“第一、二种形态”占85.4%。

巡察工作

【概况】 2022年，龙文区纪委监委研究制定六届区委巡察工作五年规划，运用巡审协同联动机制，组织开展常规巡察2轮4批次、县级交叉巡察2轮3批次，发现问题数202个，下发立行立改通知书25份，收回各项资金799.7万元。

【巡察成果运用】 2022年，龙文区纪委监委做好巡察“后半篇文章”，探索建立“一巡一分析”复盘总结机制，制定下发《关于进一步加强巡察成果运用的规定（试行）》，修订完善巡察整改工作操作规范等制度。

（林绯璠 撰　林艺勇 审）

中国国民党革命委员会漳州市龙文区总支委员会

【概况】 2022年，民革龙文总支组织党员学习贯彻党的二十大精神和习近平总书记重要讲话重要指示重要批示精神，参加省委、市委统战部及社会主义学院举办的培训班，提升党员履职能力。4月27日，总支召开换届大会，选举产生新一届领导班子。

【参政议政】 2022年，民革龙文总支组织党员对经济社会发展中的重大问题和群众关心的焦点、热点、难点问题开展调查研究，撰写《进一步优化人民法院办理财产保全案件质量的建议》《关于超龄劳动者纳入工伤保险体系的建议》等社情民意16篇。区“两会”上，民革党员共撰写提交8篇提案、议案，其中，《龙文区适龄残障儿童少年就学问题亟待解决》被区政协评为“2022年度优秀提案”，《关于进一步提升我区中小学心理健康教育质量的建议》被选为区政协大会发言提案。

【社会服务】 2022年，民革龙文总支开展“爱乡爱企促发展 同心同行兴万村”主题活动，到挂钩的郭坑镇院后村、朝阳街道恒坑村开展系列乡村振兴活动和法律咨询服务活动。

（肖文斌 撰 罗世荣 审）

2022年4月27日，民革龙文总支召开换届大会，选举产生新一届领导班子

中国民主同盟漳州市龙文区总支部委员

【概况】 2022年，民盟龙文总支发展新盟员2人，截至年底，总支下设支部3个，盟员38人，主要分布于教育、卫生、文化等企事业单位。是年，总支被民盟福建省委会评为“纪念福建民盟组织成立75周年先进集体”，盟员洪惠娇被民盟福建省委会评

为“纪念福建民盟组织成立75周年优秀盟务工作者”，3人被民盟福建省委会评为“纪念福建民盟组织成立75周年优秀盟员”。

【思想建设】 2022年7月21—22日，民盟龙文总支联合民进龙文总支、中共漳州人才发展集团党委到东山县，开展“矢志不渝跟党走、携手奋进新时代”主题教育学习活动。11月12日，联合民进龙文总支在区新时代文明实践中心举办党的二十大精神专题学习会。

【参政议政】 2022年，民盟龙文总支提出《关于加强扶持精品文艺创作的建议》《关于推动郭坑镇乡村旅游的建议》《以云洞岩、闽南水乡为两翼 打造龙文夜游经济带的建议》等人大代表议案和政协委员提案。社情民意信息《对因疫情被隔离人员实施精准社会救助的建议》和《重视发挥社区心理咨询在防抗疫情中的作用》分别被市政协和市委统战部采用。

【社会服务】 2022年1月20日，民盟龙文总支与民进龙文总支联合开展“我们的中国梦”文化进万家“三下乡”活动。5月25日，联合民盟漳州市委会、区委统战部在郭坑中心小学启动“同心校园行”系列活动。到郭坑镇扶摇村、朝阳街道西洋村开展“爱乡

2022年11月12日，民盟龙文总支联合民进龙文总支在龙文区新时代文明实践中心举办党的二十大精神专题学习会

2022年1月20日，民盟龙文总支与民进龙文总支联合开展“我们的中国梦”文化进万家“三下乡”活动

2022年8月24日，民盟龙文总支到朝阳街道西洋村，开展“爱乡爱企促发展 同心同行兴万村”活动

爱企促发展 同心同行兴万村”活动，邀请市海洋渔业局专家到挂钩的朝阳街道西洋村开展水产养殖技术指导。

（林雪惠 撰 洪惠娇 审）

中国民主建国会漳州市龙文区总支部委员会

【概况】 2022年，民建龙文总支有会员44人，其中新的社会阶层人士19人。4月28日，总支召开换届大会，选举产生新一届领导班子。是年，总支会员阙任政、曾健被评为“2021—2022年度全省民建社情民意信息工作先进工作者”；盖静雯被评为“2021—2022年度民建全省宣传和新闻报道工作优秀通讯员”；沈再亮报送的新闻作品《同心抗疫 民建有为》被评为“2021—2022年度民建全省宣传和新闻报道优秀新闻作品”。

【思想建设】 2022年，民建龙文总支坚持以习近平新时代中国特色社会主义思想为指导，深入学习贯彻党的二十大精神，组织开展“矢志不渝跟党走 携手奋进新时代”政治交接主题教育学习会；开展法律服务进企业活动，协调帮助解决企业在转型发展中遇到的困难和瓶颈问题；组织会员参观朝阳街道红色记忆展，重温百年中共党史的艰辛历程。

2022年4月28日，民建龙文总支召开换届大会，选举产生新一届领导班子

【参政议政】 2022年，民建龙文总支针对经济社会生活中的重点、难点和热点问题，开展调查研究，撰写社情民意、提案，其中《关于在全国公检法系统中建立协同办案平台共享电子卷宗的建议》《建议在各级人民法院推行当事人提交类案判例告知制度》《“双碳”背景下亟待建立成型生物质燃料国家标准体系》被民建中央采用；《关于我省罐头行业转型与升级的建议》被省委采用；4条社情民意被省政协采用；22条社情民意信息被市政协采用。

【社会服务】 2022年，民建龙文总支开展“爱乡爱企促发展 同心同行万村”活动，对接和帮扶朝阳街道桥头村和郭坑镇篁卿村，组织捐赠活动，邀请省、市农业科技部门专家为农户提供技术指导服务。

（汪历凡 撰 曾月彩 审）

中国民主促进会漳州市龙文区总支部委员会

【概况】 2022年，民进龙文总支有会员38人，其中区政协委员2人，会员主要分布于教育、机关事业单位等部门，教育部门约占61%。

【思想建设】 2022年5月9日，民进龙文总支组织会员参加民进市委会在漳州宾馆举办参政议政能力提升培训讲座和“矢志不渝跟党走 携手奋进新时代”民进会章会史学习会。6月30日，组织会员到毛主席率领红军攻克漳州纪念馆、中共福建临时省委旧址开展党史学习教育活动；到古城海西博文书店举办《闽山闽水物华新——习近平福建足迹》读书分享会。7月21—22日，联合民盟龙文总支、漳州市天天教育投资有限公司到东山红色教育基地开展“矢志不渝跟党走 携手奋进新时代”政治交接主题教育共建学习培训交流活动。8月17日，组织会员参加市委会举办的《习近平谈治国理政》第四卷读书分享会。10月16日，与区各民主党派、工商联组织代表在民进龙文总支会员之家会议室集中收看中国共产党第二十次全国代表大会开幕会。11月12日，联合民盟龙文总支举办党的二十大精神专题学习辅导报告会。

【参政议政】 2022年，民进龙文总支围绕区委、区政府的中心工作，社会热点、难点、焦点、重点问题开展调研，建言献策。在区政协六届二次会议上，提交《关于加强并完善污水处理系统提高污水处理能力的建议》《关于在龙文区建设市级旅游集散中心的规划》《关于加强我区公共文化服务体系建设，推动全民阅读，建设书香龙文的建议》《关于进一步促进“闽南水乡”文旅产业深度融合带动城市片区开发的建议》《关于加快推进景山公园配套建设的建议》《关于增设配置及规范步文街道锦绣等多个社区农贸市场的思考建议》等6份提案。《加快我区现代智慧物流建设，积极融入“双循环”新发展格局》被区政协评为2021年度优秀提案。

【调研协商】 2022年7月12—13日，民进龙文总支联合区民宗局到朝阳街道流岗村、郭坑镇洛滨村开展“爱乡爱企促发展 同心同行兴万村”调研活动，实地了解流岗、洛滨乡村产业、人才、文化、生态、组织情况。

【社会服务】 2022年1月16日，民进龙文总支联合民进芗城总支、通北街道党工委、芝山社区党总支在芗城区通北街道芝山社区新时代文明实践站开展“春联万家·推动共同富裕”公益活动。1月20日，联合民盟龙文总支在郭坑镇火车站广场举行2022年“我们的中国梦”文化进万家龙文区“三下乡”文艺会演。春节前夕，到蓝田街道湘桥社区、碧湖街道下洲社区开展春节走访慰问贫困户送温暖活动，送去慰问品和慰问金。9月8日，参加“爱乡爱企促发展 同心同行兴万村”助学捐赠活动，为挂钩联系的流岗村、洛滨村募集资金22.8万元。10月2日，到流岗村开展重阳节慰问活动，为低保户老人送去慰问品和慰问金。

（李小燕 撰 陈琦 审）

中国农工民主党漳州市龙文区总支部委员会

【概况】 2022年，农工党龙文总支新发展党员1人。6月14日，农工党龙文总支下属第一支部、第二支部成立大会在区文化中心会议室召开，分别选举产生第一届支部委员会。是年，总支主委姚跃辉被农工党中央委员会办公厅评为“农工党中央2020—2021年反映社情民意信息工作先进个人”，被农工党福建省委会评为“2021年度社情民意信息工作先进个人”；总支党员魏思捷被农工党福建省委会评为“2021年度社情民意信息工作先进个人”。

【思想建设】 2022年5月28日，农工党龙文总支召开党员大会，

6月14日，农工党龙文总支在区文化馆开展“矢志不渝跟党走 携手奋进新时代”政治交接主题教育活动

2022 年 9 月 15 日，农工党龙文总支联合区委统战部到郭坑镇汐浦村，开展“爱乡爱企促发展 同心同行兴万村”义诊活动

传达学习农工党市委会关于“深化政治交接，切实履职尽责，奋力谱写多党合作新篇章”政治交接主题教育动员部署会议精神。6 月 14 日，在区文化馆开展“矢志不渝跟党走 携手奋进新时代”政治交接主题教育活动，总支主委为全体党员讲授主题党课。9 月 28 日，联合农工党市委会到高新区开展“喜迎二十大·同心健步行”活动。

【参政议政】 2022 年，农工党龙文总支牵头完成《关于疫情新常态下龙文区企业生产经营情况的调研报告》。社情民意信息《未开发景区“走红”亟待引起重视》《“人民英雄”救助亟待引起社会重视》被农工党漳州市委会采用。

【社会服务】 2022 年 5 月 28 日，农工党龙文总支开展助力景区创建全国文明城市活动，组织党员到云洞岩景区劝导不文明行为，捡拾烟头、垃圾，协助维护停车秩序。9 月 15 日，联合区委统战部组织郭坑中心卫生院医疗专家到郭坑镇汐浦村，开展“爱企爱乡促发展 同心同行兴万村”义诊活动。

（杨伟强 撰 姚跃辉 审）

中国致公党漳州市龙文总支部委员会

【概况】 2022 年，致公党龙文总支新发展党员 4 人，截至年底，总支共有党员 48 人。4 月、6 月，总支及下属各支部分别完成换届选举工作，下属支部由两个支部调整为三个支部，共选举产生 12 名支部支委。10 月 10 日，致公党福建省委会主委罗恩平到致公党龙文总支党员之家，调研基层组织建设情况。是年，总支党员林雅玲、郑伟国被致公党福建省委会评为“2017—2022 年度优秀致公党员”，李翠红被致公党福建省委会聘为“福建省首批乡村振兴指导员”。

【思想建设】 2022 年，致公党龙文总支组织党员学习《中国共产党政治协商工作条例》、党的二十大精神；开展主题为“礼赞百年 书香致公”的书香支部创建活动，制定“书香支部”学习方案，组织党员学习《闽山闽水物华新——习近平福建足迹》；龙文三支部组织党员到平和高峰谷红军寮参观了解老一辈革命家的斗争史，感悟先辈的革命精神。

2022 年 4 月 27 日，致公党龙文总支召开第二次换届选举大会

2022年4月28日，九三学社龙文支社召开第三次社员大会，选举产生新一届领导班子

【参政议政】　2022年，致公党龙文总支举办信息提案撰写专题培训会，邀请致公党漳州市委会副主委就如何撰写提案与社情民意信息专题授课。组织党员到台商投资区开展“弘扬非物质文化遗产　助力乡村振兴”暨漳州市非物质文化遗产传承和保护调研，并形成调研报告。全年，总支共向致公党福建省委会、漳州市委会等上级部门提交社情民意信息19篇、调研报告2篇、简讯26篇。其中，《关于推行“五和联创”积分制、创新我省乡村治理新模式的建议》入选省委会2022年第二批调研课题。

【社会服务】　2022年5月，致公党龙文总支组织党员开展主题为“中国梦、劳动美”的全国文明城市创建活动。按照《漳州市龙文区统战系统“爱乡爱企促发展　同心同行兴万村”行动实施方案》要求，到2个挂钩行政村开展活动；重阳节，为辖区26名低保老人送去慰问金1.04万元。组织医疗专家到郭坑镇口社村，开展义诊活动。

（致公党龙文总支供稿）

九三学社漳州市龙文区支社委员会

【概况】　2022年，九三学社龙文支社共有社员22人，主要分布于卫生、财政、法院、国企、房地产、银行等单位。4月28日，支社召开第三次社员大会，选举产生新一届领导班子。是年，支社社员刘煜林分别被九三学社福建省委会和市政协评为“社务工作先进个人”和“信息工作先进个人”。

【思想建设】　2022年，九三学社龙文支社采取集中宣讲、专题学习、座谈交流讨论等形式，学习习近平新时代中国特色社会主义思想、党的统战理论和社史、社章等各类社务。组织社员参加九三学社福建省委会、漳州市社会主义学院组织的党派市委委员、骨干社员学习交流活动；到漳州市委党史学习教育基地——长泰珪后村田间党校和区检察院廉政主题教育基地，开展“矢志不渝跟党走　携手奋进新时代”政治交接主题教育。组织开展专题学习会，传达学习党的二十大精神。

【参政议政】　2022年，九三学社龙文支社鼓励社员参加各种协商会、座谈会、季谈会、通报会，参与辖区行风评议、党风廉政建设、机关效能建设等活动，履行政治协商和民主监督职能。围绕区委区政府中心工作和民众关心的热点问题，提交社情民意、提案30余篇，其中《关于制定我国“一次性使用医疗器械目录”的建议》和《建议规范完善我省医疗机构结余药品管理机制》分别被九三学社中央委员会、省委办采纳。

【社会服务】　2022年，九三学社龙文支社助力创建全国文明城市工作，反馈12类问题30多处整改建议至督查组；开展“爱乡爱企促发展　同心同行兴万村”活动，对接挂钩的郭坑镇东溪农场，协调漳州市第三医院帮助郭坑中心卫生院开展大型医疗设备检查检验工作。

（九三学社龙文支社供稿）

群众团体

龙文区总工会

【概况】 2022年，龙文区总工会健全乡镇（街道）、村（社区）、企业“小三级”工会组织体系，推动快递员、货车驾驶员等八大群体入会。新入会47家、会员数3111人，其中新业态2家、会员数150人；完成基层工会换届15家。推荐评选全国五一劳动奖章1人、福建省五一劳动奖状单位1个、福建省工人先锋号集体1个、福建省五一劳动奖章1人。

【财务和经审工作】 2022年，龙文区总工会执行工会经费财政单列预算和统一划拨，拨缴经费收入220.76万元；返还969家小微企业经费920.39万元。加强“1+X”重点工作的布置，对14个基层工会2020—2021年财务收支收支情况进行专项审计，未发现滥发津补贴等违规违纪情况。

【劳模慰问】 2022年重阳节，龙文区总工会慰问退休劳模30人，发放慰问金2.58万元，发放劳模退休津贴28人5.4万元；第九次政府联席会议将12名劳模参与龙文区一线职工疗休养3.6万元纳入财政预算；推荐7名劳模参加读书班活动。

【职工文化建设】 2022年，龙文区总工会组织参加省、市职工运动会、职工诗文云诵会、职工书法美术活动征集等文体活动；联合开展龙文区贯彻十九届六中全会精神暨蓝田开发区成立30周年“庆元旦、平安园区健步走”活动，与团区委联合举办“相逢今夏·聚爱龙文线上+线下单身青年职工联谊”活动，参与人数100余人，举办“喜迎二十大 永远跟党走”工会杯职工羽毛球团体赛，共有20支队伍参赛，参与人数200余人；组织参加省、市职工技能比赛5场次，推荐6家企业17个“五小”创新项目参加漳州市第九届职工“五小”创新竞赛；推荐职工参加2022年漳州市“数字工匠”工业机器人系统操作员职工职业技能竞赛；参加安康杯竞赛活动，获评省级安康杯先进单位和先进班组各2家；组织新就业形态保育师技能培训班3班次，参与职工200余人。

【职工服务】 2022年，龙文区总工会推进“园区枫桥”机制建设试点工作，建立健全劳动纠纷联调联动机制；通过第三方招标采购方式，与中标律师事务所签订律师到窗口坐班制度。全年接待来访来信来电16起，涉案职工54人，求助咨询电话21个，其中3起成功调解，12起引导向劳动部门走法定程序。开展“工e就业”，与漳州优聘人力资源服务有限公司合作开展线上线下招聘服务，发出协商邀约合同23

份，区域性签订 7 份，涵盖职工 4.6 万人。举办一线职工疗休养 6 期（区总工会 3 期、区教育局 3 期），参与人数 240 人，支出 63 万元；开展微旅游 236 人次，支出 14.16 万元。与龙文区文旅局联合创建“龙文区职工疗休养示范基地”2 家；建成投用“劳动者户外休息室”2 家；与龙文区委统战部、龙文区税务局共建“共享职工之家”。

【职工帮扶】 2022 年，龙文区总工会发放各类帮扶资金 39.72 万元，慰问帮扶 500 余人次；开展防暑降温慰问活动，慰问环卫工人、建筑工人、消防、交警等 13 个高温作业单位职工，发放防暑降温物资 857 份，支出 11.06 万元；支出 2 万元慰问课后延时服务教师 40 人次；为 5 名困难职工子女发放助学金 1.6 万元。开展职工医疗互助活动，全区 147 家单位 11065 名职工参加第十四期医疗互助，比第十三期增加 1394 人；收缴职工医疗互助金 64.45 万元，服务 319 人次，报销医疗互助金 34.07 万元。指导市第三医院举办职工子女暑托班，35 名学生参加，支出 4 万元。

（林志颖 黄锦泓 撰 郑艺伟 审）

共青团龙文区委员会

【概况】 2022 年，全区有基层团委 9 个，其中镇团委 1 个、街道团工委 5 个、蓝田经济开发区团委 1 个、区直机关团委 1 个、教育团工委 1 个；团（总）支部 329 个，其中机关事业单位团（总）支部 18 个、村级团（总）支部 17 个、社区团支部 71 个、学校团支部 61 个、国有企业团组织 2 个、新社会组织团组织 33 个、非公企业团组织 127 个；青年志愿者 1326 人，团员 4919 人。团区委推选“福建省优秀少先队辅导员”1 人、“福建省优秀共青团干部”1 人、“漳州市青年五四奖章”1 人、“漳州市青年五四奖章”集体 2 个、“漳州市五四红旗团委”1 个、“漳州市五四红旗团支部”2 个、“漳州市优秀团干部”4 人、“漳州市优秀共青团员”2 人。

【青少年思想政治建设】 2022 年，团区委引导团员青年参与“学习党的二十大精神”系列活动，集中观看开幕式直播 11 场，开展党的二十大精神宣讲活动 14 场、学习建团百年大会精神座谈会 1 场。开展“铸魂筑梦”党的二十大精神进校园宣讲活动，覆盖小学 15 所、学生 750 人。发动全区团员观看“青年大学习”网上主题团课 40 余期。组织全区团支部开展“党的二十大精神”“党的青年学习”“新时代的伟大成就”“建团 100 周年”四大线上主题教育实践 1296 场次，收集“喜迎二十大、永远跟党走、奋进新征程”主题征文 22 篇，拍摄建团百年 MV《闪光如你》。

【青少年关爱】 2022 年，团区委邀请区检察院“青春龙检”、区人民法院“家社工事少年庭”、龙文公安分局“施晓健工作室”等为校外辅导团队，拓宽“星星湾”未成年人关爱中心阵地，开展法治教育、安全教育等主题宣讲 4 场次。在全区 20 余所中小学启用“青春护航信箱”。以“蔡淑汝少先队名师工作室”为主阵地，引入团属向阳花青少年社工服务机构为校内辅导团队，利用班队课开展“舒缓学习压力”“安全与我同行”“关注心成长”等主题活动 5 次，参与学生 15000 人次；开展“新时代好队员”主题活动 4 场，参与学生 9500 人次。

【青少年服务】 2022 年，团区委通过购买服务的形式，整合家庭、学校、社区资源，探索开展“五位一体”（“团委 + 家庭 + 学校 + 社会 + 社工”）的重点青少年服务机制。针对高年级女生开展“珍爱你我生命，绽放精彩青春”青春期自护小组活动 6 次，受益对象 400 人次；入户探访（建档）服务 18 人；开展以“预防青少年违法犯罪”为主题的班会 28 场，服务 1100 余人次，服务案例《我不是坏小孩》入选省级刊物《市域社会治理现代化视角下福建省青少年社会工作案例》。

【大学生就业创业】 2022年，团区委在党政机关、国企等55个用人单位中征集实习岗位668个，吸引北京大学、中南大学、中国人民大学等高校返乡大学生到区开展课题调研、实习实训，2304人次学生投递简历，确认实习人数221人，其中双一流大学学生63人，与中南大学就业指导中心签订合作协议，并挂牌“中南大学大学生基层党政部门实习实践基地”。开展引才进企系列活动，组织60余名返乡大学生参观青蛙王子、百威等企业，并挑选4个岗位作为体验岗位；召开返乡大学生座谈会，发放人才政策宣传资料300余份。促进校企合作，打造七个“大学生实习实训基地”和“教师企业实践基地”，推动职校毕业生参加实习实践，开展 场“访企拓岗龙文行”活动。

【志愿服务】 2022年，团区委储备专业志愿者400余人，服务保障“产业发展项目建设年”、创建全国文明城市等各项任务，全年累计开展各项志愿活动200余次。举办创城志愿服务“理论+实地”培训会3场；组织青年志愿者400人次，开展“楼道行动”8场次，清理楼道78个。

【青年英才（乡村振兴）优秀创业项目】 2022年，团区委推选辖区12家优秀青年创业型企业参选2022年度青年英才（乡村振兴）优秀创业项目，漳州市闪兔网络科技有限公司总经理阙剑军的创业项目《宠物鹦鹉新品种培育+养殖基地+新营销全产业链打造》入选。

【青年企业人才培训】 2022年，团区委与区人社局、郭坑镇、跨境电商产业园等单位联合开展首期漳州市“数商兴农”培训班（共37天）。开展青年企业人才培训会1场，组织青年企业家协会会员走访兄弟协会以及高校，开展共建座谈交流活动17场次。

【青年农户培训】 2022年8月2日，龙文区“新农人”素质提升工程启动仪式暨“浪漫郭坑瓜果香·青春奋进新征程”青年农户技能提升专题培训会在区举行，40名相关领域“新农人”与区青年企业家协会代表、中国人民大学博士生服务团成员参加活动。6月24日，联合区农业农村局举办2022年龙文区高素质农民（果蔬种植）培训班，80余人参加培训。

【漳台交流】 2022年，团区委联合区委台港澳办、区司法局、碧湖街道等部门举办“台企传承、合规、发展及台胞人才吸引法律沙龙”。联合市漳台交流协会、区闽台武术交流中心举办第十四届“海峡两岸中华武术大家练”活动，30多家两岸武馆代表队参演，其中台湾武术代表队、台湾武艺文化研究会代表队、台湾嘉义县武术代表团、台北市北投区国术会等通过线上参演。

（林叶青 撰　林凌燕 审）

龙文区妇女联合会

【概况】 2022年，全区有镇妇联组织1个、街道妇联组织5个、开发区妇联组织1个、村妇联12个、社区妇联66个。龙文区妇联推荐入选省“最美基层妇联执委”1人、市“最美基层妇联执委”4人、市“最美她力量”5人。朝阳街道妇联被评为全省达标乡镇（街道）妇联，景山街道丽景社区妇联被评为全省达标社区妇联，郭坑镇铁路社区妇联主席郑小莲被评为全省优秀妇联主席。

【思想建设】 2022年，龙文区妇联落实“第一议题”制度，聚焦学习宣传贯彻党的二十大精神和习近平总书记关于妇女和妇女工作的重要论述，推动党的二十大精神进机关、进企业、进农村、进社区。依托妇联系统“福小宣”小分队，开展巾帼大宣讲9场，普及妇女群众500余人。巩固党

2022 年 11 月 18 日，龙文区妇联“福小宣”小分队到青蛙王子集团开展党的二十大精神宣讲

史学习教育活动成果，邀请区委党校教师入社区、进机关开展“五种精神”宣讲活动 2 场。

【组织建设】 2022 年，龙文区妇联坚持党建带妇建，推进镇（街道）妇联组织和干部队伍建设，完成 6 个镇（街道）妇联换届选举工作；在新南丰总部成立妇联组织，在幼儿园、广场舞队等成立“妇女微家”15 家；开设“领头雁”培训班 4 次，培训基层妇联干部 180 人次。

【乡村振兴】 2022 年，龙文区妇联制定出台《龙文区“好厝边”行动工作方案》《龙文区“美丽庭院”创建工作方案》等文件，全年共培育省级“美丽庭院”5 户、市级“美丽庭院”50 户、区级“美丽庭院”120 户。在郭坑镇口社村率先建立“积分超市”，依托“美丽庭院”“人居环境整治”等培育活动积分，每月根据测评予以相应分值并兑换物品。打造“好厝边”巾帼志愿服务助力乡村振兴精品线路，获评全市三等奖。开展“碳汇 + 科技助农巾帼行”“岗村同行助力乡村振兴”等活动，组织国家级、省级、市级等巾帼文明岗 6 个；5 名女科技工作者分别与服务村签约结对，累计开展对接活动 10 余场，受益妇女儿童 100 余人。

【妇女儿童权益维护】 2022 年，龙文区妇联推进“新两纲”实施工作，制定并颁布《漳州市龙文区妇女发展纲要（2021—2030 年）》《漳州市龙文区儿童发展纲要（2021—2030 年）》。通过法律讲座、现场咨询、微信公众号等方式，开展主题法治宣传活动 13 场，发放宣传材料 2000 余份。发挥“12338”妇女维权热线和德勇律师事务所妇女儿童维权站的作用，开展婚姻家庭风险隐患排查工作 12 次，全区妇联组织接待来信来访来电 14 件，律所维权站处理妇女案件 21 件，接受咨询 43 人次。

【家庭教育】 2022 年，龙文区妇联贯彻落实“一法一条例”，《加强在中小学（幼儿园）开展家庭教育指导》被区政协评为年度优

2022 年 2 月 22 日，龙文区妇联在区人民法院家事少年庭成立家庭指导站

2022 年 11 月 29 日，龙文区科协召开第二次代表大会

秀提案。在龙文区人民法院家事少年庭成立全市首家涉未成年人案件家庭教育指导站，获评省级创新家庭教育实践基地；在漳州市第二实验小学成立“家校社”合作的家庭教育指导站；联合龙文区检察院在朝阳街道淳风堂成立“星星湾”家风学堂——家庭教育指导站。全年共开展法律讲座、亲子诵读、家庭教育讲堂、家庭心理疏导等主题系列活动 10 余场。实施“母亲健康‘1+1’”“春蕾计划”等公益项目，走访慰问“两癌”（宫颈癌、乳腺癌）贫困妇女、困难女大学生、困难儿童等 69 人，发放慰问金、慰问品价值共计 10.54 万元。

【文明创建】 2022 年，龙文区妇联联合龙文交警大队到蓝田街道中骏社区、科坑社区，开展“巾帼助力 交通文明”交通普法宣传讲座、交通文明劝导活动，发放安全头盔 108 个，文明劝导 52 人次。到步文街道龙江社区，开展“美家美户 洁净家园”巾帼助力创城志愿服务活动，各镇（街道）妇联主席、广场舞队代表、优秀家庭代表、巾帼志愿者近 80 人参加，发放创城倡议书 400 份、宣传品 200 余份。

（魏雅水 撰　张丽珍 审）

龙文区科学技术协会

【概况】 2022 年，龙文区科协在服务创新驱动发展、全民科普宣传及青少年科技教育等方面取得新成效，创建并通过省科协“2021—2025 年度第二批全国科普示范区”验收。

【组织建设】 2022 年 11 月 29 日，龙文区科协召开第二次代表大会，完成换届工作，吸纳基层“三长”充实领导班子，大会听取并审议通过龙文区科协第一届委员会工作报告，选举产生区科协第二届委员会常委、主席、兼职副主席。

【服务站建设】 2022 年，龙文区科协指导漳州大时代网络科技有限公司、漳州向荣科技有限公司成功申报省级学会创新驱动服务站。全区累计建成省级学会创新驱动服务站 2 家，开展技术合作 10 项，落实 3 家学会服务站建站补助经费 30 万元。

【科技竞赛】 2022 年，龙文区科协选派 23 支队伍 46 名学生参加第十届漳州市青少年机器人竞赛，共有 17 队 34 人获奖，其中一等奖 3 队、二等奖 4 队、三等奖 10 队；选派 5 支代表队参加第十九届福建省青少年机器人竞赛，获得一等奖 2 项、二等奖 3 项。

【科普活动】 2022 年 1 月 20 日，龙文区科协到郭坑镇漳州火车站东站，开展送科技、文化、卫生“三下乡”和移风易俗、弘扬时代新风宣传活动；2 月 14 日，联合区教育局、团区委在龙文科技馆举办青少年“科普闹元宵”趣味活动；3 月，组织开展“弘扬雷锋精神 科普志愿服务在行动”学雷锋宣传活动；4 月 24 日“中国航天日”，围绕“航天点亮梦想”主题，开展“我的航天

2022 年 8 月 3—4 日，龙文区派出 23 支队伍 46 名学生参加第十届漳州市青少年机器人竞赛

梦科普绘画展”“航天点亮梦想科普知识小讲堂”“放飞航天梦 争当新时代好少年”等系列科普活动，为学生们开展科普知识小讲堂，并现场制作飞机模型；联合漳州市第二实验小学迎宾分校开展“校园科技节”活动，进行机器人表演、车模拼装展示、科普大篷车互动体验等科普活动；9 月 14 日，围绕全国科普日“喜迎二十大，科普向未来”主题，在闽师大龙文附小开展龙文区全国科普日主场活动；9 月 18 日，到步文街道锦绣社区开展“喜迎二十大，科普向未来”机器人总动员科普公益活动；9 月，联合福建省 196 地质大队举办地质科普讲解员选拔活动；11 月，联合区教育局、妇联在全区各小学举办人才漳州月配套活动之“宣传二十大，科普进校园”活动，通过“我和妈妈学科学，美丽家乡我代言”比赛征集到 130 余件作品，评选优秀作品 57 个、优秀指导老师 21 人，并制作剪辑优秀作品集在各小学开展巡回展播。

（蔡晓倩 刘云清 撰 洪雪青 谢长福 审）

龙文区归国华侨联合会

【概况】 2022 年，龙文区侨联筹备、召开龙文区第四次归侨侨眷代表大会。成立辖区第三个基层侨联——朝阳街道侨联，召开朝阳街道第一次归侨侨眷代表大会；指导推进碧湖街道侨联成立工作；指导郭坑镇侨联、朝阳街道侨联申报市级侨胞之家；指导蓝田街道侨联、朝阳街道侨联开展元宵节为侨服务活动。

【侨企服务】 2022 年，龙文区侨联健全侨资企业联系制度，到一线企业开展调查研究，优化侨资企业扶持服务；建立招商攻坚工作服务小组，落实专班专人推进机制，梳理重要客商信息 8 家，外出招商推介 2 次；落实“千名干部挂千企”帮扶活动，协助解决外省员工适龄儿童就近入学、上报申请建设工厂用地等问题；落实“万才聚漳”行动计划，推荐涉侨人才 7 人；开展“爱乡爱企促发展 同心同行兴万村”活动，到挂钩联系单位朝阳街道书厅村、郭坑镇汐浦村了解总体情况、具体需求，协调联系相关部门、企业捐赠 13.5 万元，定向用于朝阳中心小学（位于书厅村）操场修建。

2022 年 11 月 25 日，龙文区第四次归侨侨眷代表大会召开 （韩灿琨 摄）

【侨胞关怀】 2022年春节、重阳节等重要节日，龙文区侨联走访慰问生活困难归侨侨眷、侨资企业、侨界重点人士（家属）、老侨务工作者和香港龙文联谊会；走访慰问9户海外重点人士在漳直系亲属并发放归侨侨眷特殊群体关怀照顾资金；补助朝阳街道新成立基层侨联资金1.5万元；协助马达加斯加侨领江俐慧看望慰问11户生活困难归侨侨眷和低保户；组织6名侨眷参加市第一期助力乡村振兴归侨侨眷职业技能培训班；组织归侨侨眷参加急救培训活动。

【侨胞权益维护】 2022年，龙文区侨联与区检察院签订《关于加强涉侨检察工作依法保护归侨侨眷海外侨胞合法权益的贯彻意见》，成立“涉侨检察联络室”，聘任3名涉侨检察联络员、2名涉侨公益诉讼观护员；开展“党侨同心、侨法同行”侨法宣传活动；落实群众来电（访）登记、反馈制度，全年共接待来电来访归侨侨眷6人次。

【侨乡文化征集】 2022年，龙文区侨联邀请市侨联二级调研员郭伯龄为辖区归侨侨眷开展“侨批与侨乡文化”专题讲座，联合区档案馆等单位发布《关于征集“迁台记忆”和侨批档案文献的通告》，共征集文书、信件、照片、老物件等60余件。协办第十四届海峡两岸中华武术大家练活动，发动侨、港、澳武术爱好者参与武术展演和交流。

（黄镕濡 撰　郑益清 审）

龙文区工商业联合会

【概况】 2022年，龙文区工商联加强与民营企业的沟通与联系，定期到会员企业和商会走访调研、座谈交流、加强联谊，开展面对面帮扶活动。春节期间，到辖区民营企业和外出乡贤家中走访慰问。

【惠企政策宣传】 2022年，龙文区工商联开展“送政策、解难题、稳增长”专题活动，到青蛙王子、科能电子、宏香记、盛辉物流、盛元丰田等民营企业进行面对面帮扶，将惠企政策汇编成册送给企业负责人。

【人才服务】 2022年，龙文区工商联举办“专精特新”企业培训班2期、参训企业高管130余人。规范非公职称评审工作，建立健全区民营企业人员专业技术职务任职资格评价工作机制，完善专家库名单，29人纳入非公职称评审专家库。向市工商联推荐20名专业技术人员参评高级职称、51名专业技术人员参评中级职称、31名专业技术人员参评初级职称。

【司法服务】 2022年6月，龙文区工商联联合区司法局开展民企法律维权服务及普法公益分享会，为民营企业提供点对点法律咨询服务。与区检察院联合推进企业合规改革试点工作，建立健全涉案企业合规第三方监督评估机制；9月，涉案企业合规第三方监督评估机制管理委员会办公室挂牌成立。

【光彩事业】 2022年，龙文区工商联与区人武部共同慰问辖区军烈属遗孀、困难退伍军人9人，发放慰问物资7600元；到挂钩香榭社区慰问困难群众3人，发放慰问物资2400元；重阳节，到石井村慰问60岁以上低保老人26人，发放慰问金1.04万元。

【“金秋助学”活动】 2022年，龙文区工商联组织商会组织和民营企业开展“金秋助学”活动。8月22日，漳州市广东商会向3名贫困大学生捐赠助学金及爱心物资，价值1万元；9月8日，建晟家具等4家民营企业向朝阳中心小学捐款13.5万元，贵港市漳州商会向郭坑中心幼儿园捐款5万元；10月10日，福建科能集团向郭坑中心小学捐赠人工智能与机器人教学设备，价值7.37万元。

【乡村振兴】 2022年，龙文区工商联开展“爱乡爱企促发展同心同行兴万村”行动，组织商协会（新阶联）与村（场）结对共建，14个商会挂钩共建14个村。全年实施帮扶项目14个，落实帮扶物资和资金760万元，解决就业43人，资助贫困户5人。

【龙文区民间商会成立】 2022年5月12日，龙文区民间商会成立。截至年底，区民间商会驻会领导3人，企业家兼职主席、副主席及副会长24人、常委9人、执委46人。

（洪雅玲 撰 林惠珠 审）

龙文区文学艺术界联合会

【概况】 2022年，龙文区文联新发展区级协会会员21人，新加入市级会员7人、省级会员5人。设立龙文区艺术系列舞蹈专业初级职务评审委员会，11名舞蹈工作者获初级职称。

【文艺活动】 2022年，龙文区文联在闽南水乡举办“翰墨歌盛世，丹青颂龙文”建区25周年名家书画作品展，展览作品140件。春节前，组织区书法家协会开展“义务写春联送春联”活动9场，参与人员60余人，共写“福”字和春联2200余副。中共党的二十大全会召开之际，开展“喜迎二十大·翰墨润初心”龙文区书法精品线上展2期，展出书法作品100幅。每周六，组织区音乐家协会在闽南水乡小舞台开展“街头文化”文艺活动，全年共开展15场次。12月15日，在云洞岩路永润文化创客小镇举行“学习宣传贯彻党的二十大精神·意之大者——第九届福建省写意画大展”，共展出写意画作品211件，其中优秀作品80件；在云洞岩风景区举行“春风来化雨 翰墨润初心”龙文区书法精品展，展出书法作品100幅。

【文艺创作】

书法 区书法家协会朱智龙的作品《吃福漳州人》获得喜迎党的二十大“福往福来、福见华电”——福建省福文化主题书法作品展优秀奖提名。

美术 蒋阿平的作品《皎素》入选“第三届泾上丹青——全国中国画作品展”；黄美如的作品《朝圣之路》入选“全国第六届中国画线描艺术展”；胡锐锋的作品《山园小梅》获评“喜迎党的二十大——福建省2022年新人新作美术作品展”优秀作品；张国钦的作品《溪山白云间》、陈丽英的作品《凝香蝶醉》、林天德的作品《蕉园秋正浓》、胡锐锋的作品《秋声》、张玉茹的作品《与云闲》、廖丽华的作品《南国秋意》、陈熙媛的作品《文锦啼秋》、卢志扬的作品《听泉》获评“喜迎党的二十大·第九届福建省写意画大展”优秀作品。

电影 区电影家协会吴静亮的作品《二十七》获评“第九届亚洲微电影艺术节”优秀新秀。

（黄金本 撰 林闽东 审）

龙文区残疾人联合会

【概况】 2022年，龙文区残联履行“代表、服务、管理”职能，以加快推进残疾人社会保障和服务体系为重点，不断提高残疾人保障水平和服务能力，在残疾人基础设施建设、康复、就业、社会保障、文化体育等各方面取得新成绩。全年，区残联办理残疾人证业务284件。截至年底，辖区共有持证残疾人3440人。11月25日，龙文区残疾人联合会第五次代表大会在区政府会议中心召开，大会选举产生第五届区残联领导机构。

【残疾人康复教育】 2022年，龙文区残联开展辅具适配补贴工作，为110人次残疾人发放助听器、矫形鞋、轮椅等辅助器具适配补贴资金16万元。落实残疾儿童康复救助，向253名在康复机构训练的0～17岁残疾儿童发放康复训练补助金283.55万元。试点推行残疾人家庭医生签约服务，截至年底，签约残疾人2877人，签约覆盖率92%，评估登记2592人，评估覆盖率83%。实施“扶残助学”项目，为181

名残疾学生或残疾家庭子女发放助学资金 28.4 万元。

【残疾人就业创业】 2022 年，龙文区残联扶持 2 户农村困难残疾人开展种植、养殖、生产经营等家庭创业，每户给予补助 4000 元。向辖区 5 家超比例安排残疾人就业的单位发放扶持资金 20.64 万元。实施自主就业创业社会保险补贴项目，向 21 名灵活就业残疾人发放职工医保、社保补助金 9.19 万元。扶持成立 1 家市级福乐盲按中心。扶持成立全区首家“爱心助残驿站”，为残疾人提供政策宣传、康复教育、日间照料、就业增收、文体活动等综合性服务。组织残疾人参加漳州市第五届残疾人职业技能大赛，获得团体总分第三名。

（陈燕辉 撰　罗世荣 审）

龙文区红十字会

【概况】 2022 年，龙文区红十字会多措并举开展应急救护、救灾救助、红十字助学等工作。11 月 24 日，区红十字会第二次会员代表大会和第二届理事会第一次会议在区政府会议中心召开，会议选举产生区红十字会第二届理事会理事、常务理事、会长、副会长、专职副会长、兼职副会长，并通过秘书长人选。

2022 年 7 月 3 日，龙文区红十字会在龙文消防救援大队开展救护员持证培训（邓春葵 摄）

【应急救护】 2022 年，龙文区红十字会开展“十四五”公共场所配置 AED（自动体外除颤器）工作，在龙文一中、龙文消防救援大队、万达广场等 13 个公共场所安装 AED；抓好培训师资队伍建设和教学管理，全年共选送培训师资 5 人，全区注册师资人数增加到 15 人；推进群众性应急救护公益培训，全年开展救护员持证培训 49 期、参训人数 1464 人，应急救护知识普及培训 16 期、参训人数 5705 人。

【救灾救助】 2022 年，龙文区红十字会为 5 名白血病患儿申请彩票公益金大病儿童救助项目，获得救助金额 17 万元；为 2 名患病儿童申请“福万通少儿大病救助”项目。春节期间，组织各级红十字会、红十字理事单位、团体会员单位和志愿者到辖区农村、社区和困难群众家中，开展慰问活动，发放慰问物资和慰问金 356 份。四川泸定地震灾害发生后，辖区爱心企业捐款 2 万元，由区红十字会向灾区转出。9 月，发动全区机关、企事业单位和干部群众参加“99 公益日”网络募捐活动，共募款 21.21 万元。

【红十字助学活动】 2022 年，龙文区红十字会通过发动社会爱心人士定向捐赠等形式开展红十字助学活动。1 月 17 日，在区实验小学举行“红十字助学金”颁发仪式，资助特困家庭学生 6 人，发放助学金 6000 元。通过区教育局和学校摸底贫困学生，确定市红十字会助学对象 4 人，发放助学金 4000 元。

【“三献”工作】 2022 年，龙文区红十字会做好“三献”（无偿献血、捐献造血干细胞、捐献遗体器官）工作，全年开展无偿献血活动 10 场，献血人数 525 人、献血量 18.1 万毫升；办理遗体器官捐献 1 例、登记遗体器官捐献 1 例。

【红十字宣传】　2022 年，龙文区红十字会多措并举开展红十字精神及红十字运动宣传活动。3 月 5 日，在万达广场开展学雷锋纪念日活动；6 月 16 日，在闽南水乡开展安全生产咨询宣传日活动；6 月 22 日，在雷勃动力传动（漳州）有限公司开展消防疏散暨紧急急救活动。

（林晓君 撰　谢小雄 审）

龙文区关心下一代工作委员会

【概况】　2022 年，龙文区关工委参加市关工委组织的“四个一百”（一百个“五好”基层关工委、一百个“五好”民企关工委、一百个“种子工程”示范点、一百个最美基层“五老”）创建活动，指导基层关工委抓好组织和场地建设，开展相关业务培训 3 场次。对村（社区）关工委工作进行考核通报。

【“关爱月”活动】　2022 年，龙文区关工委继续组织开展“元月送温暖、三月学雷锋、八月金秋助学、十月敬老爱亲”活动。1 月，与区民政局联合慰问辖区孤儿 2 人；与市关工委、红十字会联合慰问蓝田开发区实验小学的进城务工人员子女 20 人；动员组织各镇（街道）、村（居）关工委慰问辖区困难儿童 200 余人；慰问福建航天机电集团有限公司和区应急局干部职工未成年子女 31 人；慰问区直机关幼儿园全体教师 32 人；联合区委老干部局、区退管办等单位走访慰问老干部 100 余人次。3 月，联合漳州市第三实验小学开展“雷锋精神伴我行　做‘雷锋式’的好少年”主题活动。8 月，组织各镇（街道）、区直单位及民营企业家，发放助学金 32.6 万元，助学人数 98 人。重阳节期间，慰问区两名退休后服务关工委工作 20 年的老教师，发放慰问金 2400 元；摸底排查辖区“五失”（失学、失业、失亲、失足、失能）未成年人名单，慰问符合条件且家庭困难的未成年人 10 人，发放慰问金 10000 元。

【青少年就业创业】　2022 年，龙文区关工委创建“五老工作室”7 个、“种子工程”示范点 2 个，组织开展青少年创业指导培训 3 场次，带动就近就业 100 余人。

【普法宣传教育】　2022 年，龙文区关工委组织开展法治进校园活动 8 场次。联合市直政法系统关工委到漳州市第二实验小学景山分校开展“关爱明天　普法先行”普法教育活动。

（区关工委供稿）

龙文区计划生育协会

【概况】　2022 年，龙文区计生协围绕政治建设、组织建设、服务体系、协作机制和六项重点工作等五大方面 22 项内容开展改革。建设一支年轻且文化程度高、具有育婴员资格证书和婴幼儿早期教育指导证书的女小组长队伍；改革聘用管理模式，提高基层计生队伍（含女小组长）待遇，按照《漳州市龙文区人民政

2022 年 1 月 7 日，龙文区红十字会组织人员在景山机关大院举行“热血送暖　为生命接力”无偿献血活动　（林晓君 摄）

府办公室关于印发〈龙文区村（社区）计生协会基层队伍绩效考核工作方案〉的通知》精神，落实非财政供养人员误工补贴制度和绩效考核制度，全年共兑现奖励52.9万元。推动计生基层群众自治转型发展，健全村（社区）计生基层群众自治工作机制。探索开展计生法律援助，建立计生维权共享工作机制，做好计生群众的诉求表达、矛盾调处、权益维护和法律宣传。

【“亲子小屋”打造】 2022年，龙文区计生协出台《漳州市龙文区计划生育协会关于进一步完善“亲子小屋”项目建设与管理机制的通知》，完善覆盖城乡的儿童早期发展服务体系。选择文化素养高、热心早教工作、能力强的村（社区）计生协会人员担任“亲子小屋”辅导员；组织辅导员参加儿童早期发展相关培训，并取得育婴员证（或婴幼儿早期教育指导职业能力证书、儿童保健家庭指导员证），掌握儿童早期发展服务技能；明确由辅导员负责“亲子小屋”的日常管理，建立社区0～3周岁婴幼儿家庭台账及辖区女小组长和婴幼儿家长微信群；“亲子小屋”每周开放2次以上，用于开展亲子活动，宣传科学育儿知识；女小组长为本辖区0～3周岁幼儿家庭发放科普书籍，按年龄段分8次入户指导家长开展亲子活动，了解家庭养育环境，记录幼儿生长发育状况。5月27日，蓝田街道龙盛社区悦芽省级“向日葵亲子小屋”揭牌并投入使用；5月28日，蓝田街道计生协会在“亲子小屋”开展早教培训，8个社区的女小组长参加；同日，步文街道龙江社区在“亲子小屋”开展以“倡新型婚育文化 促人口均衡发展”为主题的健康知识进社区宣传活动。

【优生优育服务】 2022年5月31日，龙文区计生协联合区妇幼保健院到朝阳街道朝兴社区开展赠书活动，赠送《0～3岁儿童早期发展指导》书籍80本，指导0～3岁儿童家长113人次；开展儿童早期发展家长课堂1次，32人参加；开展以“爱家爱牙”“儿童健康”“妇幼保健”为主题的义诊活动3次，服务群众884人次。

【青春健康教育】 2022年，龙文区计生协建设漳州九中青春健康俱乐部、漳州理工职业学院青春健康俱乐部（青春健康同伴社）；协同区教育局落实青春健康教育五年行动规划，联合开展青春健康教育师资培训，组织参加师资认证；完成漳州九中青春健康教育“沟通之道”家长培训国家级项目，并在全区教育系统推广；完成漳州理工学院国家青春健康教育高校项目；在漳州九中、龙文一中开展“成长之道”青春健康教育活动。

【家庭健康指导】 2022年，龙文区计生协会贯彻落实国家卫健委、农业农村部、中国计生协会《关于服务乡村振兴、促进家庭健康行动的实施意见》要求，发挥基层组织网络优势，以家庭为中心，以村（社区）为重点，结合健康扶贫扶志等工作，围绕生命全周期开展生殖健康和公共卫生服务等家庭健康促进活动。加强家庭健康指导员队伍建设，全面开展婴幼儿早期教育指导和育婴员轮训；建立健康专业领域志愿者服务队伍与计生协队伍结合的工作机制，推进线上线下家庭健康知识普及和优生优育指导，帮助群众绑定使用“家庭健康知识进万家”小程序。截至年底，小程序绑定居民20212人。

【计生宣传】 2022年5月，龙文区计生协在漳州理工职业学院举办“送给母亲一幅画”、“人际交往”、“计划未来”、同伴社主持人培训、主题同伴教育、主题签名、素质拓展等“5·25”心理健康教育月系列活动12场；5月23日，在龙文一中举办青春健康“成长之道”主题教育活动；6月8日，在漳州九中举办《预防性侵害——我的身体我作主》专题讲座。

（周文花 撰 林毅 审）

综 述

【概况】 2022年，龙文区贯彻落实《中国共产党政法工作条例》《2022年漳州市党政领导平安建设（综治工作）责任书》，开展“四季竞赛、五大比拼”和四大专项行动，推进扫黑除恶常态化、矛盾纠纷排查化解和社会治理创新等各项工作。是年，龙文区被评为首批福建省平安建设示范县（市、区），蓝田经济开发区“护企110”警务机制被公安部、省委办、省政府办刊文推广。

【综治工作】 2022年，区党政主要领导履行平安建设（综治工作）第一责任，层层签订责任书。召开区委常委会、区委政法工作会、区政府常务会等12场次，专题研究部署政法维稳、平安建设工作。健全工作机制，细化《2022年平安建设工作要点》，明确责任单位、工作职责。落实实绩档案制度，在文明单位评选、评优评先、干部考察考核、晋职晋级、入党审查等方面做好审核把关，全年综治审核866人次。兑现平安考评奖励，推荐表彰省级先进集体1个、先进个人1人。将“四季竞赛、五大比拼”作为平安建设考评的重要内容，对每季度比拼排名靠后的单位进行通报批评、约谈主要领导并定期开展督导检查。

【社会安定稳定维护】 2022年，龙文区开展“春霆百日行动”、夏季治安打击整治“百日行动”。截至年底，刑事案件立案1230起，比上年下降18.5%；破案率72.4%，比上年上升3.2%。开展“治重化积”专项行动，55件信访积案全部完成化解。推广“枫桥经验”，建立各类调解组织92个，全年共排查调处矛盾纠纷2478件，调处成功2475件，成功率99.9%。加强巡防管控、流动人口采集登记录入工作；全年受理行政（治安）案件1507起，比上年下降26.6%；流动人口采集率89.08%。

【社会治理创新】 2022年，龙文区委政法委优化布局社会治理整体架构，召开市域社会治理现代化试点工作推进会，63项重点任务明确20个牵头单位，并细化到各参与单位。探索开发线上智慧化服务平台，创新开展智慧赋能治理工作。10月10日，区委、区政府联合新华社中国经济信息社福建经济研究中心主办的龙文区城市社区治理路径座谈会在福州悦华酒店举行，省直有关部门、市委政法委等相关单位的领导、专家出席会议；区委副书记周绍斌，区委常委、政法委书记叶文辉，碧湖街道党工委，步文街道锦绣社区分别从“区、部门、街道、社区”四个层面介绍龙文区在推进城市社区治理中的经验和做法；与会领导、专家对区深化社区治理，提升创建“文明社区、幸福社区”的质量和水平提出建议，共同梳理分析适合未来龙文社区高质量治理的理念、思路和创建方向。

【政法队伍建设】 2022年，龙文区政法系统开展各类政治学习、警示教育等480场次。学习宣传贯彻党的二十大精神，集中研讨《闽山闽水物华新——习近平福建足迹》，开展“忠诚在心、奉献在岗”对党忠诚教育活动，向周永东、蔡晓东学习活动。巩固政法队伍教育整顿成果，推进全面从严管党治警，贯彻执行新时代政法干警“十个严禁”、防止干预司法“三个规定”、落实“禁业清单”，签订《严格落实“三个规定”承诺书》，完成7轮2184人次填报“自查事项报告表”。是年，全区无发生政法干警违规违纪问题。做好典型选树推广，8月，区检察院潘进格被授予全国“人民满意的公务员”；9月，龙文公安分局施晓健入选全国“最美基层民警”称号；通过微信公众号定期推送“扫黑先锋”郑加强、“每月警星”黄石根的先进事迹。开展“我为群众办实事”活动，区法院员额法官人均办案数299.17件，全市排名第一，以诉前调解中心为主阵地，创新打造“法院+仲裁”“近邻睦邻亲邻”调解新模式；区检察院发挥公益诉讼检察职能，针对群众切身利益立案48件，发出检察建议25份，磋商结案7件。

（区委政法委供稿）

政法委及综治

【电信网络诈骗打击】 2022年，全区电信网络诈骗违法犯罪立案272起，比上年下降10.2%；破案183起，比上年上升40.8%；捣毁涉诈窝点34个，抓获犯罪嫌疑人397人，比上年上升30.2%；追赃挽损887.6万余元；集群战役目标案件3起均在行动期间收网，全市排名第一；相关技战法和打防成效被《人民日报》、新华社等媒体推荐。

【养老诈骗整治】 2022年，龙文区开展养老诈骗专项整治行动，破案33起，打掉团伙13个，抓获犯罪嫌疑人65人，追赃挽损186.3万元，战果全市排名第一。

【“三非”外国人治理】 2022年，全区查处“三非”（非法就业、非法入境、非法拘留）外国人案件21起21人，遣送“三非”外国人9批128人，开展待遣羁押6个月以上“三非”人员动态清零工作，境外人员住宿登记准确率100%。

【信访积案、矛盾纠纷化解】 2022年，龙文区委政法委开展“治重化积”专项行动，55件信访积案全部完成化解。推广“枫桥经验”，建立各类调解组织92个、聘请专兼职调解员212名、培育品牌调解工作室13个，全年排查调处矛盾纠纷2478件，调处

2022年5月10日，市委常委张慧德（前排左三）到区综治中心、区城市管理局智慧物业管理服务平台、蓝田街道龙兴社区，调研市域社会治理工作 （张斌 摄）

成功2475件，成功率99.9%。做好人民调解与“110”联动对接分流工作，对接受理案件1322件，调处成功1258件，分流处置64件。

【重点问题整治】 2022年，龙文区委政法委针对治安案件数量同比上升、流动人口登记率低于全省平均水平的问题，强化巡防管控、流动人口采集登记录入工作。全年受理行政（治安）案件1507起，比上年下降26.6%；流动人口采集率89.08%。

【惠民服务】 2022年，龙文区针对社会治理痛点、难点问题，从“小切口”入手，找准群众需求，延伸服务触角。区城管局进一步规范小区物业管理，推出智慧物业服务管理平台，辖区79个物业小区纳入管理；区卫健局加强社会心理服务体系建设，投入130万元，建立基层睡眠康复与心理咨询中心；景山街道立足“园区、社区、街区”三区融合特点，围绕“抓党建”“抓治理”“抓服务”，成立全市首个街道层面的城市治理中心；朝阳街道探索城郊基层社会治理新路径，通过打造“社会治理云平台”，落实街道政法委员统筹协调机制，整合信访评理和司法调解力量。健全物业纠纷、邻里纠纷多元化解机制，培育区级以上调解工作室11个。创建社区志愿服务平台，探索志愿服务“时间银行”运行模式，建立“点—派—接”闭环“运营”模式，全年开展志愿服务活动1096场次。

【智慧化服务平台】 2022年，龙文区探索开发线上智慧化服务平台，创新开展智慧赋能治理工作。蓝田经济开发区打造线上智慧化监管平台，配套线下市场化管理的“爱企管家”，创设线上智慧警务与线下群防群治相结合的“护企110”。步文街道锦绣社区打造全市首个智慧社区服务平台——“锦绣芳邻”，将社区、业主、物业三方纳入智慧社区平台端口，并在步文街道推广，居民满意率达90%。“护企110”和“锦绣芳邻”入选省社会治理50个创新案例。蓝田街道龙兴社区投入900万元，建立覆盖高空、地上、地下的360°三维立体智能安防系统，协助公安机关破获入室盗窃案件2起、捣毁电信网络诈骗窝点2个、调解各类纠纷53起，获省委政法委推广。

【平安创建】 2022年，龙文区委政法委开展村（社区）、校园、医院、景区、工业园区、铁路等平安创建活动，构建全方位校园安全稳定防范体系，配备专职保安人员125人、门卫54人，钢叉115件、警用橡胶棍115根、电警棍115根、强光手电96只，安装视频监控探头3875个，组织开展应急疏散演练90多场次、安全主题宣传教育活动180场次，印发《学生安全知识手册》《中小学生安全常识100条》《交通安全家长告知书》等14.6万册。组织开展“红色物业”示范标杆评选活动，评选“红色物业”4家。深化安全生产监管，检查危化烟花、工贸生产经营单位76家次，查处一般事故隐患22条，全部完成整改。开展电动车安全专项整治，查处无牌电动车772辆、非法加装遮阳伞20782起、闯红灯3911起、不按道行驶27716起。

【综治中心建设】 2022年，龙文区委政法委开展综治中心“达标创优”和“星级综治中心”创建活动。投入90万元，建成区级综治中心。下发《2022年度平安建设暨“四季竞赛、五大比拼”（星级综治中心建设）考评办法》，推动区、镇、村三级综治中心实体化建设。提升综治中心规范化管理水平，制定出台《网格员培训制度》《加强网格涉稳信息报送制度》，全区6个镇（街道）、79个村（社区）综治中心均为四星级以上，创优率100%。加强网格队伍建设，选优配强社区网格员528人，社区警员79人。设立综治网格奖励基金，实行常态化考核，发放奖励基金196万元。

【治安防控体系建设】 2022年，以护航中共党的二十大安保维稳工作为契机，加强巡逻频率和密度，提高见警率和管事率。全年共举办集中返赃仪式12场次，向受害群众发放被骗赃物1254.6万元，收到锦旗38面，“新福建”等多家新闻媒体进行播报刊介。

【智能安防小区建设】 2022年，龙文区委政法委将智能安防小区建设融入“平安龙文”“智慧城市”建设、市域社会治理等工作。分类推进周界入侵报警、智能识别车辆安全管理、人员出入智能管理、视频监控、高空抛物监测、住户报警、电子巡更、中心控制室等系统建设工作。截至年底，全区建成智能安防小区80个，智能安防小区建设率78.43%。

【公共消防安全建设】 2022年，全区90个居民住宅区全部落实电动自行车集中充电管理要求，设置电动自行车集中充电桩及停放点；新增消防车通道智能监控点5处，通过语音劝离占用消防车通道的车辆。开展行业消防安全标准化管理创建，区教育局、民政局、卫健局、民宗局和文体旅游局达标率均为100%。

（区委政法委供稿）

法治政府建设

【依法治区】 2022年，龙文区将法治建设工作纳入全区主要工作，将党政主要负责人履行推进法治建设第一责任人职责情况列入年终述职内容。印发《区委全面依法治区委员会2022年工作要点》等文件，推动《法治龙文建设规划（2021—2025年）》和“八五”普法规划。经第六届区委全面依法治区委员会第二次会议审议，制定《漳州市龙文区法治社会建设实施方案（2021—2025年）》和《漳州市龙文区法治政府建设实施方案（2021—2025年）》。

【区行政复议咨询委员会成立】 2022年，龙文区推进行政复议体制改革，成立区行政复议咨询委员会，县（区）司法行政机关加挂区政府行政复议办公室牌匾。全年共办理行政诉讼案件23件、行政复议案件25件。推行政府法律顾问制度，落实规范性文件“三统一”措施，梳理区政府和区政府办出台的规范性文件17件，补备案2021年规范性文件1件，废止规范性文件2件。

【法律培训】 2022年，龙文区司法局举办龙文区新时代基层干部主题培训暨基层行政执法干部网络专题培训班，区直重点执法部门163名行政执法类干部参加培训。组织区直行政执法部门领导及工作人员共10人到区人民法院、5人到市中级人民法院参加“以庭代训”庭审观摩。

【执法改革】 2022年，龙文区司法局推进乡镇（街道）“一支队伍管执法”改革。征求相关区直部门及镇（街道）意见2次，召开专题协调会议1次，研究讨论乡镇（街道）“一支队伍管执法”，确定下放事项（第一批）110项，并签订确权认定书。

【审慎四项清单编制】 2022年，9家区直部门编制包容审慎监管执法四项清单，其中6家区直部门编制不予行政处罚事项清单55项，4家区直部门编制从轻处罚清单12项，3家区直部门编制减轻行政处罚清单9项，1家区直部门编制免于行政处罚清单1项。

（杨凤琪 撰　吴聪文 审）

公 安

【概况】 2022年，龙文公安分局总破案率、侵财案件破案率、抓获嫌疑人数、抓获侵财案件嫌疑人数、审结起诉数等主要打击指标比上年上升，刑事警情、刑事立案数、侵财案件立案数比上年下降；“护企110”警务新机制被公安部、省委办、省政府办刊文推广，被《福建省创新社会治理典型经验50例》《中国警察》刊载。分局党建文化活动中心被命名为市直机关主题党日活动基地；朝阳派出所获评福建省第二批“枫桥式公安派出所”；施晓

2022 年 10 月 10 日，赃款赃物集中返还仪式在龙文公安分局举行

健获评一等功、2022 年全国“最美基层民警”。

【治安工作】 2022 年，龙文公安分局简化户口迁移手续，开展“互联网 + 户政管理”服务，推进“网上办”“预约办”“上门办”，实行省市内户口“一站式”办理、身份证异地办理等业务；开展“百万警进千万家”活动，推进“警网融合”工程建设，按照“2+N”模式，落实五级责任链条，化解矛盾纠纷 778 起，化解率 91.21%；落实学校周边“高峰勤务”“护学岗”制度，加强学校周边巡逻守护；开展“打击整治黄赌违法犯罪专项行动”“整治公共娱乐服务经营场所涉黄问题专项行动”“昆仑 2022 专项行动”等专项行动，全区智能安防小区建设成效位居全市前列。

【刑侦工作】 2022 年，龙文公安分局部署开展“春霆百日行动”、夏季治安打击整治“百日行动”，共立刑事案件 1066 起，比上年下降 28.3%；破案率 78%，比上年上升 14.3%；抓获各类犯罪嫌疑人 1219 人，比上年上升 1.4%；审查起诉 543 人，比上年上升 4.9%。升级反诈“全息云平台”，构建“四个第一时间、五级金字塔、六级责任链条”宣传防范劝阻系统；联合龙文移动、龙文电信、美团公司、顺丰速运、滴滴出行、漳州曙光救援队举行“全民反诈 你我同行”反诈宣传活动，全区电诈警情比上年下降 18.4%，共捣毁涉诈窝点 34 个，“断卡”线索核查率 100%，打击整治养老诈骗专项行动全市排名第一。举办集中返赃仪式 12 场次，发还赃款赃物 1254.6 余万元。

【经侦工作】 2022 年，龙文公安分局依托“护企 110”警务模式，探索建立“驻企警官制”“民警入企挂职”等机制，为民营企业和重点建设项目提供“预警提示、防范建议、权益保护”等服务，帮助企业解决实际问题 14 件，化解各类风险隐患 5 条；破获非法集资类案件 2 起、组织领导传销类案件 3 起、侵犯知识产权类案件 7 起，抓获犯罪嫌疑人 23 人，捣毁侵权假冒名牌手表窝点 1 个、团伙 2 个。

【禁毒工作】 2022 年，龙文公安分局推动禁毒宣传“八进”活动，深化学校毒品预防教育“五个一”活动和“五落实”，到辖区高校、中小学校园，集中开展禁毒宣传活动；组织学生参加全

2022 年 11 月 7 日，“全民反诈 你我同行”2022 年龙文区反诈宣传活动在龙文公安分局举行

国禁毒知识竞赛，学生参与率、及格率、优秀率均达到100%，平均分、总分均达到100分。实施禁毒“清源断流”战略，组织开展“飓风肃毒2022”会战行动，共破获毒品刑事案件4起，抓获毒品犯罪嫌疑人6人，移送起诉犯罪嫌疑人4人，查处吸毒人员10人。

（张与曾 撰　马伟强 审）

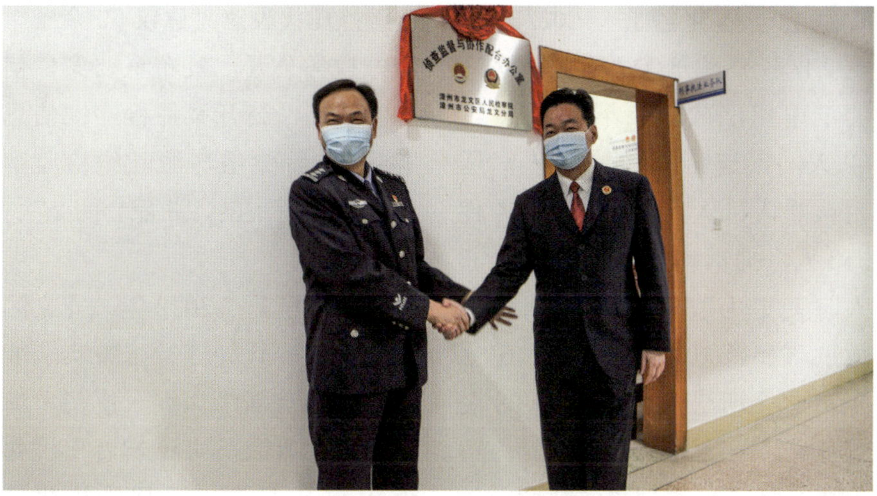

2022年2月11日，龙文区人民检察院驻漳州市公安局龙文分局侦查监督与协作配合办公室揭牌

检　察

【概况】　2022年，龙文区检察院共办理各类案件1553件；获评“全国检察宣传先进单位”，第一检察部主任潘进格获评全国“人民满意的公务员”。5人次入选上级检察院专业人才库，3人次在省市业务比赛中获奖，第一检察部获评全省检察机关“优秀办案团队”，周慧茹获评省级“优秀办案检察官”称号。

【刑事检察】　2022年，龙文区检察院共批准逮捕80件112人，提起公诉298件449人，普通刑事违法犯罪案发数比上年下降45%。在漳州市公安局龙文公安分局设立“侦查监督与协作配合办公室”，提前介入引导侦查26件、监督立案11件、监督撤案12件。强化审判监督，提出抗诉3件，获改判1件，发回重审2件；发出再审检察建议书2份，法院采纳并改判2件；办理刑事执行检察监督案件278件，审查起诉涉恶案件4件11人。

2022年9月1日，福建省检察院党组书记、检察长霍敏（右三）与潘进格（左四）座谈

【民事检察】　2022年，龙文区检察院共办理民事检察监督案件62件，发出检察建议书59份。

【行政检察】　2022年，龙文区检察院办理行政监督案件32件，发出检察建议书共32份。立案办理公益诉讼案件80件，比上年增长153%，督促整治驾校妨碍河道行洪、督促整治塑料污染等2个行政公益诉讼案被省检察院评为典型案例。

【营商环境优化】　2022年，龙文区检察院从严惩治涉金融领域犯罪，办理涉案金额2.16亿元的“酷电充电宝”非法吸收公众存款案。起诉侵害企业合法权益犯罪12人；全面推开涉案企业合规改革工作，成立第三方机制管委会。

【社会矛盾化解】 2022年，龙文区检察院落实“宽严相济”的刑事司法政策，不批捕25件62人、不起诉82件109人，适用认罪认罚从宽制度办理364件553人，提出羁押必要性审查33人，变更为取保候审33人，促成刑事和解101件136人。建立全市首个听证员库，聘请28名听证员，举行公开听证21场。办理信访89件次。办理司法救助案件15件15人，发放救助金31.7万元。

【群体权益保护】 2022年，龙文区检察院联合区妇联设立“星星湾家风学堂”，发出督促监护令8份，针对18个家庭开展家庭教育指导20次；对未成年人犯罪案件不批捕11人，不起诉31人，附条件帮教15人。打击养老诈骗犯罪，追赃挽损442万余元。在全市率先探索支持提出劳动仲裁20件，追回赔偿金115万元。

【民生保障】 2022年，龙文区检察院针对电动车“飞线充电”造成消防隐患、共享单车乱停放等民生问题，发挥公益诉讼检察职能，发出检察建议书35份、磋商函7份，督促行政机关依法履职。针对校园安全、娱乐场所管理等问题，发出检察建议11份，推动落实整改。

【阳光检察】 2022年，龙文区检察院建立健全代表委员联络机制，办理代表意见建议60余条。做好检务公开，发布重要案件信息426件，公开案件程序性信息975条。院党组与派驻纪检监察组建立会商制度，举行会商2次。

【组织建设】 2022年，龙文区检察院以赛代训提升干警实战能力，举办首届“深圳·厦门·漳州三地优秀公诉人论辩赛”。并连续11年举办“漳州检校律论辩赛”。派出干警568人次参加创建全国文明城市工作。

（赖青汗 刘子骁 撰 郑跃丹 审）

法 院

【概况】 2022年，龙文区人民法院受理各类案件5465件，办结5361件，结案率98.1%，法官年人均办案数297.8件，全市排名第一。全院15个集体和个人获得市级以上表彰。

【刑事审判】 2022年，龙文区人民法院受理刑事案件339件，审结333件，判处罪犯406人。审结恶势力犯罪集团案件2件6人；审结故意伤害、强奸、抢劫等犯罪案件63件71人；审结“黄赌毒”犯罪案件21件；审结帮助信息网络犯罪活动、掩饰隐瞒犯罪所得等犯罪案件75件139人；审结受贿、挪用公款等职务犯罪4件；审结袭警案2件2人；依法发出区首份家庭教育督促令、人身安全保护令2份；审结1起私设生猪屠宰场进行非法经营案件，涉案金额5269万元。

【民商事审判】 2022年，龙文区人民法院审理涉教育、就业、医疗等民生领域案件2566件。推进家事审判机制改革，邀请心理学专业特邀调解员参与家事案

2022年3月3日，龙文区人民法院发出区首份“家庭教育督促令” （陈俊伟 摄）

件当事人心理疏导，发布婚姻家庭案件典型案例，审结家事纠纷案件139件，家事少年庭获评全国维护妇女儿童权益先进集体。深化劳动争议调裁审一体化机制，联合龙文区总工会、司法局、人社局、蓝田经济开发区工会建立“园区枫桥”机制，出台《龙文区“园区枫桥”机制试点实施方案》，解决劳动争议、劳务纠纷案件127件，追讨欠薪1025万元。妥善处理房屋征迁、旧城改造引发的纠纷，审结涉房产买卖、房屋租赁等纠纷227件。强化道路交通损害纠纷一体化处理机制，审结交通事故责任纠纷案件206件。传递司法温情，依法为当事人缓减免诉讼费3.6万元，发放司法救助金11万元。

【行政审判】 2022年，龙文区人民法院审结行政诉讼案件16件、审查行政非诉案件183件。贯彻“源头、庭前、诉中、判后”四段协调法，行政案件协调撤诉率41.67%，无行政机关败诉案件。强化行政首长出庭应诉工作，出庭应诉率100%。召开司法与行政良性互动联席会，发出司法建议2份。开展行政诉讼“以庭代训”庭审观摩活动。将文化遗产司法保护纳入府院良性互动内容，确立省级文物保护单位扶摇关帝庙为对口文化遗产保护服务项目。

【执行工作】 2022年，龙文区人民法院开展“两调研三行动”（千名执行干警进千企调研、深化人民法院执行权监督制约机制建设调研，春雷行动、教育整顿成果巩固提升行动、公正执行在身边行动）。受理各类执行案件2818件，执结2790 件，结案率99%，执行到位金额1.55亿元。通过网络司法拍卖平台成交标的87宗，成交金额7000万元。强化涉民生案件执行，以拒不执行判决、裁定罪追究刑事责任5件6人。推动建立信用与职业准入挂钩制度，发布失信名单554例，限制高消费1331人。

【营商环境优化】 2022年，龙文区人民法院印发《企业经营管理常见法律风险提示书》，审结涉企案件1345件，解决争议标的14.7亿元。打造重点项目全链条司法服务机制，挂牌成立“重点项目建设司法行政调处中心”。加大涉农金融服务保障力度，参与设立“市区金融纠纷多元化解中心”“涉农金融审判与服务中心”等金融领域多元解纷网点。出台《关于建立法院与税务机关执法协作机制工作方案》，解决制约破产、执行转破产、执行财产变现工作中的涉税问题。

【基层治理】 2022年，龙文区人民法院打造一体化多元解纷平台，依托诉讼服务中心总枢纽，以多元调处中心、诉前调解中心为主阵地，创新打造“法院+仲裁”新解纷模式，市仲裁委员会委派3名仲裁员常驻，诉前解纷584件，涉案金额3000余万元，节约诉讼费用30余万元。全区万人成讼率比上年下降18.04%，一审诉源新收案件比上年下降17.87%，降幅全市排名第一、全省排名第四。化解信访矛盾，办结信访案件13件，化解率100%。

【司法公开】 2022年，龙文区人民法院开展走访座谈，听取人大代表、政协委员意见建议，接受社会各界监督。实行庭审直播常态化、不直播为例外模式，累计直播庭审696场，上网公开裁判文书2550份，依托12368短信平台向当事人推送审判流程信息15360条。选任人民陪审员18人，人民陪审员参与陪审案件477件，陪审率79.24%。举办“公众开放日”“代表委员进法院”等活动12场，开展送法进社区、进企业、进商圈等活动30余场，组织拍摄家事少年审判特色品牌宣传片。

【在线办案】 2022年，龙文区人民法院加快“云办案”技术升级，构建“跨网系、跨部门、跨地域”审判执行模式，在线立案227件，在线开庭、调解702件次。落实“六稳”“六保”政策，通过对企业采用“滚动解封”“活封”等执行手段，保障125台被查封设备照常运转，帮助32家企业加速资金盘活并走出困境。

（戴玲玲 撰　沈炎坤 审）

2022年5月13日，龙文区人民法院重点项目建设司法行政调处中心揭牌成立

（陈俊伟 摄）

2022年9月16日，龙文交警大队在辖区交通文明劝导点推行“以教代罚”文明新举措

（郑宝美 摄）

2022年9月22日，龙文交警大队开展“喜迎二十大 忠诚保平安”岗位练兵比武活动

（吴培煌 摄）

交通警察

【交通事故处理】 2022年，全区共接处交通警情12506起；其中，一般程序处理42起、简易程序处理3037起。

【交通秩序整治】 2022年，龙文交警大队共出动警（含辅警）力7.3万余人次、警车1.46万余辆次，查处交通违法行为171577起，其中，酒驾655起、醉驾71起、超员1032起、超速1603起、货车超载976起、摩托车未戴头盔8098起、涉牌1884起、涉证1621起、乘车人未系安全带10014起、不按道行驶1950起、闯红灯1027起、逆向行驶2752起、不礼让5688起、电动车违法行为58477起、机动车违停75729起。

【交通设施管理】 2022年，龙文交警大队排查整改辖区交通设施安全隐患337起，处理修复因交通事故引起的交通安全设施损坏157起，修复数字城管交通安全设施问题465处，回复政务网民意见227件，参加新建、改建、扩建道路交通安全设施与道路建设主体工程等勘查、联审会58次。

【交通监控指挥平台】 2022年，龙文交警大队交通监控指挥平台非现场纠违27832起，接处群众求助电话35102起，处理堵情136起，完成路面稽查布控实时预警签收15962起，与勤务中队配合协作成功拦截处罚1940起。

【交通事故预防宣传】 2022年，龙文交警大队开展“七进”交通安全宣传活动225场次，发放各类宣传材料11万份；通过短信平台发布辖区路况、恶劣天气等交通安全提示短信29万余条，“龙文交警”微信公众号、“龙文交警大队”官方微博发送提示970余条，媒体发布新闻257篇（中央级媒体3篇、省级媒体9篇、市级媒体129篇）。

（王志慧 撰　林妙玲 审）

2022年12月9日，龙文交警大队民警在市二实小浦东校区路口执勤（郑宝美 摄）

2022年10月14日，龙文交警大队民警到郭坑镇口社村，为村民介绍农村道路交通安全积分制管理细则（郑宝美 摄）

司法行政

【矛盾纠纷排查调处】 2022年，龙文区司法局培育个人品牌调解室12个，创建市级金牌调解室1个、区级金牌调解室2个，配备村居专职调解员13人，组织颁发三、四级人民调解员证书。全年受理调解案件2478件，化解成功2475件，化解成功率99.9%；通过平台受理“110”警务警情纠纷1322件，调解成功1258件，分流64件。

【公共法律服务】 2022年，龙文区司法局开展异地援助协作，通过15个群团法律援助工作站、75个法律服务点、“12348”法律服务热线和网格化服务管理信息平台提供公共法律服务。全年共办理各类法律援助案件585件（其中指派律师参与认罪认罚452人次）、接受各类法律咨询933人次，为受援人挽回经济损失17.93万元。

打造新时代漳州“148”品牌三年行动，推进“司法+”和谐园区法律服务机制建设。弘立信公证处共办理各类公证合计1445件，其中，民事公证1402件，经济公证10件，涉外、涉港澳台公证33件；提供上门服务公证520件。发动辖区6个律所39名律师对接全区79村（居），签订2022年《一村一法律顾问服务合同》。辖区律所为企业免费法治体检近200次。发动司法所、律所、公证等部门单位到12个村（居）和企业开展法律咨询暨普法宣传，建成下洲革命老区村红色法治文化宣传阵地。联合辖区律所建立“龙文区涉台法律服务中心”，制定涉台普法工作室制度，开展涉台普法活动。

2022年龙文区国内公证文书分理情况表

表4　　单位：件

项　目	2022年
经济公证事项	10
购销合同	
联营合同	
拍卖	
贷款合同	
担保书	
招标投标	
科技协作	
供用电合同	
劳务合同	
建筑工程承包	
工商服务业承包	
农林牧副渔业承包	
乡镇企业承包	
财产租赁	
企业租赁	
资产经营责任制	
还款协议	
土地使用权出让转让	
其他经济合同	
法人资格	6
法人委托书	
公司章程	
执行许可证明	
提存	2
抵押登记	
公司会议记录	
其他	2

续表 4

项　目	2022 年
民事公证事项	1402
收养	
解除收养	
继承权	35
遗嘱	
产权	
亲属关系	
死亡	
房屋买卖	65
房屋租赁	
留学协议	
遗赠扶养协议	
委托书	1137
赠予书	24
声明书	91
现场监督	2
签名印鉴属实	18
文本相符	2
宅基地使用权	
证据保全	21
拆迁协议	2
计划生育	
赡养协议	
合伙协议	
夫妻财产协议	
其他民事协议	
学历	
其他	5

2022年龙文区律师、公证、调解工作基本情况表

表5

项　目	2022年
律师工作	
律师事务所（个）	16
取得律师资格（人）	133
专职律师（人）	126
兼职律师（人）	4
聘请常年法律顾问单位（个）	29
律师业务情况	
刑事诉讼辩护及代理（件）	352
民事诉讼代理（件）	3139
经济诉讼代理（件）	208
行政诉讼代理（件）	182
非诉讼法律事务（件）	276
涉外及港澳台（件）	4
解答法律咨询（件）	1138
代写法律事务文书（件）	306
公证工作	
公证处（个）	1
公证人员（人）	7
公证员（人）	4
办理公证书（件）	1445
国内经济合同公证（件）	10
国内民事公证（件）	1402
涉外及港澳台（件）	33
调解工作	
人民调解委员会（个）	92
调解人员（人）	212
调解纠纷（件）	101
专职司法助理员（人）	9

说明：调解纠纷数不含口头达成协议

2022 年 11 月 22 日，龙文区司法局法律援助窗口工作人员为咨询人提供关于继承方面的法律咨询服务

【社区矫正】 2022 年，龙文区司法局印发《关于在全区各乡镇（街道）设立社区矫正委员会的通知》，推动各镇（街道）成立社区矫正委员会，完善党委政府统一领导、司法机关具体实施等工作机制。加强全区 247 名社区矫正对象的日常动态监管，完成审前社会调查 42 件、训诫 39 人、警告 7 人。开展安全隐患大排查，建立三大清单（排查清单、工作清单、责任清单），落实逐一对号、逐项排查，确保辖区社区矫正对象监管到位。组织开展“送温暖”和技能培训，对情绪较不稳定的 53 名重点社区矫正对象进行心理辅导，对暂予监外执行对象进行病情复查。

【安置帮教】 2022 年，龙文区司法局新建 2 个安置基地，落实刑满释放人员“必接必送”措施。与龙文公安分局联合出台全市首创《关于开展刑满释放人员安置帮教工作“强弱项、建机制”专项活动的通知》。联合派出所开展信息核查并将 2 名重点刑满释放对象纳入“双列管”。对 8 名涉黑涉恶涉毒等重点安置帮教对象开展排查走访；对符合条件的 2 名精神障碍帮教对象由区财政专项经费负担所在福康医院的治疗费用；对存有心理障碍的帮教对象进行心理干预和疏导，2 月 16 日，邀请心理咨询师到区社区矫正中心为社区矫正对象开展一对一心理辅导。

【法治宣传】 2022 年，龙文区司法局印发《龙文区 2022 年民法典宣传方案》，利用摆摊设点、走街入户、新媒体，巧借“三下乡”平台和培训平台、“法律六进”等手段，联合区委政法委、保密办等普法相关单位，在全区各镇（街道）、社区（村）、学校开展“国家安全教育日”“美好生活·民法典相伴”“凝聚志愿力量·谱写分类时尚”“弘扬雷锋精神”“平安三率”等普法宣传活动。全年共开展普法活动 48 场，发放《中华人民共和国宪法》《中

2022 年 7 月 18 日，龙文区司法局召开安置帮教经验交流现场会

华人民共和国民法典》《中华人民共和国法律援助法》等宣传材料6000余份，接受法律咨询800余次。截至年底，龙文区“蒲公英”普法志愿者队伍人数达65人，新增培育“法律明白人”158人（全区共395人），开展“蒲公英”志愿服务活动20场。

【烟花爆竹禁放】 2022年，龙文区司法局印发《关于做好2022年春节期间禁放烟花爆竹工作的通知》《漳州市龙文区人民政府关于调整扩大禁止燃放烟花爆竹区域的通告》，开展巡逻检查和督查，累计印发禁放烟花爆竹宣传材料12600余份，张贴禁放宣传海报1100余张，利用LED屏幕滚动播放禁放宣传标语600余条，悬挂禁放宣传标语370余条。

（杨凤琪 撰　吴聪文 审）

军事

人民武装

【概况】 2022年，龙文区人民武装（以下简称区人武部）人武部制订和落实理论学习计划，定期组织干部职工开展学习交流、应知应会理论测试。围绕党和国家在“经济建设”上取得的重大成就，开展“官兵都来讲成就”活动，2—4月，开展“净化网络空间，严守保密纪律”教育动员活动。5月27日，参加国防部“四严四整”教育整训；6月8日，部党委结合实际进行专题研究部署。6—12月，开展部领导“人人讲一课”，文职人员“人人谈一次”活动。

【征兵工作】 2022年，区人武部完成男兵征集任务，大学毕业生征集比例达到67%，全年无退兵、无违反廉洁征兵问题。碧湖街道被评为全市“征兵工作先进单位”，区人武部军事科科长、郭坑镇武装部部长和碧湖街道后坂社区民兵连连长被评为全市“征兵工作先进个人”。

【国防教育】 2022年，区人武部开展国防教育进理工学院等系列活动；与地方相关单位协调，利用LED、大屏幕等宣传媒介，开展国防教育宣传；组织镇（街道）专武干部进家门，开展征兵宣传和国防教育。第22个全民国防教育日，开展国防教育进龙文第三中学、龙师附小龙文分校活动，联合区退役军人事务局开展为立功受奖现役军人家庭上门送喜报活动。

【战备工作】 2022年，区人武部投入5万元改造值班室、完善机关战备库室，落实“三分四定”，修订完善战备方案，并参加上级检验性评估；落实民兵应急排值班备勤。

【基层武装机构规范化建设】 2022年3月，区人武部按照省军区和漳州军分区部署要求，联合区政府下发评星挂牌方案，推进基层武装机构规范化建设落地落实。4月，指导朝阳街道武装部和书厅村民兵连部展开挂牌规范化建设试点，结合区专武干部和民兵连长集训，组织示范观摩。5月，在漳州军分区指导下，开展评星挂牌活动量化评分。12月，组织协调召开2022年度区委常委专题议军会，解决专武干部配备、评星挂牌经费等问题。

【双拥工作】 “八一”、春节期间，区人武部开展双拥座谈会、军地联谊文艺会、慰问驻军及现役军人家庭、优抚优待对象等活动，区财政投入120万元用于全区民兵整组、训练和征兵工作。按时足额发放优抚对象抚恤补助金，发放重点优抚对象解“三难”补助金、困难退役军人帮扶援助一次性临时救助金，核发重点优抚对象医疗补助金，并组织全区重点优抚对象健康体检。组织干部职工、专武干部、民兵参与经济建设，投身社会公益、文明创建等工作。落实军人优抚政策，协调解决现役军人子女上学和军队干部家属安置工作。做好安置退役军人工作，接收年度自主就业退役士兵，并发放一次性地方经济补助金。

【国防动员潜力数据核查】2022年4月，区人武部参加漳州军分区国防动员潜力调查任务部署会，结合民兵整组任务召开任务部署会并下发任务通知，采取分散查与集中审相结合的方式，与区国动委各办和区直有关单位共32个单位进行数据收集与更新，根据漳州军分区要求展开每季度重点潜力数据核查，修订完善一般潜力数据和重点潜力数据。

【民兵整组与集训】 2022年，区人武部完成基干民兵队伍和普通民兵的整组工作。采取“集中辅导、个人自训、以考促训”相结合的方法，组织部本级机关训练，以年度民兵训练任务为依据，采取“集中轮训、以勤代训、岗位自训”等方法，组织应急连集中轮训备勤、民兵支援队伍共同基础训练基地集训和民兵卫生分队岗位自训，并协调预备役保障一旅落实民兵交通分队对口保障训练，组织专武干部及民兵连长和民兵“四会”教练员集训。5月，指派3名民兵教练员参加漳州军分区民兵“四会”教练员比武考核，全部被军分区评为优秀“四会”教练员。

（林国珍 刘森明 林晓榕 陈宏 撰 彭军 审）

人民防空

【概况】 2022年，龙文区人民防空办公室（以下简称区人防办）持续完善防空警报系统，提高辖区防空警报音响覆盖率；组织人防应急疏散演练，组建应急抢修队伍，提高应急响应能力；开展人防宣传教育，增强全民人防意识。

【人防审批】 2022年，龙文区住建局办理城市新建民用建筑易地修建防空地下室审批9宗、城市新建民用建筑修建防空地下室审批8宗、人防工程竣工验收备案4宗。

（曾原飞 撰 吴可芸 审）

退役军人事务

【双拥共建】 2022年春节期间，龙文区退役军人事务局（以下简称区退役军人事务局）走访慰问辖区驻军部队，慰问物资价值22.96万元；走访慰问优抚对象、现役军人军属和立功受奖现役军人家属450人，发放慰问金22.58万元、新春对联1500副、光荣年画1300张。配合市双拥办做好漳州市全国双拥模范城中期评估和新一届省级双拥模范城创建工作，并拍摄一部双拥共建专题宣传片，对照考评标准整理2018—2021年80项相关双拥共建资料，在人民广场租用1个固定广告牌，在碧湖生态公园、九龙江大桥喷绘2条固定双拥共建标语。探索常态化军地沟通联系机制，区人武部派驻1名副部长兼任区退役军人事务局副局长，漳州武警支队一大队机动中队与龙文第一中学进行军民双拥共建。

【退役军人就业创业】 2022年，区退役军人事务局及时掌握退役军人就业需求，与人社部门联动协作，为退役军人提供就业推荐、就业信息发布，通过三级退役军人服务中心（站）、微信联络群发布招聘信息、组织退役军人参加招聘会。联合芗城区、台商投资区举办退役士兵适应性培训班和职业技能培训班，并组织前往红色教育基地平和县红军寮实训学习，到龙文区市级退役军人就业创业基地和退役军人自主创业代表企业实地参观。举办2场退役军人和随军家属就业专场招聘会，14家辖区大型企业参加招聘活动，提供物业、安保、军训拓展、科技、饲料等行业80余个岗位，56人达成就业意向。政策宣传全覆盖，借助微信联络群、LED屏、宣传栏等手段，结合日常走访慰问上门宣传就业创业政策，退役军人服务中心（站）提供就业创业政策咨询服务。鼓励创业带动就业，协调落实退役军人就业创业财政补贴、税收减免、金融服务等政策措施。

【移交安置】 2022年，区退役军人事务局接收2021年度自主就业退役士兵，发放自主就业退役士兵一次性地方经济补助金；安置2022年度转业士官，并发放转业士官待安排工作期间生活补助费；发放9月入伍大学生一次性奖励金和年度入伍大学毕业生视力矫正手术费用补助金；审核确认2023年新增60周岁农村籍退役士兵；联合龙文区委组织部、龙文区人武部、龙文公安分局等部门设立“士兵退役一件事”综合窗口，接收2022年度自主就业退役士兵，实现退役报到、恢复户口登记、社保医保接续、组织关系接转、预备役登记、教育培训申请等10个事项联办快办。

【优抚褒扬】 2022年，区退役军人事务局开展“2022·清明祭英烈”纪念活动，发挥郭坑烈士陵园红色教育基地作用，郭坑镇、蓝星学校等10余个单位到烈士陵园开展学习教育1000余人次；投资15万元，完成郭坑烈士陵园修缮改造，主要修整墓区部分水泥地面、平整停车场地面、建设12名烈士事迹陈列宣传栏、补种绿化树、设立陵园标示牌及修建园区大门等。成立退役军人和其他优抚对象优待证工作专班，多次开展业务培训，通过自媒体、微信公众号、微信群等平台宣传优待政策；举行首批退役军人优待证发放仪式并通过电话预约、分批分类、家人代办、上门服务等多种方式推进优待证申领工作，与福建吉马经贸有限公司、福建傲雄体育文化传播有限公司、霞贯双溪休闲农庄、山海味酒楼、壹品健身、龙文区誉德口腔健康管理有限公司6家企业（商家）签署退役军人及其他优抚对象优待证政企优待服务合作协议书，为退役军人和其他优抚对象提供超市、拓展、门票、餐饮、健康等方面的优惠。截至2022年年底，全区退役军人和其他优抚对象优待证申领办理占比92.5%。常态化做好光荣牌悬挂工作，依托优抚管理系统建立台账，实施动态管理，悬挂光荣牌4438个。建立给立功受奖现役军人家庭送喜报常态化工作机制，联合区人武部为荣立三等功和被评为优秀士官的现役军人家庭及时送达喜报。

【权益维护】 2022年，区退役军人事务局落实抚恤政策，按时足额发放优抚对象抚恤补助金和重点优抚对象解“三难”补助金、困难退役军人帮扶援助一次性临时救助金；加强医疗保障，核发重点优抚对象平时住院（门诊）医疗补助金，组织全区92名重点优抚对象进行健康体检；落实“我为老兵办实事”项目6个。

（区退役军人事务局供稿）

经济管理和监督

宏观经济管理

【国民经济和社会发展年度计划】 2022年，龙文区发改局编制完成《关于漳州市龙文区2022年国民经济和社会发展计划执行情况及2023年国民经济和社会发展计划草案的报告》，提交龙文区第六届人民代表大会第二次会议审议通过并组织实施。报告建议2023年龙文区经济与社会发展的主要预期目标如下：地区生产总值增长7%左右；固定资产投资增长7.5%；规模工业总产值增长10%；一般公共预算总收入增长5%；一般公共预算收入增长3%；实际利用外资（验资口径）增长5%；进出口总值增长6.5%；社会消费品零售总额增长9%；城镇居民人均可支配收入增长8%；农村居民人均可支配收入增长8%；城镇新增就业人数7500人；人口自然增长率2.1‰左右；完成市下达的安全生产和节能减排目标，亿元生产总值安全事故死亡人数、万元GDP能耗、二氧化硫排放量、化学需氧量、氨氮排放量、氮氧化物排放量均控制在市政府下达目标内。

【项目建设】 2022年，龙文区列入省级在建重点项目4个，年度计划投资11.78亿元，全年累计完成投资14.73亿元，占年度计划投资的125%，超序时进度25%。列入市级重点项目55个，其中在建重点项目51个，计划开工24个，实际开工24个，年度计划投资155.4亿元，全年累计完成投资173.35亿元，占年度计划投资111.54%，超序时进度11.54%。全年举行集体开竣工仪式4次，开竣工项目170个，总投资600亿元。其中，开工项目95个，总投资212亿元；竣工项目75个，总投资388亿元。参与市集中开工项目19个，总投资131.6亿元；参与市集中竣工项目20个，总投资119.9亿元。纳入省集中开工项目1个（景田包装饮用水生产基地项目），总投资5.9亿元。

【“产业发展项目建设攻坚年”竞赛活动】 2022年，龙文区在全市“七比一看”竞赛中综合得分1584.16分，全市排名第四。其中，“七比”总分776.92分，全市排名第二；“一看”总分807.24分，全市排名第六。“七比”指标中，比征地拆迁与耕地保护全市排名第一、比项目招商全市排名第三、比工业攻坚全市排名第三、比项目攻坚全市排名第七、比争取资金全市排名第一、比乡村振兴与生态建设全市排名第十、比新增“四上”企业全市排名第四，有“四个比”全市排名前三；“看高质量发展成效”主要经济指标中，第三产业增加值、实际利用外资、农村居民人均可支配收入3个指标全市排名前三；“看产业发展”全市排名第三。

【资金支持】 2022年，全区共向上争取资金17.95亿元。其中，13个项目获得地方政府专项债资金14.05亿元；居民燃气设施安全改造项目获得中央预算内资金补助491万元；2022年漳州蓝田经济开发区智慧科技园基础设施获得政策性开发性金融工具（基金）3.8亿元；区服务业企业获得2021年度“服务业若干措施”奖补资金（第一批、第三批）两批共112.92万元、2022年度省级服务业发展引导资金60.9万元；区2022年一季度市级以上重点项目（项目投资不低于5000万元、工业投资不低于5000万元、技改投资不低于3000万元）获得促项目扩投资奖励341.77万元。

【营商环境优化】 2022年，龙文区发改局印发《龙文区开展比改革亮点促营商环境全面提升行动方案》《龙文区2022年优化营商环境宣传工作实施方案》等方案，进一步优化各类项目审批流程，改善政务营商环境。截至年底，行政许可“一趟不用跑”事项928项，占比96.87%，“最多跑一趟”事项958项，占比100%，“全流程网办”事项865项，占比90.29%，即办事项684项，占比71.4%，行政审批事项平均办理环节2.27个，平均跑动次数0.03趟，平均压缩审批时间89.6%。牵头进驻窗口探索“一件事”集成套餐服务改革，共推出高频事项变更联办、“新生儿出生申报”“士兵退役”“购房落户多合一”等34项“一件事”套餐服务，整合174项服务事项，办理时限平均压缩62.9%，申办材料平均精简31.4%，全年全区各类“一件事”套餐服务事项办理726件。全省首推“购房落户多合一”一件事套餐服务，全市率先实现新生儿出生“六合一”一件事全流程落地。龙文区年度营商环境绩效考核全市排名第一。

【诚信建设】 2022年，龙文区发改局做好“双公示”数据归集、信用制度和基础建设、信用信息归集等各项信用工作落实，截至年底，上报信用信息归集数据1109条，其中信用承诺书1022份，诚信宣传活动87场。做好“信易贷”平台推广，召开创建国家第四批社会信用体系建设示范区工作推进会，加快推进漳州综合金融服务平台的注册、实名认证和授权查询推广工作，截至年底，平台实名注册企业8570家，完成市下达任务。

【数字经济】 截至年底，跨境电商产业园区入驻企业107家（其中虚拟注册企业73家、实际入驻34家），总产值达11.6亿元。全年共征集数字经济重点项目5个［入选第五届数字峰会项目4个、与国企签约项目1个（5G漳州总部大楼）］，新一代信息基础设施项目1个（龙文区综合能源服务基础设施项目）。全区软件和信息服务业规上企业4家（信产智能、佰优诺智能、福建通视、易尔通网络）。

【“互联网＋监管”】 2022年，龙文区发改局督促和指导各单位做好“互联网＋监管”系统数据填报，分析和解答各单位反馈的问题、难题。定期统计通报各单位填报进度。全区共认领子项2556项，梳理检查实施清单838项，录入检查、处罚、强制等行为11205件，检查执法人员924人。截至年底，区发改局窗口共办理投资项目审批162件，其中企业备案128件，审批核准1件，政府投资33件。

【农村公共基础设施管护体制改革】 2022年，龙文区被列为全省农村公共基础设施管护工作重点推进县，建立联席会议制度，制定全区农村公共基础设施管护清单，并形成郭坑镇水利设施管护等典型案例。完善充实省农村公共基础设施管护平台，全区录入各项设施数据152条，管护率100%。12月9日，龙文区在全省农村公共基础设施管护推进会上作典型发言。

【物价监管】 2022年，龙文区发改局采集、发布价格监测信息162期，其中应急监测104期。全区市场销售的粮、油、肉、蛋、蔬菜、水果等居民主副食品与基础药品种类齐全、供应充足、价格总体保持稳定。全年共接办相关部门价格认定案件152件，其中线上办理40件，涉及标的523项，标的主要涉及电动车、手机、黄金饰品、酒类等，涉案金额460.03万元。发放临时价格补贴70.56万元，惠及城乡低保对象、特困人员和享受国家定期补助的优抚对象（含“革命五老”人员）、领取失业保险人员等困难群众22943人次。编制公布区属管理行政事业性收费单位和项目名单及区属管理涉企行政事业性收费单位和项目名单，并落实动态管理。截至年底，区属管理行政事业性收费单位14家，涉企收费项目6项。

（区发改局供稿）

国有资产监督管理

【概况】 2022年，区属重点国有企业2家，分别是漳州市龙文发展集团有限公司（以下简称龙文发展集团）、漳州蓝田开发有限公司。其中龙文发展集团全资或控股公司18家（不含漳州蓝田开发有限公司）、参股公司7家，行业涵盖市政工程建设、房地产、运输、物业服务、财务管理、旅游开发、商贸、电商等行业；漳州蓝田开发有限公司代管公司（含代管公司控股、参股企业）4家、全资或控股公司4家、参股公司3家，行业涵盖物业服务、市政工程建设、电商等领域。区直部门所属企业2家，分别是咏泉殡仪服务部、漳州龙文区产业投资有限公司，其中漳州龙文区产业投资有限公司全资子公司1家。镇（街道）所属企业5家，其中郭坑镇2家，朝阳街道3家。

【企业国有资产监管】 2022年，龙文区财政局根据《关于调整龙文区国有企业负责人薪酬考核有关事项的会议纪要》和相关文件规定，会同各成员单位和业主单位开展2021年度龙文发展负责人薪酬考核工作。落实国有资本经营预算审计问题整改工作，将镇（街道）所属国企纳入2023年国有资本经营预算范围。落实国有资产管理情况报告制度，起草2021年度企业国有资产管理情况的专项报告和2021年度龙文区国有资产管理情况综合报告，实行每年一报告。

【社会责任履行】 2022年，龙文区财政局落实国有房屋房租减免工作。制定出台《关于国有房屋减免租金的通知》，全年为承租区、镇（街道）、开发区、区直单位及国有企业所属国有房屋的小微企业、个体工商户和个人减免租金122.23万元。做好国企退休人员社会化管理常态化移交工作，全年各镇（街道）接收国企退休人员10人。截至年底，辖区国企退休人员1088人。

【国有企业改革】 2022年，龙文区财政局通过优化龙文发展集团资产结构、与评级中介机构沟通、开会研究信用评级难点问题等方式，助推龙文发展集团成为区首家获得AA主体信用评级的国有企业。支持龙文发展集团参与城市土地资源开发，以2.1亿元竞得华美达广场。推动区粮食购销公司成建制划转至龙文发展集团，成为龙文发展集团全资子公司。同意龙文发展集团100%持股漳州蓝田开发有限公司，推动漳州蓝田经济开发区智慧科技园基础设施项目落地建设，漳州蓝田开发有限公司原有工作体制管理机制不变，公司管理权限仍归属蓝田经济开发区管理会。

（陈志福 撰　何聪佩 审）

龙文发展集团

【概况】 截至2022年底，龙文发展集团资产总额113亿元，年营业收入9.4亿元；共有子公司14家，员工404人。是年，龙文发展集团获得东方金诚国际信用评估有限公司AA主体信用评级；多个项目获得漳州市“水仙杯”优质工程奖。

【项目建设】 2022年，龙文发展集团共承接74个项目，新开工26个，续建12个，竣工16个，完成年度投资任务12.09亿元。其中，建成安置房61863.98平方米；完成市政道路5条；移交使用漳州市实验小学龙文校区，可容纳2160个学生；教育PPP项目通源学校、龙溪学校完成封顶，进入装修阶段。9月24日，龙文发展集团以2.1亿元竞得漳州华美达广场。

【乡村振兴】 2022年，龙文发展集团郭坑乡村专班完成“一村一品”特色村综合项目、郭坑口社农旅一期等5个项目的建设任务，总投资1.8亿元。

【新业态打造】 2022年，龙文发展集团从代建转向自有项目开发，盛泰公司以5.42亿元竞得2021 P12地块，通过旭辉集团专业的运营团队，于9月20日正式开工建设。

【物业管理】 2022年，城建物业进驻管理无物业老旧小区12个，探索物业创新服务。推动郭坑农贸市场、浦东副食品批发市场及各管理小区的创建全国文明城市工作落到实处。

【人力资源业务】 2022年，人力资源公司完善食品安全监管制度，落实企业主体责任，加强中央厨房的日常监管，营养午餐配餐和课后延时服务工作覆盖辖区22所中小学校，服务学生1.7万人。拓展业务版图，与15家用工单位签订劳务派遣协议，与400名员工建立劳动关系，落实岗前培训制度；发展招聘业务，与中国海峡人才市场漳州工作部建立战略合作关系。

【实体贸易】 2022年，龙文发展集团与城投商贸公司、路桥物资公司、圆新商贸公司等国企合作，搭建建材物资供应链。全年共签订合同约5亿元，实现收入3.5亿元。

（黄琳珊 撰 蔡思明 审）

漳州蓝田开发有限公司

【概况】 截至2022年底，漳州蓝田开发有限公司及子公司资产总额126967.36万元，年营业收入526.70万元，上缴税收148.48万元。

【股权关系理顺】 2022年，蓝田开发公司为进一步深化国企改革，做大做强做优国有企业资产规模，积极推动理顺公司股权关系。11月，办理完成收回九龙江集团和市国投的股权，蓝田开发公司股权全部由龙文发展集团持有。

【项目建设】 2022年，蓝田开发公司共实施工程项目53个，总投资48.05亿元，年度投资11.58亿元。其中，续建项目6个，总投资14.04亿元，年度计划投资7.58亿元；新开工工程项目19个，总投资7.77亿元，年度计划投资4亿元；前期工程项目28个，总投资26.23亿元。

【协合置业股权收购】 蓝田开发公司于2021年与漳州协丰公司合作成立漳州蓝田协合置业有限公司，共同开发建设房地产项目。2022年12月，经区政府常务会研究同意，蓝田开发公司与协丰公司解除合作协议并收购吴升凯所持漳州蓝田协合置业有限公司股权。

【运营公司成立】 2022年7月12日，蓝田开发公司代管公司漳州市蓝田开发区公共事业管理中心与蓝田经济开发区内的30家优质规模以上工业制造业企业代表合资成立漳州市众邦商业服务有限公司，管理中心占股40%。公司按照“政府引导、龙头引领、市场运作”的联合机制开展品质龙文项目、龙文区零工服务中心项目运营及开发区内企业闲置厂房招租等多项业务。截至年底，零工服务中心的线上登记用工数1368人，登记企业328家，成功推荐516名灵活就业人员和外来务工人员实现就业，同时收集闲置厂房信息近 60000 平方米，并协助开发区对接企业招租。

【科技产业园招商】　科技产业园项目由蓝田开发公司负责建设和运营，采用租售并举、企业“拎包入住”的模式，构建创新创业生态圈，为现代化新兴产业提供高品质的承载空间和资源共享平台。截至 2022 年年底，科技产业园项目招引奥特路、鑫德隆建材、利好工贸、耀鑫工贸、志远机电、康德诺、富广包装、鑫佰智能、海诺斯机械、誉诚物联网等 15 家意向入驻企业商谈入驻事宜。

（漳州蓝田开发有限公司供稿）

统计工作

【统计服务】　2022 年，龙文区统计局实行经济运行月度分析、季度研判、滚动预测的监测机制，每月、每季开展监测预警，实时开展调度。及时对接市级部门，掌握考核信息和排名情况。编印《每月经济报告》小册和短信，每月定时向区级领导和主管部门发送主要经济指标数据；按时发布《统计公报》并编撰《统计年鉴》。全年全区实现地区生产总值 439.15 亿元，农林牧渔业总产值 9.27 亿元，规模工业总产值 410.63 亿元，固定资产投资 261.02 亿元，社会消费品零售总额 252.5 亿元。

【基本单位名录库建设】　2022 年，龙文区统计局将“四上”企业培植工作纳入全区经济社会发展综合考核体系，跟踪督促各镇（街道）、开发区推进“四上”企业培植工作。加强与镇（街道）和企业的联系，深入企业了解生产经营基本情况。对照“四上”企业认定申报工作流程，严把申报质量关。加强与龙文区商务局、工信局等单位协调配合。帮助企业统计人员规范各项申报资料，确保企业申报一次成功。全年全区新增“四上”企业 74 家，其中工业 3 家、贸易业 45 家、服务业 4 家、建筑业 17 家、房地产开发经营业 5 家。

【住户调查大样本轮换】　2022 年，龙文区统计局开展住户调查大样本轮换工作，完成抽选并确定样本调查小区及画图工作，落实调查小区与入户摸底调查工作，调查样本户的开户调查工作、试记账工作。经过轮换，辖区居民收支调查样本有 15 个调查点（城镇调查点 10 个、农村调查点 5 个），共 150 户；其中国家点样本有 6 个调查点，共 60 户，地方点样本有 9 个调查点，共 90 户。召开多次培训会议，指导各调查点开展各阶段工作。调查结果显示：全年全区全体居民人均可支配收入实现 50823 元，比上年增长 7.5%，其中城镇居民人均可支配收入实现 53051 元，比上年增长 6.5%，农村居民人均可支配收入实现 27732 元，比上年增长 9.9%；全体居民人均生活消费支出实现 35974 元，比上年增长 6.8%，其中城镇居民人均生活消费支出实现 36868 元，比上年增长 6.1%，农村居民人均生活消费支出实现 23125 元，比上年增长 8.5%。

【人口变动调查】　2022 年，龙文区统计局贯彻落实人口变动调查制度，通过动员会、培训会、组建业务群等方式压实工作责任。截至年底，辖区常住人口 30.67 万人，出生率 4.04‰，死亡率 3.4‰，自然增长率 0.64‰，城镇化率 91.85%。

【统计规范化建设】　2022 年，龙文区统计局以统一培训、“点对点”指导等形式组织各镇（街道）、企业开展多轮统计业务培训。7 月 14 日、7 月 27 日，分别召开规模工业企业、规模服务业企业、资质内建筑业企业统计基础规范化培训会。7 月 16 日起，分两组对全区 184 家规模工业企业开展为期 15 天的重点调研，“一对一”指导企业填报统计基础台账、原始记录等统计资料。

（温薇 撰　何继嵘 审）

审计工作

【概况】 2022年，龙文区审计局完成审计项目19个，其中，审计14个，专项审计调查5个；出具审计报告和专项审计调查报告30篇。查出主要问题金额34249万元，其中，违规金额155万元、管理不规范金额34093万元；发现非金额计量问题163个；损益（收支）不实金额9万元。审计处理处罚金额4314万元，其中，应上缴财政114万元、应归还原渠道资金98万元、应调账处理金额4101万元。移送司法机关、纪检监察机关和有关部门处理事项5件，移送处理人员2人，移送处理金额345万元。审计促进整改落实有关问题资金7万元、拨付资金到位30万元；审计后挽回（避免）损失196万元；移送处理落实事项3件。审计提出建议61条，被采纳61条；促进被审计单位建立健全规章制度3项。向社会公告审计结果1篇。

【政策落实情况跟踪审计】 2022年，龙文区审计局围绕项目建设要素保障、“免申即享”政策落实、新冠肺炎疫情防控、农村人居环境整治等开展审计监督。发现配合协作机制保障不完善、资金需求保障不足等问题31个。

【财政审计】 2022年，龙文区审计局聚焦财政财务收支真实合法效益，系统反映区级“四本预算”和部门预算执行审计情况，围绕强化预算约束和绩效管理、盘活和加强国有资产管理、规范财政资金使用、部门单位履职等关键环节开展审计监督。发现预算绩效管理不规范、国有资产管理不到位等问题23个，挽回经济损失9668.84万元。

【国有企业审计】 2022年，龙文区审计局聚焦防范化解重大风险，围绕区粮库执行国家粮食政策情况、区属国有企业管理运营情况开展审计监督。发现区粮库存在资金管理、轮换、存储、合同履行等方面问题；区属国有企业存在津补贴发放、财政资金管理、固定资产管理、财务管理等方面问题，查处违规发放津补贴和报销费用237.56万元，挽回经济损失4228.89万元。

【经济责任审计】 2022年，龙文区审计局聚焦权力规范运行，对3个镇（街道）和4个区直单位共11位领导干部开展经济责任审计。发现主要领导干部贯彻落实中央重大经济方针政策和决策部署、推动部门事业发展及对下属单位监督管理等方面问题88个。

【基建投资审计】 2022年，龙文区审计局聚焦工程招投标廉政风险防控，维护小规模工程公平竞争的市场秩序，开展400万元以下政府投资小规模工程专项审计调查。发现保证金提交方式单一、招标未按规定编制工程量清单、未向合同相关单位扣罚变更人员违约金、施工及监理人员履职不到位、考勤管理不到位、工期延误等问题。

【审计整改】 2022年，龙文区审计局建立健全审计监督与纪检监察监督、巡视巡察监督贯通协同工作机制，开展审计整改“回头看”工作。跟踪区原主要领导离任审计发现的80个问题整改，截至年底，整改问题79个，整改率98.75%；跟踪2021年度市级预算执行审计结果报告中涉及辖区的4个问题整改，截至年底，整改问题3个。动态清零2017—2021年度审计发现的759个问题整改，截至年底，整改问题750个，整改率98.8%。强化“一清单、两台账、三张函”审计整改跟踪机制（依据审计查出问题开列一张清单，建立健全“审计查出问题”“整改落实结果”两个台账，向被审计单位或主管部门等有关单位发出“告知函”“提醒函”“催促函”），督促落实2022年度审计发现的203个问题整改。

（陈丹凤 撰　陈跃忠 审）

市场监督管理

【市场主体】 2022年，全区新登记内资企业3134户，比上年增长3.57%，注册资本（金）188.5亿元，比上年增长35.29%；其中私营企业3046户，比上年增长1.91%，注册资本（金）137.67亿元，比上年增长1.12%；个体工商户8704户，比上年增长25.51%，资金数额7.31亿元，比上年增长15.39%，农民专业合作社2户，出资总额0.06亿元。

【注册登记制度改革】 2022年，龙文区市场监管局与漳州市市场监管局共同进驻市政务服务中心，整合市区两级业务开办全流程服务窗口，实现线上线下同步办理企业开办全流程业务；扩大“异地代收”区域至全省，全年办理异地代收220件；引入商务代理代办协会，开展企业开办帮办代办服务，免费提供网上申报、填写材料、法律法规咨询等业务。

【年报公示】 2022年，辖区内资企业年报12957户，完成年报率95.94%，比上年提高0.94个百分点；个体工商户年报10056户，完成年报率29.35%；农民专业合作社年报75户，完成年报率93.75%。

【食品安全监管】 2022年，龙文区市场监管局开展创建国家食品安全示范城市工作，打造全市首个“漳显食力”网上食品名城直播培训基地、福建省中孚检测技术有限公司食品安全教育基地、万达金街“省级食品安全示范街”，试行食品安全“一证通”，创新学校食堂“互联网+明厨亮灶”监管，打击食品安全违法违规行为。全年共规范食品生产经营单位5000余家，上传食品安全溯源数据3314万条，提升改造学校食堂“互联网+明厨亮灶”109家，移送市市场监管局案件线索16起，移送龙文公安分局案件1起。开展食品安全“守底线、查隐患、保安全”专项行动，检查食品生产企业191家，经营单位200余家，发放安全生产提示提醒书191份，发现存在风险隐患问题数24条；检查餐饮企业2605家，发现存在风险隐患问题数152条。开展网络餐饮“点题整治”行动，检查网络餐饮服务第三方平台和入网餐饮服务提供者140家次，发现问题线索57条，移交案件线索4起，督促网络餐饮服务第三方平台“下线”违法违规网店4户，约谈“饿了么”“美团”漳州片区负责人2场次，签订《网络订餐第三方平台落实食品安全主体责任公开承诺书》2份、《龙文区网红店餐饮服务食品安全责任承诺书》32份。

2022年11月29日，漳州魏玉宝贸易有限公司的经营者在龙文区行政服务中心龙文市场监管窗口办理个体户直接转型升级企业的业务，为龙文区首位办理此项业务的经营者

【药品医疗器械安全监管】 2022年，龙文区市场监管局开展集中带量采购监管，化妆品“线上净网 线下清源”等专项检查，共监督检查药品经营企业263家次、一类医疗器械生产企业4家

次、医疗器械经营企业197家次、医疗机构67家次、化妆品经营使用单位45家次。加强药械不良反应/不良事件监测工作，上报药品不良反应病例报告243例（其中新的、严重的不良反应占比31.7%）、医疗器械不良事件病例报告17例、化妆品不良反应36例。

2022年11月17日，龙文区市场监管局开展“你点我检”活动，对辖区通过开展网络问卷调查得出的外卖平台点餐靠前的5家餐饮店进行食品现场抽检

【特种设备安全监察】 2022年，龙文区市场监管局检查特种设备生产使用单位181家次，下发安全监察指令书53份，督促整改问题隐患111条，督促送检和报废气瓶13432个，移交案件线索6条，处理电梯问题投诉32起。开展压力管道整治，督促27家单位完成维修改造、注册管道5613.9米，督促12家单位重新安装、注册管道4950.85米，督促16家单位改造为目录外，将99家无目录内管道单位移出整治范围。开展城镇燃气安全排查整治，对1家液化气充装站、1家燃气管道企业开展检查督促，督促6家天然气点供企业开展相关设备自查。开展特种设备超期未检专项整治，督促整改超期未检设备256台、未办理使用登记设备107台。开展起重机械隐患排查，督促全区226台起重机加装高度限位装置。开展电梯监督抽查，委托检验机构进行电梯维护保养、运行质量和使用管理监督抽查，抽查电梯100台，覆盖电梯维保单位56家、使用管理单位80家，发现问题289条，移交违法行为线索4起，约谈电梯使用单位11家、维保单位8家。全年未发生特种设备安全事故。

【市场主体监管】 2022年，龙文区市场监管局推进民生领域市场价格监管，共检查超市42家次、农贸市场92家次、药店147家次；检查停车场、转供电主体22户次，发现违规问题3条并责令整改。开展以互联网为主的广告专项整治，以汽车销售、食品保健品、医疗、房地产、金融业等行业广告为重点，排查广告120条次，监测网络经营者68户。通过“双随机、一公开”抽查个体工商户和农民专业合作社1232户，企业570户，全部完成检查并对外公示检查结果。推进涉企信用信息归集与运用工作，通过国家企业信用信息公示系统（福建）部门协同监管平台归集行政许可、行政处罚、抽查检查、联合惩戒、小微扶持等5大类信息13812条。强化无证无照排查整治工作，出动执法人员793人次，检查经营户3250户，发放无照告诫书1005份，引导办理营业执照735户。开展经营性自建房安全专项整治行动，检查市场主体总数575家，发现存在问题的市场主体数210家，其中列入地址异常194家。

【惠企政策】 2022年，龙文区市场监管局审核兑现2020年度“大抓工业，抓大工业”三年行动计划奖励232.16万元。

【知识产权和品牌建设】 2022年，龙文区市场监管局建立商标指导站，指导企业申请注册专利、商标及商标字号同步注册等，全年新核准注册商标3119件，“青蛙王子及图”商标获得驰名商标保护。全年共立案处理专利纠纷侵权案件13起，移送市局假冒专利案件3起、专利标识不规范案件9起、商标侵权案件30起、奥林匹克侵权案件2起、地理标志案件1起、特殊标志案件1起、使用注册商标不规范案件1起、使用未注册商标案件1起。

【产品质量和计量监管】 2022年，龙文区市场监管局对9类重点工业产品44家生产企业进行产品质量安全专项检查，发现问题8家10项并全部整改到位。开展“标准化+提质强企”帮扶活动，指导漳州建晟家具有限公司等2家企业各参与完成1项家具类国家标准的制修订工作，帮扶企业申报市、区政府标准化制修订奖励40万元。

【消费者权益保护】 2022年，龙文区市场监管局建成全国“12315”互联网平台消费纠纷在线解决服务企业9家。全年共受理各类投诉举报4341件；为消费者挽回经济损失387.26万元。

（林苇聪 撰　陈志坚 审）

应急管理

安全生产监督管理

【概况】 2022年，全区发生生产安全事故5起，比上年减少1起，下降16.6%，死亡2人，比上年减少2人，下降50%；受伤4人，比上年增加1人，上升33.3%。发生消防火灾142起，死亡1人，受伤1人，直接财产损失961万元；火灾起数比上年下降15%，亡人数与去年持平。发生一般道路交通事故42起，与比上年减少29起，下降40.85%；死亡18人，增加4人，比上年上升28.57%；受伤28人，比上年减少37人，下降56.92%。全年亿元GDP死亡率0.46%，未发生较大及以上安全生产事故。2022年漳州市安全生产责任制考评获得优秀等次。

【安全监管执法】 2022年，龙文区应急局开展"两节"专项执法行动、"安全生产专项整治三年行动巩固提升年'一月一主题行动'""安全生产大检查行动""安全检查百日大会战""护航二十大"、县区交叉检查执法等系列专项行动，共出动执法人员509人次、执法车辆208辆次，检查危险化学品、烟花爆竹生产经营单位和工贸行业企业283家次，立案查处35起，罚款56.6万元；发现一般事故隐患（责令限期整改类，不含当场纠正类）95条，作出现场检查记录283份，责令限期整改指令书60份，整改复查意见书60份。

【安全宣传教育培训】 2022年，龙文区应急局开展安全生产宣传教育"五进"活动；选址朝阳工业区内林古街公园作为"五个一"安全应急保障提升工程建设用地，投资110万元，建成"五个一"（1个应急避灾示范点、1个应急物资储备站、1个微型消防站、1个安全宣教体验场所、1个安全文化公园）；通过海屏开

2022年10月26日，龙文区安全文化公园在内林古街公园开园 （黄艺伟 摄）

2022年6月16日，龙文区应急局在闽南水乡开展安全生产咨询日活动（杨妍 摄）

展安全生产宣传2次；以“遵守安全生产法，当好第一责任人”为主题，开展安全生产月活动：6月16日，在闽南水乡开展安全生产咨询日活动，发放安全宣传材料2万余份、宣传小礼品2000余份。

防灾减灾救灾

【防灾减灾】 2022年，龙文区减灾办开展自然灾害综合风险普查，组织填报调查数据2087条，摸清灾害风险调查对象目录、基本情况和分布情况；完善信息员队伍信息数据库，确保形成区、镇、村三级网格；加强避灾点规范化建设和隐患大排查大整治；申请政策性农村住房保险、自然灾害公众责任险财政预算支出；2月17—23日、12月16—19日，辖区遭遇寒潮天气，通过微信、短信、传真、电子显示屏等方式对外发布预警信息，共宣传覆盖72802人次，派出工作组151人次到基层，走访慰问困难群众85户195人。

【防汛抗旱】 2022年，龙文区减灾办加强“雨、水、风”三情监测，更新修订完善防汛工作预案，备足防汛物资，完善防汛非工程体系，落实防汛演练培训。全年共启动防暴雨洪涝4级响应4次、防台风4级响应4次、防暴雨洪涝3级响应3次，全区下沉干部4320人次，发布预警短信13584条；督导各镇（街道）、各部门落实检查886次，排查出一般性隐患33处；开展防汛培训6场，参与培训263人。

【森林防灭火】 2022年，龙文区森防办共组织出动宣传车53辆次，悬挂横幅34条，竖立宣传牌35块，张贴标语13条，发放宣传单1500份，发送短信3925条；发布5号高森林火险橙色预警，发布禁火令2次；组建区级专业森林消防队伍1支25人，镇（街道）级扑火队伍3支127人，村级扑火队伍12支175人，专职护林员2名，兼职护林员8人；修订印发《漳州市龙文区森林火灾应急预案》。全年，辖区实现山火“零发生”。

【应急演练】 2022年11月30日，龙文区安委会牵头组织区委

2022年5月12日，龙文区减灾办到龙江社区开展防灾减灾知识系列宣传
（陈月青 摄）

2022 年 11 月 30 日，危险化学品槽罐车泄漏事故综合应急救援演练在联东 U 谷举行 （李光鸿 摄）

宣传部、蓝田经济开发区管委会、景山街道办事处、龙文消防救援大队、龙文公安分局、龙文交警大队、龙文生态环境局、区应急管理局、工信局、交通局、气象局、漳州市路桥翔通建材有限公司、漳州市龙文翰苑化工有限公司等单位，在联东U谷开展 2022 年危险化学品槽罐车泄漏事故综合应急救援演练。

（黄艺伟 撰　张东溪 审）

消防救援

【概况】 2022 年，龙文消防救援大队被应急管理部消防救援局记集体三等功、被福建省消防救援总队评为 2022 年度工作任务考评先进大队，一名干部被总队评为优秀党务工作者，一名干部被总队记三等功。

【消防演练】 2022 年，龙文消防救援大队党委组织召开议战议训专题会议 12 次，推进执勤岗位练兵工作。完成龙岩漳平市抗洪抢险前置执勤、重要节日消防安保、消防安全集中攻坚行动、“全闽乐购惠见龙文”安全保卫等执勤、安保任务。组织参与宝龙广场大型商业综合体实战拉动演练、海峡物流城高层建筑无预案火灾演练、龙文区反恐应急处置暨消防疏散综合演练、漳州市燃气领域灾害事故实战化演练、跨区域应对突发环境事件应急演练、危险化学品槽罐车泄漏事故综合应急救援演练等大型演练 20 余次。选送 3 人参加水域培训，2 人参加地震救援培训、6 人参加冲锋舟培训、2 人参加绳索救援初级技术师资骨干培训，并开展相关专项科目示范教学。

【消防硬件配备】 2022 年，龙文消防救援大队投入资金 820 余万元，采购各类装备器材 60 项 1800 余件、高层供水消防车和消防宣传车各 1 部。建成朝阳站水上训练中心，建筑面积 1596 平方米。

【消防执法】 2022 年，全区召开消防工作会议 4 次、消防安全整改工作会议 5 次。龙文消防救援大队检查单位 1042 家次，发现火灾隐患 592 处，督改火灾隐患 582 处，下发责令改正通知书 272 份、行政处罚决定书 62 份，临时查封 18 家，责令“三停” 19 家，罚款 95.24 万元。协调龙文

2022 年 4 月 20 日，龙文消防救援大队在宝龙广场举行第一季度大型商业综合体实战拉动演练 （王文丽 摄）

区民政局、教育局、卫健委、旅游、安监等行业部门出台本行业系统消防安全专项整治方案，对“三合一”、高层建筑、在建工地、人员密集、易燃易爆等场所开展消防联合安全检查30余次，排查“三合一”场所105家，清理住宿人员193人，落实消防技改5家；排查自建房321家、非自建房386家，督促整改隐患231处。开展消防设施专项治理，排查社区96个、小区171个、小区沿街店面1640家，督促更换灭火器1775具、增配灭火器731具、规范填写灭火器、消火栓检查卡2584张；督促更换消火栓面板918个，更换（补配）水枪、水带等配件731件；清理小区消防疏散通道241处，规范小区内电动车停放598辆次，疏导占用消防车通道小车197辆次。

【消防宣传】 2022年，龙文消防救援大队开展消防进校军训暨开学第一课、“中小学安全教育日”“防灾减灾日”“安全生产月”以及“119”消防宣传月系列活动65场次，开展“一警六员”、重点单位、物业服务、文旅行业、印刷企业及“厂中厂”企业等人群培训92场次。推动落实政府购买消防培训，服务规上企业100余家，受惠员工3万余人。发动全区安全宣传员、街道（社区）工作者等基层力量，通过消防宣传“五进”“敲门守护”等活动，推广“全民消防学习平台”，引导群众进行线上消防法律法规、消防安全知识学习。常态化开展“五进”和“全生命周期”活动，成立方言宣讲分队，到农村、社区开展关爱老、弱、病、残、孤寡等弱势群体的宣讲行动。开展消防生命通道堵塞、电动自行车违停违充等系列隐患曝光行动。结合火灾救援事故，开展电梯自救、电动车自燃、夏季驱蚊产品等6场实验。

（谢树源 撰 陈朐怀 审）

农业

综述

【农业农村经济】 2022年，全区农业农村经济稳步增长，农林牧渔总产值完成9.27亿元，比上年增长6.8%，全市排名第二；农村居民人均可支配收入完成27732元，比上年增长9.9%，全市排名第二（全年“七比一看”竞赛指标全市排名第一），粮食产量和播种面积完成率均位居全市第一，龙文区农业农村局被评为全市食品安全先进集体。

【乡村振兴】 2022年，全区完成“串点连线成片”项目20个，完成投资2797万元，占年度计划191.05%。按照“区级统一运营，村级集体受益”的办法，全区累计整合资金1636万元，完成农村建设品质提升任务指标。省级乡村治理示范镇郭坑镇“六化”工作法被中央农办和农业农村部作为乡村治理典型案例专刊报道；典型案例《优化公共服务，擦亮乡村幸福底色》被农业农村部推荐参加全国农村公共服务建设优秀成果展播；梧桥村农村集体产权制度改革经验作为典型案例向全省推广；典型案例村庄清洁行动获省农业农村厅印发；9月27日，全市乡村振兴重点镇工作会在郭坑镇召开，洛滨村乡村建设品质提升和口社村乡村治理工作作为典型向全市推广。

【民生服务】 2022年，九龙江防洪工程（二期）湘桥泵站建设基本完成。城乡供水一体化工程纳入为民办实事项目，完成投资6508万元，占年度计划投资130.16%。

【幸福河湖打造】 2022年，辖区河湖长制工作在全市年度河湖长制考核中排名第二。九十九湾连通水系入选首批国家级幸福河湖试点项目和福建省首批河湖文化遗产名录，获中央专项奖励9233万元。

（颜惠煌 撰 陈永顺 审）

种植业

【稳产保供】 2022年，全区完成粮食播种面积65.8公顷，产量0.05万吨，超额完成省市下达的任务，粮食播种面积和产量增长率均位列全市第一。落实防灾减灾，编写印发《关于做好寒潮天气粮食蔬菜防寒防冻的通知》《关于做好近期持续强降雨粮食蔬菜生产工作的通知》等技术材料，下发到各镇、村。落实惠粮扶粮政策资金，发放实际种粮农民一次性补贴（三批次）资金30433.7元；发放耕地地力保护补贴82.96万元。

【绿色防控】 2022年，龙文区农业农村局印发《漳州市龙文区农业农村局关于下发龙文区2022

年化肥使用量减量化工作任务的通知》，细化全区化肥使用量减量目标。推广绿色防控技术，农药使用量平均减少2%以上。全年统防统治防治面积近600公顷，防治效果达90%以上。完成受污染耕地安全利用类72.29公顷，受污染耕地安全利用率达100%。

【新优品种推广】 2022年，龙文区农业农村局完成规模化、标准化优新品种推广基地验收21个，验收率100%。

【高素质农民培训】 2022年，龙文区农业农村局在郭坑镇口社村开设果蔬种植技术等高素质农民培训班3期，培训农民293人次。

【农产品质量安全】 2022年，龙文区农业农村局开展风险监测245批次，抽检食用农产品样品2450个，合格率100%。推进食用农产品合格证与“一品一码”追溯并行制度落实，辖区入驻农产品质量安全追溯体系平台8家。

（曾灿钰 撰　郑志江 审）

畜牧业

【概况】 2022年，辖区无生猪存出栏，家禽年末存栏7.03万羽，出栏10.32万羽，禽肉产量124.62吨，禽蛋产量455吨，畜禽肉蛋奶类总产量579.62吨。辖区未发生动物产品质量安全事件、重大畜牧业安全生产事故和重大动物疫病疫情。龙文区农业农村局推进畜禽养殖污染治理和畜禽粪污资源化利用，畜禽粪污综合利用率98%以上。

【畜禽养殖污染治理】 2022年，龙文区农业农村局建立健全畜禽养殖网格化管理和责任机制，提升畜禽养殖废弃物综合利用率。全年共出动人员2497人次，开展巡查督查825次，发现畜禽养殖反弹17起（其中生猪养殖4起），清理生猪27头、肉牛2头，鸡鸭867羽。

【强制免疫】 2022年，龙文区农业农村局组织开展春秋两季高致病性禽流感等集中强制免疫和日常补免。组织畜牧兽医技术人员8人，协助各镇（街道）做好村级动物防疫员、村级专业防疫队技术培训。市农业农村局抽检强制免疫病种血清免疫抗体合格率达到考核要求。

【动物疫病监测】 2022年，龙文区农业农村局组织实施动物疫病监测与流行病学调查计划，全年共监测禽流感病种血清学样品2450份、禽流感抗原棉拭子70份，血清学监测合格率97.5%、抗原监测合格率100%。

【消毒灭源】 2022年，龙文区农业农村局共发放消毒剂600千克，对养殖密集区散养户等重点场所进行消毒，消毒面积60万平方米。

【应急管理】 2022年，龙文区农业农村局健全突发重大动物疫情应急反应机制，全区共储备消毒剂0.5吨、消毒器械11台、防护用品160套、防护口罩1050个、连续注射器30把、连续扑杀器1台。区重大动植物疫情防治指挥部畜牧办实行24小时专人值班和疫情报告制度，对全区的疫情实行全天候动态监控。配合龙文区疾控中心应急处置1例人实验室确诊布鲁氏菌病病例。

【动物卫生监督】 2022年，龙文区农业农村局组织全区官方兽医开展动物防疫法律法规、动物检疫技术规程、电子出证等培训4场，参训人员20人次。落实动物检疫申报制度，规范检疫电子出证行为。

【病死畜禽无害化处理】 2022年，龙文区农业农村局贯彻落实《漳州市病死畜禽无害化处理实施方案》，全年共下拨财政资金146976元，无害化处理病死畜禽6415.5公斤，实现病死畜禽无害化处理。

【饲料监管】 2022年，龙文区农业农村局共出动123人次，督查指导饲料生产企业42家次，全区16家饲料生产企业完成双重预防机制创建。

【兽药监管】 2022年，全区新增2家兽药经营企业通过GSP验收，1家兽药经营企业完成续展，并对12家企业开展兽药GSP执法检查。

【畜禽遗传资源普查】 2022年，龙文区农业农村局开展畜禽遗传资源鉴定，配合省农科院牧医所畜禽遗传资源鉴定工作专家组完成对闽南火鸡现场普查、血液样品采集工作、生长和屠宰性能鉴定。

（黄智勇 撰 郑志江 审）

海洋与渔业

【概况】 2022年，全区淡水养殖面积316公顷，产量7460吨，主要养殖品种有南美白对虾、淡水石斑、鲈鱼、罗非鱼等品种。全区有渔船28艘，总功率1850千瓦，从业人员81人，捕捞产量1048吨。

【渔业安全生产】 2022年，龙文区农业农村局强化渔船日常规范化管理，联合景山街道到渔船停靠点开展渔船消防设施配备、AIS、北斗示位仪使用及船上人员持证等安全检查9趟次，出动人员75人次，检查渔船70艘次，28艘渔船全部配备北斗示位仪，船上人员全部配备新型救生衣。

【水产品质量安全】 2022年，龙文区农业农村局对郭坑镇和朝阳街道重点养殖场开展水产品质量执法检查6次，检查养殖场10家，未发现违禁药物。开展重点品种罗非鱼、南美白对虾等水产品氯霉素、孔雀石绿和呋喃类代谢物快速检测24批次，检测结果为阴性。

【渔业污染治理】 2022年，龙文区农业农村局印发《漳州市龙文区人民政府办公室关于进一步加强水产养殖尾水治理工作的通知》。组织相关镇（街道）、村（社区）人员对水产养殖户开展全面摸排，签订责任书396份，发放各类宣传材料800余份。完善尾水排放底泥抽淤申报制度，落实水产养殖网格化管理机制。联合区河长办开展巡查检查。全年共出动人员2296人次，开展巡查检查799次。

【渔业资源养护】 2022年，龙文区农业农村局开展伏季休渔专项执法行动，制定《关于实施2022年海洋伏季休渔制度的通知》，张贴伏休公告4张，发放伏休宣传材料100余份。

【电毒炸鱼整治】 2022年，龙文区农业农村局开展打击电毒炸鱼专项整治行动，出动执法快艇29艘次，检查涉渔船舶98艘次，没收拆解“三无”涉渔船舶38艘，处理地笼网105个，没收电鱼工具2套。

【增殖放流】 2022年，龙文区农业农村联合市海洋与渔业局、龙文生态环境局、区河长办、郭坑镇和景山街道等单位，在九龙江北溪郭坑大桥边开展鱼类人工增殖放流活动，投放鲢鳙鱼苗30余万尾、无齿蚌3万粒。

（许海溪 撰 杨松泽 审）

乡村振兴

【概况】 2022年，全区实施一村一品特色村综合项目一期工程、一村一品特色村综合项目二期工程、口社农村农旅体验园、县道500（口社堤岸）道路拓宽工程、口社阅江楼、曜星楼景区内提升改造、汐浦村现代农业产业配套设施等乡村建设重点项目6个，完成年度投资11500万元。

【乡村产业打造】 2022年，龙文区农业农村局推进郭坑镇休闲观光农业基地建设，打造口社霞贯双溪生态园、郭坑树葡萄种植基地、汐浦生态农业观光园、鼎寨山生态茶园等特色农业基地，规划建设瑶山夜间经济带、口社海丝民宿、展示中心、金鸡山研学基地等项目。打造乡村振兴“串点连线成片”项目20个，完成投资2797万元，占年度计划191.05%，项目均完工验收，项目数、投资额、进展情况均排名全市第一。引导扶持恒坑村开拓果苗网络销售市场，年网络销售额达3亿元以上。实施农业经营主体法人化“1133”工程、新型农业经营体系培育项目，全年共培育农业产业化龙头企业7家（市级4家、区级3家）、农业专业合作社示范社3家（市级1家、区级2家）、家庭农场示范场5家（市级2家、区级3家）。

【农村宜居质量提升】 2022年，龙文区农业农村局投入300余万元，实行全水域巡查保洁社会化专业服务模式，消除农村黑臭水体。投入资金1500余万元，实行全域农村垃圾、公厕市场化、社会化管理，全面落实农村生活垃圾分类。全年完成7个村庄生活污水治理设施建设，创建绿盈乡村6个、省级“美丽庭院”5户、市级“美丽庭院”50户，整治裸房230栋，新改建农村公路8.30千米，完成城乡供水一体化投资5451.4万元，实现镇区千兆光网和5G网络乡镇全覆盖，改造农网10千伏线路2条。

【乡风文明】 2022年，龙文区农业农村局宣讲新思想、孝廉文化、乡风民俗、家风家训等100余场次，组织各级文化志愿者队伍开展“送文化、种文化、创文化、秀文化”志愿服务活动100场次。推动朝阳街道打造廉政文化教育基地——“淳风堂”，占地面积约1000平方米。成立66支移风易俗劝导队及12支宣传小分队，开展移风易俗、社会主义核心价值观进村入户活动。

【乡村治理】 2022年，龙文区农业农村局印发《龙文区乡村治理推广运用积分制实施方案》，推动村民自治行为标准化、具体化。开展“司法进乡村”活动，79个村（居）遴选297名法律明白人，每个镇（街道）完成法律明白人建群、建档立卡并进行培训、任命，颁发证书。

【乡村人才振兴】 2022年，龙文区农业农村局实施乡村就业创业提升行动，依托漳州人事人才网、海峡人才网等线上大型招聘会活动，搭建高校毕业生、农民工等重点群体就业通道。实施乡村人才创优提升行动，村居计生社保协管员待遇标准由300元/（月·人）提高至600元/（月·人）。

（林聪辉 撰　林玉铭 审）

农业科技

【农业科技培训】 2022年，龙文区农业农村局依托全国基层农技推广补助项目平台，遴选115个蔬菜种植科技示范主体，并开展技术指导和培训。选派5名农技人员参加全国基层农技推广体系改革与建设培训、选派2名农技人员参加全省农技推广骨干培训、选派8名农技人员参加市农业局举办的基层农技人员能力提升培训。

【耕地质量提升与化肥减量增效】 2022年，龙文区农业农村局建立3个区级耕地质量监测点。在朝阳街道、郭坑镇开展2场次耕地质量提升和化肥减量技术培训，培训农户100人次。

（李翠红 撰　郑志江 审）

农业机械

【概况】 2022年，全区拖拉机有效在册数4台（轮式拖拉机4台），多功能拖拉机全面清零；在册拖拉机驾驶员56人。

【农业机械购置补贴】 2022年，龙文区农业农村局规范农机购置补贴信息公开专栏设置，发放农机购置补贴资金16.16万元，补贴购置农机具80台（套），受益农户51户。

（洪佳慧 撰　郑志江 审）

水土保持

【概况】 2022年，辖区水土流失面积2.22平方千米，比上年减少0.02平方千米。全区水土保持率98.21%，比上年增加0.02%，水土保持率全市最高。全区完成水土流失综合治理任务0.35平方千米，完成投资8万元。完成45个水利部下发的疑似扰动图斑复核及查处工作。

【项目审批简化】 2022年，龙文区农业农村局共受理生产建设项目水土保持方案行政许可审批28件，其中当场办结的备案（承诺）件17件，征收水土保持补偿费75.04万元，依法免征59.18万元。

【建设项目监管】 2022年，龙文区农业农村局检查在建生产建设项目29个次，查处未批先建违法行为6起。受理生产建设项目水土保持设施自主验收材料报备项目19个，组织现场复核14个。

（黄敏蓉 撰 邱志忠 审）

水利

【水旱防御监测】 2022年，龙文区农业农村局组织技术人员对全区5座小型水库的防洪调度运用计划和抢险应急预案进行审查，对水库在汛期的汛限水位及汛限库容等工程运行数据进行科学限定。组织全区各镇（街道）、行政村（社区）修编完善镇村两级山洪灾害防御预案，组建一支28人水利系统防汛防台风应急抢险队伍。核验防汛物资仓库，全区国营堤共储备大型应急照明设备4套、应急自吸泵3台、防汛抢险舟5艘、编织袋9.25万条、土工布7182平方米、块石450立方米、沙石1450立方米、救生衣598件、救生圈269个。

【水利工程建设】 2022年，漳州市九十九湾连通水系幸福河湖项目年度计划投资9233万元，完成投资14342万元，基本完成工程主体；龙文区城乡供水一体化工程年度计划投资5000万元，完成投资5000万元，完成管网建设85千米。上级下达的面上项目农业水价综合改革（农田水利设施维修养护）、水利工程水毁修复等10个项目，完成年度投资5484.4万元。

【水利工程运行管理】 2022年，区管国营水利工程7座水闸、2座泵站，通过公开招投标招选第三方统一进行社会化管理；3条防洪堤由基层水管站进行日常管护；镇属各项小型水利工程（共38处）由所属乡镇委托第三方进行社会化管理。

（姚志勇 撰 邱志忠 审）

工业与开发区

工业综述

【概况】 2022年，龙文区以开展“产业发展项目建设攻坚年”活动和“七比一看”竞赛为抓手，深入开展“千名干部挂千企”；坚持突出工业、突破工业。是年，全区197家规模以上工业企业实现产值410.63亿元，比上年增长11.6％，规模工业增加值比上年增长11.3%；工业产品销售率94.5%，比上年下降2%；工业投资61.4亿元，其中技改投资44.64亿元；规模以上工业企业实现利润32.59亿元，比上年增长18.4%，其中，股份制企业实现利润26.04亿元，比上年增长51.8%；外商及港澳台投资企业实现利润4.4亿元，比上年增长40.5%。

2022年龙文区规模以上工业增加值主要分类情况表

表6

指标	总量（亿元）	增长（%）
工业增加值	114.5	11.28
其中：股份合作制企业		
股份制企业	71.26	9.16
外商及港澳台投资企业	42.29	13.15
其他经济类型企业	6.9	212.4
其中：轻工业	73.93	9.35
重工业	40.57	14.92

2022年龙文区规模以上工业企业主要工业产品产量表

表7

产品名称	单位	产量	比上年增长（%）
大米	万吨	15.38	325.3
罐头	万吨	8.9	-174.1

续表 7

产品名称	单位	产量	比上年增长（%）
家具	万件	810.3	-77.5
纸制品	万吨	68.2	307.1
塑料制品	万吨	3.78	350.4
商品混凝土	万立方米	126.1	47.5
钟	万只	722.38	-36.6
饲料	万吨	8.9	7.4

【食品饮料产业】 2022 年，龙文区以大健康产业为导向，围绕打造“中国食品名城升级版”，重点发展健康休闲食品工业，全区共有规模以上高端食品饮料企业 39 家，全年实现产值 129.13 亿元，占全区规模以上工业总产值的 31%。

【精密装备制造产业】 2022 年，龙文区以全市大装备产业为导向，培育发展精密基础部件和高端精密装备制造，全区共有规模以上高端精密装备制造企业 48 家，全年实现产值 68.28 亿元，占全区规模以上工业总产值的 17%。

【消费电子产业】 2022 年，龙文区以新一代信息技术产业为导向，重点发展新型电子元器件产业，加快布局新一代消费电子产品，全区共有规模以上新型消费电子企业 7 家，全年实现产值 28.09 亿元，占全区规模以上工业总产值的 7%。

【高质量发展】 2022 年，全区新增新上 21 家规模以上工业企业、5 家国家级专精特新“小巨人企业”、1 家省级专精特新企业、1 家省级企业技术中心、1 家省级单项冠军企业、1 家省级工业龙头培育企业、1 家市级工业设计中心、1 家市级服务型制造示范企业、13 家市级创新型中小企业。

蓝田经济开发区

【概况】 2022 年，蓝田经济开发区形成“一区四园”发展格局。截至年底，园区共有企业 1200 余家；其中，世界 500 强企业 4 家，规模以上工业企业 206 家，形成食品饮料、家居日用、电子机械装备 3 大主导产业。在 2021 年全省开发区综合评价中，蓝田经济开发区排名第十。

【经济社会发展】 2022 年，蓝田经济开发区完成规模以上工业产值 329.17 亿元，比上年增长 7.7%；固定资产投资 92.24 亿元，比上年增长 24.85%；限上消费品零售额 56.37 亿元，比上年增长 16.4%；限上零售额 57.16 亿元，比上年增长 5.47%；限上批发额 71.57 亿元，比上年增长 5.47%；税收 7.59 亿元。

【项目建设】 2022 年，蓝田经济开发区共有省级重点项目 3 个，总投资 43.56 亿元，年度计划投资 10.1 亿元，完成年度投资 12.69 亿元，完成年度计划的 125.6%；市级重点项目 25 个，总投资 152.67 亿元，年度计划投资 55.5 亿元，完成年度投资 61.71 亿元，完成年度计划的 111.2%；区级项目 78 个，总投资 303.73 亿元，年度计划投资 82.37 亿元，完成年度投资 83.61 亿元，完成年度计划的 101.5%。是年，景田包装饮用水生产基地、弘盛达金属科技、正能机电等 40 个项目开工，大闽食品四期工程、红梅家具、多特

2022 年 7 月，多特制针项目竣工

2022 年 9 月，护京花园安置房项目主体结构全部封顶

2022 年 5 月 18 日，吉电项目举行开工座谈会

制针等 35 个项目竣工。

【招商引资】 2022 年，蓝田经济开发区主要领导外出招商 10 次。组织召开跨境电商推介会，介绍跨境电商孵化园入驻政策，推动到访企业入驻跨境电商孵化园。到深圳参加第一届中外采购节暨 2022 年全球电子业采购大会并做推介。全年共开展 4 次集中开竣工、签约活动，新签约第二、三产业项目 43 个，总投资 81.74 亿元。

【产业发展】 2022 年，蓝田经济开发区共有国家级高科技企业 83 家、国家级学会服务站 2 个、专精特新“小巨人”企业 2 家、省级新型研发机构 5 个、福建省企业重点实验室 5 个、省级科技型“小巨人”企业 29 家、省级专精特新企业 18 家、国家级工业设计中心 1 个。形成以科技产业园、恒丽智能产业园、盈科智谷产业园、裕廊高端智能制造产业港、工业互联网产业园等五大产业园为招商载体，以跨境电商产业园、新兴产业集聚区、上美湖—新社片区、高端机械装备产业园、食品产业园等作为重要产业补充的发展格局。

【园区建设】 2022 年，蓝田经济开发区加大全省工业（产业）园区标准化试点园区建设，推进园区路网建设，龙祥北路竣工通车，龙港路、龙滨路、景山路、小港北路等道路启动建设和更新，“五横六纵”园区路网逐步成型。是年，开发区在全省考评综合评分排序靠前，其中，龙头品牌专项和配套设施专项名列前茅。

2022 年 2 月 16 日，蓝田经济开发区在宝龙广场举行企业用工推介新春大型招聘会

【营商环境优化】 2022 年，蓝田经济开发区建立“一个项目一个服务专班”工作机制，从项目签约到落地投产，全程“一对一”跟进服务指导，通过线下模拟工作和合并办理等方式优化项目实施流程，将工业项目确定到开工的时间压缩至 128 天，同步编制项目实施手册。全年共建立项目服务专班 12 个，解决项目前期服务问题近 50 项。组织企业参加招聘活动 19 场，参与企业 360 余家次，发布岗位 2700 个；配合成立全省首家零工中心，帮助 2120 名人员就业，对外发布招聘短信 40 万条；帮助 320 名企业员工子女就学。

【基层党建】 2022 年，蓝田经济开发区新成立独立党支部 6 个，新发展党员 13 人，摸排出 28 名企业流动党员。截至年底，园区共有企业独立党支部 58 个、联合企业支部 17 个，企业星级党组织 66 个（五星级党组织 9 个、三星级及以上党支部共有 57 个），三星级以上党组织占比 86.36%；有青蛙工子、科能电器、百威英博雪津、恒丽电子等 4 个市级党建示范点，市级党建标兵 6 人。打造“阵地联盟”新试点，成立全市首个跨境电商（数字贸易）孵化园党支部，将数字经济人才培训学院纳入全区“党建阵地联盟”试点。响应“社区吹哨、党员报到”文明创建工作，组织 56 名党员干部下沉基层一线开展工作。

（林诗婧 撰　张劼 审）

商业

贸易发展情况综述

【概况】 2022年，全区社会消费品零售总额完成252.5亿元，比上年增长7.34%；限上社会消费品零售额（无石油）完成117亿元，比上年增长15.85%；限上批发业销售额完成907.45亿元，比上年增长48.9%；限上零售业销售额完成109.3亿元，比上年增长12.7%；限上住宿业营业额完成1.56亿元，比上年增长10.7%；限上餐饮业营业额完成3.42亿元，比上年增长174.6%。社会消费品零售总额全年“一看”得分85.86分，全市排名第四。

【贸易企业】 2022年，全区新增新上限上商贸企业87家（含2022年年初42家年度新增企业）。其中，批发业29家、零售业32家、住宿业5家、餐饮业21家，完成年度目标的116%。新增限额以上贸易业企业全市排名第一。

贸易服务

【消费促进】 2022年，龙文区商务局承办“全闽乐购”系列促消费活动5场，拉动消费7541万元；依托万达、宝龙等大型商圈开展各类促消费活动56场，拉动消费6.9亿元。

【营商环境优化】 2022年，龙文区商务局兑现商贸领域各级惠企资金909万元，惠及企业108家次。创新推出“龙文e企通”政务服务小程序；截至年底，小程序共注册企业用户388家、个人用户4985人，共接单169件，企业和群众满意率100%。

【数字经济人才培训学院投用】 2022年1月11日，全市首个数字经济人才培训学院投入使用。截至年底，学院举办数字峰会1场，开展培训59次，参加培训人员6247人次。

【农贸市场提升改造】 2022年，龙文区商务局根据《漳州市中心城区2022年农贸市场巩固提升建设实施方案》，完善提升农贸市场管网、店招、新风及智慧化系统等内外设施。共有11个农贸市场完成整改提升工作，累计完成投资292万元，完成年计划的207%。

粮食储备与供应

【概况】 2022年，龙文区粮储局在保证储备粮库存充足时，安排9570吨储备粮轮换任务，确保每月末粮食库存量不低于储备总规模的70%。开展“餐桌污染”治理及原粮质量抽检，全年共抽检企业8家、样品13份，检测结果全部合格。开展政策性粮油库存检查及季度储备粮粮情检查，确保区级储备粮数量和管理规范。

【储备粮检验】 2022年，龙文区粮食购销有限公司每半年对储备粮开展一次抽样送检，区粮储局按照全年不低于30%的比例进行复核。全年抽检区级储备粮35批次，检验结果均质量良好、品质宜存。

【应急保障】 2022年，龙文区粮储局对应急供应网点经营状况进行核查，截至年底，全区粮食应急供应网点11个、粮食应急加工企业2家、应急配送中心5家、应急储运企业1家。通过公开招投标确定2家应急大米代储企业，完成400吨应急大米的增储工作，区级应急大米储备共计700吨，可保障全区人口7天需求。组织区农业农村局、应急局、市场监管局、财政局、龙文公安分局、国网漳州供电公司等12个单位和粮食储备企业开展粮食安全应急演练，通过实战模拟和桌面推演相结合的方式，模拟台风暴雨正面袭击辖区时粮食应急供应调度。对应急供应网点、应急加工企业、应急配送企业及应急储运企业开展专项补助。每季度特别是节前对应急成品粮油到位情况开展检查。区级救灾物资经上级检查，账实相符，管理规范。

【粮食市场监测】 2022年，龙文区粮储局对网点粮食库存、价格进行监测，做到“每日一报”。每月通过国家粮油直报系统对粮食企业调粮、加工、销售情况进行统计。全年辖区粮食供应充足，粮价稳定，月平均省外调粮3万吨，占购进量的80%以上，对外依赖度较高。

【粮食产业发展】 2022年，龙文区粮储局发动粮食企业申报农业产业化市级龙头企业。浦口松波大米加工场、天辰贸易有限公司被认定为新一轮区级、市级农业产业化龙头企业。指导企业加强品牌建设，打造示范企业，漳州市品冠米业有限公司入选全国第十一批放心粮油示范加工企业，漳州市双锦贸易有限公司入选全国第十一批放心粮油示范配送中心。推动浦口松波大米加工场、天辰贸易有限公司购买市粮食产业园土地5公顷，扩大经营规模。推动区粮食购销有限公司开展清产核资，整体划转并入龙文发展集团。鼓励4家市级及以上龙头企业申报2021年度引粮入闽奖励资金。

【粮食安全宣传】 2022年，龙文区粮储局组织干部职工及辖区重点粮食企业参观漳州市粮食教育基地；联合区农业农村局、教育局及妇联等单位在宝龙广场举办“世界粮食日”及爱粮节粮周大型宣传活动。

【区级粮食储备库二期建设工程】 2022年1月26日，经区政府第二次常务会研究确定，区级粮食储备库二期建设工程启动，由龙文发展集团作为项目业主单位。12月，区级粮食储备库二期建设工程（含一期改造提升）开工，项目用地1.33公顷，建设面积5328平方米，投资6800万元（包含专项债1000万元），主要建设4座平房仓（总仓容2.22万吨），以及智慧粮库智能化工程和库区道路、绿化、排水、绿色充氮、低温储粮技术应用、光伏等配套附属设施。

（区粮储局供稿）

经贸合作

对外贸易

【概况】 2022年，全区进出口额累计完成82.56亿元，比上年增长28.73%，增速全市排名第四。其中，出口额累计完成60.97亿元，比上年增长38.43%，进口额累计完成21.59亿元，比上年增长7.45%。

【外贸新增长点培育】 2022年，龙文区商务局到矢崎汽配、富乘科技、裕兴进出口、利利普、雷勃动力、大闽等外贸企业调研并开展帮扶。全年培育市场采购主体5家，完成出口额18.04亿元；培育跨境电商主体4家，完成贸易额7.18亿元［含跨境电商公服平台3.76亿元、龙工场3.42亿元(5041万美元,汇率6.78)］。通过线上线下模式，引导和鼓励辖区外贸企业参加广交会、进博会、高交会、第十九届中国—东盟博览会、第四届中国—阿拉伯国家经贸投资高峰论坛等各类综合性和专业性的商品展销（览）会，推动出口市场多元化。

【惠企政策落实】 2022年，龙文区商务局简化惠企政策申报手续，及时兑现各级商务稳外贸政策，全年共兑现稳外贸惠企资金1093.79万元，惠及企业155家次。

【漳州市国际商会第二届理事会企业成员和其他会员企业推荐】 2022年，龙文区商务局配合漳州市贸促会（市国际商会）开展漳州市国际商会第二届理事会企业成员和其他会员企业推荐工作。截至年底，向上推荐66家企业；其中，副会长单位2家、常务理事单位1家、理事单位12家、会员企业代表3家、会员企业48家。

【跨境电商】 2022年，跨境电商公服平台正式运营；截至年底，平台备案企业112家，出口总票数3327票，总货值17.38亿元；保税进口总票数4345票，总货值249万元。1月10日，漳州跨境电商（数字贸易）孵化园建成投用，截至年底，孵化园入驻企业109家，其中虚拟注册企业72家。

招商引资

【概况】 2022年，全区实际利用外资（验资口径）1862万美元，完成年计划的102.2%，“一看”全市各县（区）排名第二。新签约产业项目90个，总投资203.3亿元，其中三产项目67个，重大项目17.65个；新开工项目100个，新竣工投产项目82个，“比项目招商”考评全市各县（区）排名第三。

【招商活动】 2022年，全区组织外出招商41次，其中区主要

2022 年 7 月 15 日，招商队伍在深圳市儿童智能产品协会设置漳州市龙文区驻深招商联络处

领导牵头 17 次，前往上海、无锡、江苏、温州、深圳等地进行招商推介及考察学习，引入景田包装饮用水生产基地及仓储、漳州永辉数字商业、天福区域销售总部等项目。开展商协会招商、驻点招商工作，成立粤港澳大湾区招商联络处。区商务局举办首期招商实务培训，组织各镇（街道）、开发区、区直相关单位共 22 人到常州、镇江、苏州等地开展招商培训；举办“镇街书记赛招商”“比行业赛招商”活动 2 场。

【产业链地图制作】 2022 年，龙文区商务局完成蓝田经济开发区高端食品饮料、精密装备、新型消费电子，步文街道商贸服务，蓝田街道汽车销售等产业链招商策略文字、招商地图、目标企业图表的编制。

（江凯艳 撰　林建海 审）

财 政

【概况】 2022年，龙文区财税部门加强工作协同，定期分析研判税收收入走势，强化税收征管，全面梳理重点行业、重点税源，做到应收尽收；盘活国有资产，提升政府资产资源使用效益，确保国有资产资源有偿使用、收入及时入库，以非税收入支撑财政收入增长，税收收入和非税收入完成数均超年度目标任务数。坚持政府带头过紧日子，大力压减非重点、非刚性、非近期支出，腾出更多财政资金用于“三保”（医疗保险、社会保险、最低生活保障）和民生补短板等亟须支出。全年全区一般公共预算总收入21.82亿元，比上年增长7.09%；地方一般公共预算收入16.08亿元，比上年增长18.02%；一般公共预算支出18.9亿元，比上年增长21.56%。

2022年4月4日，龙文区财政局组织人员到郭坑镇，开展山水林田湖草生态修复工程项目现场踏勘

【民生保障】 2022年，全区民生支出15.43亿元，比上年增长24.4%，占财政支出比重81.56%。拨付教育经费6.26亿元，社会保障和就业经费1.96亿元，卫生健康经费1.39亿元，文化体育与传媒经费、科学技术经费6917万元；兑现援企稳岗补贴1280万元，受益企业3072家；拨付疫情防控资金2624万元；投入资金1.3亿元，支持区“三农”和村级集体经济发展、省级乡村振兴试点示范村区级配套资金等；投入2335万元用于郭坑南三号路建设、农村公路养护、裸房整治和生活垃圾治理等。

【企业服务】 2022年，龙文区财政局强化助企纾困，兑付各级惠企资金1.64亿元，帮助259家次企业向上申报项目资金2984万元；支持企业上市挂牌，兑现2家企业海交中心挂牌奖励资金

2022 年 10 月 18 日，龙文区财政局在全省预算管理一体化视频会上做典型发言

120 万元，截至年底，全区共有 4 家企业拟被列入 2022 年度福建省重点上市后备企业名单。提高小微企业价格评审优惠幅度，阶段性提高面向中小企业预留份额；保障市场主体合法权益，开展政府采购货物和服务项目质量保证金专项清理工作；落实房租减免政策，全年共减免租金 123 万元，受益 15 户。加强金融信贷支持，撬动银行贷款 46.8 亿元；防控金融风险，截至年底，全区不良贷款率 0.53%，比年初下降 0.16 个百分点；防范非法集资，创建漳州市首个省级防范非法集资宣传教育示范社区；引进厦门银行、君龙人寿等 4 家金融机构。

【项目资金支持】 2022 年，全区累计争取债券资金 14.77 亿元，比上年增长 26.82%。全年上级共下达一般公共预算转移支付、政府性基金转移支付 10.12 亿元，其中，九龙江流域山水林田湖草沙一体化保护和修复工程奖补资金 1.64 亿元，全年完成总投资 60.52%。全年拨付项目征迁资金 15.34 亿元，用于蓝田街道建元片区、东屿片区征迁等。

【财政资金管理】 2022 年，龙文区财政局推进预算管理一体化，实现“事前绩效评估、目标管理、运行双监控、绩效评价、结果应用”全过程管理，基本建成全方位、全过程、全覆盖的预算绩效管理体系。执行专项债券负面清单管理，动态跟踪专项债券资金支出，全年拨付至项目单位的 2022 年新增专项债券资金 14.05 亿元，项目单位全部支出，支出进度 100%。对下达区的中央直达资金 5789 万元进行动态监控，资金预算指标分配进度 100%。稳住非税收入基本盘，对各类资源资产进行排查，实施动态更新管理；支持龙文发展竞得华美达广场烂尾楼项目；9 月，龙文发展获 AA 主体信用评级，成为全区首家获得 AA 主体信用等级的国有企业。全年政府采购预算资金 1.85 亿元，实际中标金额 1.69 亿元，节约资金 1605 万元，节约率 8.68%。全年共评审预结算项目 52 个，送审投资额 30.87 亿元，审定投资额 29.6 亿元，审减金额 1.27 亿元，综合审减率 4.11%。全区完成 176 个第三代电子票据开票点改革，完成率达 100%。

（张艺婷 撰 何聪佩 审）

税 务

【概况】 2022 年，全区各项税费收入 80.32 亿元。其中，税收收入 45.22 亿元、社会保障费收入库 12.79 亿元，非税收入其他收入入库 22.12 亿元。龙文区税务局获评“一星级全国青年文明号”和福建省“五一先锋号”。

【减税降费】 2022 年，龙文区税务局实现所有一类、二类出口企业退税在 3 个工作日内办结，全年落实组合式税费支持政策 4.12 亿元，办理增值税留抵退税 2.76 亿元，制造业中小微企业缓缴合计 8641 万元，增值税小规模纳税人、个体工商户、小型微利企业“六税两费”减免 5024

2022 年 11 月 12 日，《福建新闻联播》报道龙文区税务局“智慧税务办税云厅”

万元。抽查核实留抵退税企业 34 户，检查发现问题及企业自查缴回留抵退税共计 22 条 381.53 万元。“龙文区税务局办理减税退税，助力复工复产”被央视《新闻 30 分》、《福建日报》头版、东南卫视《新闻头条》等媒体报道。

【纳税服务】 2022 年，龙文区税务局全面改革办税缴费方式，依托电子税务局、纳税服务综合管理平台，建成“电子办税为主、自助办税为辅、实体办税兜底”的智慧税务云厅，促进“非接触式”服务常态化和办税服务厅个性化服务全面转型，在全省创新推出“一键呼叫”“分套餐辅导”“智能享惠”“税悦工作室”等服务举措，智慧税务云厅被列入全市“第一批优化营商环境典型经验做法”。连续九年开展“便民办税春风行动”，落实 121 条便民办税新举措，开展“领导干部走流程”活动 6 次，走访企业 15 户。

【税费征管】 2022 年，龙文区税务局围绕新的组合式税费支持政策等重大决策部署开展执法督察，共抽查企业 145 户，开展过错责任追究 11 人次。运用“数据+规则”的理念，打造个性化注销服务，办理注销业务 820 户。推进全面电子发票扩围试点，完成 1977 户企业全电发票“预先服”的培训及辅导。抓好定期定额管理，调整定额 158 户次，补税 95 户次，取消定额 225 户次；对 3341 户未办税户企业开展辅导服务。开展税收征管质量 5C5R 指标监控评价工作，加大推广税务文书的电子送达工作，全年共签订 13036 户，签订占比 87.45%。利用大数据打造税费“闭环”风险防控网，全年共完成各类风险应对任务 2760 户次，查补税款及滞纳金 5870.13 万元。调减留抵退税 1247.16 万元，调增应纳税所得额 1.10 亿元。办理不动产业务 23166 件，月均办理 2896 件，入库税费 4.65 亿元。完成土地增值税清算审核项目 30 个，补缴税金 41808.88 万元。受理企业所得税年度汇算申报 1.37 万户，个人所得税经营所得申报率 99.92%，个人所得税综合所得年度汇算申报 6.2 万人，申报补税金额 578.44 万元。推进社保费“统模式”工作，与财政、人社、医保等部门联合制定工作协调机制，社会保险费收入比上年增长 7.79%，非税收入比上年增长 1699.68%。完成城乡居民“两险”征缴工作，其中居民医疗保险缴费率 96.84%，全市排名第一。做好国有土地使用权出让收入新划转非税收入项目征收工作，全年入库 20.48 亿元。

【税收政策落实】 2022 年，龙文区税务局开展金融机构跨地区经营总分机构增值税汇总情况跟踪以及代开发票抽查等工作，实施发票电子化改革，提升发票服务水平。

（林虹 撰 石文城 审）

地方金融监管

【金融集聚区建设】 2022年，龙文区金融办围绕“全面集聚金融资源、服务工业新城建设”主题，招引商业银行、保险公司等金融资源集聚龙文，打造金融体系健全、业态多样、功能完备的金融集聚区。全年全区集聚金融业机构115家（银行机构46家、保险机构53家、证券机构11家、期货机构5家）。截至年底，辖区内银行各项存款余额467.89亿元，贷款余额629.74亿元，保险机构收入25.74亿元。

【企业融资】 截至年底，辖区在保贷款39笔，贷款余额1.69亿元，融资担保放大倍数5.6倍。推广“金服云”在线融资平台，宣传引导企业注册平台，推动银行改进授信审批方式，提升信贷办理效率，全年辖区企业通过“金服云”平台办理贷款201笔，金额5.78亿元。鼓励金融机构信贷投放，协调银企对接，帮助企业降低融资成本，全年累计办理首贷、信用贷等企业信贷927笔，金额46.83亿元。

【企业上市】 2022年，龙文区金融办鼓励辖区企业参与资本市场融资路演，推动3家公司到福州市参加2022年金融资本服务实体经济福建创新发展大会。加强企业上市后备资源培育，鼓励引导4家企业申报2022年度福建省重点上市后备企业。

【企业信贷风险防控】 2022年，龙文区金融办每月跟踪、分析企业不良贷款情况，协调法院、银行加快不良贷款企业的资产处置，全年共化解处置不良贷款1.01亿元，不良贷款率从年初的0.65%下降至0.53%。及时梳理筛查新迁入辖区企业征信情况，建立不动产抵押贷款登记联审机制，全年累计梳理企业征信情况223家，联合审查不动产抵押企业信贷情况130家。建立银行抽压停贷报告制度，每月开展企业、银行抽压停贷摸底调查。

【非法集资防范】 2022年，龙文区金融办开展“扫楼清街盯场”非法集资风险排查专项整治，多部门联合成立整治专班，全年共排查企业、店铺425家，巡查金融类广告20条次，开展防范非法集资行政指导38人次，发现1起涉嫌养老领域非法集资线索，由龙文公安分局经侦大队立案并破案。强化养老领域非法集资专项整治宣传，协调打击非法集资办公室成员单位、银行保险机构共同参与，累计制作、发放宣传手册2.09万册，宣传片72个，横幅等其他宣传品2600份，发送短信7.55万条，发布网络作品56条，点击、阅读量4.9万人次，互动宣传覆盖人群6.34万人。指导碧湖街道兴湖社区

2022年6月15日，漳州市首个防范非法集资宣传教育示范社区在国贸天成小区揭牌

建成全市首个防范非法集资宣传教育示范社区，社区办公面积近200平方米，设有视频展播区、普法宣教区、案例警示区、宣教讲座区等四个功能区。10月，兴湖社区被省打击非法集资办公室授予“福建省防范非法集资宣传教育示范社区”称号。

【地方金融组织监管】 2022年，龙文区金融办完成三家典当有限公司设立初审工作，组织辖区内典当行、融资租赁公司开展地方金融组织安全风险点排查检查工作。

【绿色金融服务】 2022年，龙文区金融办协调各成员单位开展绿色金融服务工作，协调区农业农村局打造农业特色品牌，实施农业经营主体法人化“1133”工程、新型农业经营体系培育项目，全年共培育农业产业化龙头企业7家、农业专业合作社示范社2家、家庭农场示范场3家；协调区工信局通过企业微信群和深入企业宣传各项惠企政策等方式，结合安全生产宣传月、网络安全宣传周开展专题宣传，发放惠企政策、政府性融资担保等宣传材料；协调龙文生态环境局形成排污权等涉企环境权益信息共享机制，由市生态环境局统一与中国人民银行对接、配合。

【惠台金融服务】 2022年，龙文区金融办依托区台商投资企业联谊会，举办2022年惠台服务政银企座谈会。会上，台商投资企业联谊会与厦门银行漳州分行签订战略合作框架协议，厦门银行漳州分行授信企业联谊会10亿元信用额度。

【普惠金融服务】 2022年，龙文区金融办根据省市文件精神落实普惠金融政策，审核银行报送的个人创业担保贷款贴息申报材料，及时拨付贴息资金。

（陈咏梅 撰　何聪佩 审）

银行业

【福建海峡银行漳州分行】 截至2022年年底，海峡银行漳州分行存款余额50.13亿元，贷款余额55.38亿元。2022年，海峡银行漳州分行提升对小微企业的金融支持，制造业贷款和民营企业贷款持续增长，与漳州市瑞信融资担保有限公司合作，开展融资担保业务；发挥海洋特色金融服务品牌，依据漳州区域涉海企业的发展特点，提高涉海贷款发放率和服务便利度，利用“超抵贷”“科技易贷”等产品，开展涉海小微企业普惠金融；采取“应延尽延”政策，帮助贷款到期且临时存在资金困难的小微企业渡过难关。

【中国民生银行漳州分行】 截至2022年年底，民生银行漳州分行客户全部为民营企业，制造业贷款12.99亿元，占全部贷款比重89.65%，制造业贷款占比全市银行业排名第一；其中，中长期制造业贷款6.79亿元，占比46.86%。2022年，分行以服务小微企业为主线，注重抵押贷款和信用贷款的产品组合，主推“云快贷”“纳税网乐贷”“政采贷”“纾困贷”等产品。坚持把防范化解金融风险作为首要目标，提升风险防控的前瞻性和主动性，牢守风险底线。建立常态化防控机制，全面落实案件防控主体责任，加强员工行为排查，强化内控合规建设。全年共堵截案件9起、嫌疑人26人，涉案资金53.8万元。

保险业

【人保财险龙文支公司】 截至2022年年底，人保财险龙文支公司实现保费1.67亿元，比上年增长13.3%。其中，车险保费14615.46万元，个人非车险保费1220.31万元，团体非车险保费864.33万元，农险保费4.87万元。全年上缴各项税收1939.93万元。被人保财险福建省分公司团委授予“五四红旗团组织”。2022年，公司在服务地方经济建设、灾后重建、防灾减灾等民生保险保障方面发挥积极作用，连续六年承保区“三农”综合保险，连续八年承保区自然灾害公众责任保险，连续九年承保区农房叠加保险。开展“温暖工程”，在营业网点建设“人保驿站”，驿站包括：客户休息区、便民药箱、饮水设备、充电电源、开放洗手间等便民设施。开展“我为群众办实事，志愿服务学雷锋”主题活动，提供视力检测、老年人免费理发等服务。到挂钩村开展以“助力创城，我们在行动”主题的爱心捐赠活动，捐赠泡面、矿泉水、面包等物资。

（赖丽蓉 撰 陈振裕 审）

【中华财险龙文营销部】 2022年，中华财险龙文营销部实现保费收入1809.83万元，比上年增长3.48%，赔款支出1714.16 万元。业务经营范围涵盖机动车辆保险、企业财产保险、家庭财产保险、特殊风险保险、工程保险、货物运输保险、责任保险、信用保证保险、短期健康保险和意外伤害保险等。

（陈春荣 撰 黄辉煌 审）

交通运输

【公路网现状】 2022年，全区公路通车里程203.07千米，其中高速21.09千米、国道17.01千米、省道7.59千米、县道29.98千米、乡道22.26千米、村道105.14千米。按技术等级分，高速公路21.09千米、一级公路25.06千米、二级公路9.32千米、三级公路15.80千米、四级公路119.58千米、等外公路12.24千米。

2022年龙文区公路货物运输量、旅客运输量情况表

表8

指标	单位	2022年完成数	比上年增长(%)
公路货运量	万吨	1026.95	41.8
公路货物运输周转量	万吨千米	127313.67	43.5
公路客运量	万人	50.8935	64.1
公路旅客运输周转量	万人千米	7683.4915	59.9

【铁路】 龙文境内有一条铁路，即鹰厦铁路龙文境内段。鹰厦铁路自江西鹰潭，抵终点厦门，全线总长694千米。于1954年、1955年分段施工，1956年7月建成通车。其中龙文区境内是由长泰县西南境珠浦进入龙文区北部郭坑镇的洛滨、扶摇、郭坑、汐浦，蓬莱顺延角美镇的西山、田边，该主线长28.25千米，出龙海境到厦门火车站长35千米。

【运输市场管理】 2022年，辖区共有交通运输企业437家，其中，客运场站1家、客运企业4家（共82辆客运车辆、2909座位）、危险货物运输企业2家（共50辆车、295.9吨位，含2辆挂车）、专业货物运输企业129家、个体运输户289家、公交企业1家、出租企业3家、网约车企业8家。

【驾培维修企业管理】 2022年，全区共有汽车维修企业125家（一类17家、二类39家、三类69家），汽车品牌售后服务4S店34家，形成一批主营业务突出、市场竞争力强的品牌服务企业。

全区共有驾培机构5家，教

学车辆 328 辆，教练员 471 人，培训学员 5727 人。

交通安全

【交通运输安全管理】 “道安生命防护工程” 2022 年，龙文区交通局推动重中型货车运输企业加装碰撞预警、周边环境辨识追踪、转向盲区监控、人声提示音等安全提示辅助设备，提升主动发现维修隐患能力。截至年底，共加装“盲区预警系统”或语音提示等科技装置 948 辆，完成率 38%。

危险货物运输安全整治 2022 年，龙文区交通局落实车辆、人员、罐体、运单和货物查验制度，推进常压液体危险货物罐车治理，管理罐车检验、登记、办理道路运输证，全面推广危险货物电子运单。全年共出动检查人员 46 人次，检查危险货物运输企业 17 家次，发现安全隐患 21 个，并责令企业整改完成，整改率 100%，形成闭合环节。

“反超限超载，促安全生产”百日攻坚行动 2022 年，龙文区交通局联合市交通运输综合执法支队龙文大队、龙文交警大队在九龙大道、北环城路设置执勤点开展整治。全年共查处超限运输行为 645 起，卸载货物 12213.23 吨，其中“百吨王”（车货总重达 100 吨以上的严重超限超载违法车辆）4 起。

【内河隐患排查】 2022 年，“三无”船舶专项整治行动工作领导小组每月对辖区内的通航水域进行巡查，并开展“三无”船舶专项整治行动。全年共开展专项执法 6 场次，拆解、销毁“三无”船舶 62 艘以及河道违规设置地笼、地网等设施，维护水上运输正常秩序。

【道路隐患整治】 2022 年，龙文区交通局持续排查急弯陡坡和临水临崖路段，修复 X500 丰武线、Y067 郭六线、C131 线郭汐线路面及安全设施，并对路长牌、里程碑、百米桩、路面标线、标志、边沟及交通安全设施等进行完善。全年共修复路面 52 处 1674 平方米、沥青灌缝 25737 平方米、路面标线 3830 平方米，更换里程碑 14 个、百米桩 112 个、井盖 4 个。

公路建设管养

【国省干线建设】 国道 324 线龙海角美大碑头至龙文朝阳漳滨段工程 路线总长 8.89 千米，按一级公路兼城市主干路标准设计，路基宽度 33 米，双向六车道，设计速度 80 千米 / 时，沥青混凝土路面，其中龙文区段路线里程 4.54 千米，投资估算 17.4 亿元（建安费 13.3 亿元），于 2022 年 10 月 18 日正式开工。

漳州市东环城路及其接线工程 起点位于联六线龙文段，往南跨漳龙高速，沿云洞岩西麓走行，跨越九龙江后至项目终点象镇互通。主线全长 8.24 千米。项目采用城市快速路标准，按双向八车道标准建设，设计行车速度 80 千米 / 时，道路红线宽度 50 ～ 60 米，采用沥青混凝土路面，项目总投资约 44.56 亿元。2022 年，项目完成部队用地置换工作。

【农村公路建设】 2022 年，全区农村公路开工 7 条，开工率 100%，完成 8.3 千米，完成率 276.80%，比上年增长 328.74%，完成投资 3136 万元。其中，完成郭坑口社堤岸项目 1.61 千米；景山街道科坑村道白改黑工程 2.4 千米；朝阳街道打山村道白改黑工程 1.2 千米；景山街道梧桥社区记忆街区提升项目 0.5 千米；朝阳街道六石村道白改黑工程 0.51 千米；“一村一品”特色村综合项目二期工程 1.5 千米；朝阳街道西洋村道白改黑工程 0.59 千米。

【农村公路养护与管理】 公路养护管理 2022 年，龙文区交通局坚持以科学养护、规范养护、全面养护为原则，按照公路养护管理的要求，加大养护巡查力度，减少养护死角。针对路面、路基、桥涵、沿线设施及其他附属设施，开展长期性的预防性保养工作。全年投入资金 112.3 万元，养护完好率 95%。

隐患排查　2022 年，龙文区交通局共开展道路检查 81 次，检查人数 192 人次；开展路政法规宣传 6 次，发放宣传单 491 张，宣传手册 32 本；出动专管员 1756 人次巡查农村公路，排除隐患 37 处；开展道路专管员培训会 5 次，参加人数 94 人次。

灾毁保险措施加强　为提升区农村公路灾毁修复能力，完善农村公路防灾管理体系，探索创新农路管护举措。

（朱舒轩 撰　郑伟琦 审）

城乡建设

城市建设

【概况】 2022年，全区实施城乡品质提升项目112个，年度计划投资49.67亿元，实际完成投资54.27亿元。实施中心城市建设项目178个（城市道路交通提升项目69个、城市设施配套提升项目16个、城市环境美化提升项目12个、城市功能优化提升项目81个），年度计划投资192.52亿元，实际完成投资194.78亿元。截至年底，建成区污水处理率98.37%、绿地率43.76%。

物流城路二期（规划直港—孚美路段） （郑森泉 摄）

郭坑镇南三号路（大众路—江滨路） （郑森泉 摄）

【城市道路】 2022年，龙文区实施城市道路交通提升项目69个，完成投资13.65亿元，建成物流城路二期（规划直港—孚美路段）、郭坑镇南三号路（大众路—江滨路）、虎山路、红山路（龙港路—龙滨路）、龙师附小龙文分校二期南侧道路和蓝田经济开发区园区提升改造项目—龙祥北路（迎宾路至樟山路）等6个道路项目，新建改造道路里程5.2千米。截至年底，全区道路总长176.78千米，建成区人均城市道路面积31平方米。

红山路（龙港路—龙滨路）（郑森泉 摄）

【园林绿化】 2022年，龙文区实施郭坑绿道景观提升改造工程，长度12千米；完成闽南文化小园、城市之治、龙江口袋公园等21个口袋公园建设；新增九十九湾响水桥至上美湖段5处立体绿化。

龙师附小龙文分校二期南侧道路（郑森泉 摄）

【市政设施】 2022年，辖区新增停车位1199个，建设市政道路配套供水管网11.67千米、污水管网10.49千米、雨水管网12.29千米。

龙祥北路（迎宾路—樟山路）（郑森泉 摄）

【征迁安置】 2022年，龙文区完成东屿片区地块一、东环城路及其接线工程、航天机电二期、西溪水闸除险加固工程等项目征迁扫尾工作，征迁面积43.97万平方米。鸿浦豪园、西蕃莲、进贤新村三期、龙泽花园完成选房520套、面积47568.15平方米。其中，鸿浦豪园签订安置协议的住宅157套、面积13701.23平方米，车位1个、面积30.02平方米；西蕃莲签订安置协议的住宅24套、面积2343.07平方米，店面5间、面积208.45平方米；

进贤新村三期签订安置协议的住宅58套、面积5246.86平方米；龙泽花园签订安置协议的住宅263套、面积25325.99平方米。

【建成区黑臭水体治理】 2022年，龙文区采取源头截污、末端截污、河道清淤、生态修复、生态引水等方式，实施水环境综合整治。全年共完成4轮污染源排查，182个排口、461个污染源点全部完成整治；铺设雨污管网155千米（建成区源头截污管道37千米、农村污水管道118千米），安装设备70台；普查市政管网325千米（雨水管道192千米、污水管道133千米），164个缺陷点全部完成修复，共计修复污水管网4千米；完成河道清淤疏浚15千米；创新采用“截污纳管、源头活水”的方法，推进生态补水与修复，建成梧店支渠、开发区支渠、西坑支渠、浦口支渠、天亭港、浦头港支渠6条支渠引水工程。截至年底，建成区黑臭水体全部消除，累计投资10亿元。黑臭水体治理由建设期转入运维期。

村镇建设

【农村基础设施建设】 2022年，全区新改建农村公路8.3千米，完成年度计划276.8%；完成洛滨、篁卿等23个村庄截污纳管铺设，

虎山路 （郑森泉 摄）

新建农村污水管道118千米；完成城乡供水一体化投资5451.4万元，完成年度计划272.57%；实现镇区千兆光网和乡镇5G网络全覆盖；改造农村电网10千伏线路2条。

【农村人居环境整治】 2022年，龙文区巩固生猪和牛蛙养殖反弹整治成果，抓好农业废弃物资源化利用和无害化处理，落实河湖长制，推进水资源管理、水域岸线管控、水生态环境治理，投入资金300余万元，实行全水域巡查保洁社会化专业服务模式，农村黑臭水体基本消除。投入资金1500余万元，实行全域农村垃圾、公厕市场化、社会化管理，落实农村生活垃圾分类。创建“绿盈乡村”高级版2个，“绿盈乡村”中级版4个；培育省级“美丽庭院”5户、市级“美丽庭院”50户、区级“美丽庭院”120户。

【农村裸房整治】 2022年，全区完成农村裸房整治239栋，其中，郭坑镇123栋（户）、朝阳街道116栋（户），累计完成投资1096万元。

房地产市场和住房保障

【概况】 2022年，全区共有资质房地产开发企业82家（均为二级资质），纳入统计库的房地产开发企业66家。全年全区完成房地产项目投资101.79亿元。

【房地产项目投资】 2022年，全区完成房地产开发投资101.8亿元，比上年下降17.8%；其中，商品住宅投资53.2亿元，比上年下降30.7%；商业营业用房投资23.4亿元，比上年增长43.6%；办公楼投资5.6亿元，比上年增长30.2%；其他投资19.6亿元，比上年下降25.8%。

【房地产市场运行】 2022年，全区房屋施工面积617.81万平方米，比上年下降7.07%；新开工面积98.07万平方米，比上年增长197.45%；房屋竣工面积187.53万平方米，比上年增长37.79%；商品房空置面积64.81万平方米，比上年下降8.89%；商品房销售面积139.91万平方米，比上年增长2.05%；商品房销售额120.32亿元，比上年下降21.7%。

2022年龙文区房地产开发和销售主要指标完成情况表

表9

指标	单位	绝对数	比上年增长（%）
投资完成额	亿元	101.8	-17.8
其中：住宅	亿元	53.2	-30.7
房屋施工面积	万平方米	617.8	-7
其中：住宅	万平方米	388.9	-7.7
房屋新开工面积	万平方米	98.07	197.2
其中：住宅	万平方米	61.95	224.3
房屋竣工面积	万平方米	187.5	37.8
其中：住宅	万平方米	128.7	34.8
房屋销售面积	万平方米	139.9	2
其中：住宅	万平方米	91.5	-7.3
本年资金来源	亿元	109.98	-39.96
其中：国内贷款	亿元	7.3	-62.2
其中：个人按揭贷款	亿元	30.6	-37.4
本年购置土地面积	万平方米	0	-100
本年土地成交价款	亿元	0	-100

【保障性安居工程】 2022年，全区各类保障性安居工程建设新开工任务数1661套（户），实际新开工数1661套（户），开工完成率100%。截至年底，保障性安居工程建设项目累计完成投资91708万元。

建筑业和工程建设管理

【概况】 2022年，全区共有建筑业企业99家，其中，一级企业8家、二级企业22家。建筑业总产值81.61亿元，比上年增长17.6%。

【建筑市场监管】 2022年，龙文区住建局开展在建项目规范化工作检查专项行动，对辖区在建项目建设单位、施工企业的用工情况、签订协议情况、工程款及农民工工资结算支付情况开展排查，累计出动执法人员183人次，发现问题196个，发出整改通知单38份，要求涉及工地限时完成整改。加强政府国有投资项目资金监管，督促建设单位落实工程款支付担保。

【工程质量安全】 2022年，龙文区住建局出动执法人员1188人次，对全区61个在建工地开展消防、防汛、防高空坠落、深基坑、建筑起重机械、工程质量等“双随机”执法检查，发现质量问题、安全隐患517个，发出整改通知单233份，约谈企业29家，检查发现的问题、隐患全部完成整改。

住建审批

【概况】 2022年，龙文区住建窗口办理各类审批事项608件，录入电子证照278件。其中，办理行政许可类事项177件、公共服务类事项431件。

【施工许可】 2022年，龙文区住建窗口办理施工许可证20件（不含二次装修）。其中，龙溪学校（九年一贯制）（上部工程）及室外配套工程，建筑规模73608平方米，合同造价28013.07万元；漳州市龙文佳宝混凝土工程有限公司建设项目厂区室外配套工程，建筑规模：室外配套工程，含管道、消防、强弱电等工程，合同造价600万元；龙文区实验小学改扩建工程（行政综合楼、主门卫、消控室、主席台）——桩基工程，管桩总数1030根，合同造价424.62万元；通源学校（九年一贯制）（上部工程）及室外配套工程，建筑规模66754.13平方米，合同造价24813.07万元；漳州保利世茂璀璨滨江（5#楼、

2022年8月23日，长福安置房项目通过竣工验收　　（高昭阳 摄）

7～8#楼、12～13#楼、S1#楼、S8～S10#楼及三期地下室），建筑规模93067.24平方米，合同造价25477.55万元；漳州市龙文佳宝混凝土工程有限公司建设项目（二期）2#生产车间、3#生产车间、5#生产车间，建筑规模9434.72平方米，合同造价2000万元；龙文区实验小学改扩建工程（教研综合楼、1#教学楼、2#教学楼、艺体馆、次门卫、连廊、地下室）——桩基工程，管桩总数680根，合同造价717.2万元；龙泽花园二期——设备用房1、1#楼、2#楼及地下室A区，建筑规模26166.86平方米，合同造价11128万元；漳州2022P04地块-1～3#楼、5～11#楼、P1～P3#楼、S1～S2#楼及地下室桩基工程，2626根PHC管桩，合同造价2374.12万元；锦绣碧湖D区1～8#、17～18#、26～27#楼及地下室（桩基），灌注桩616根，管桩1508根，合同造价4659.28万元；融信漳州公馆4#楼（幼儿园），建筑规模2548.62平方米，合同造价412.00万元；漳州世茂2020P02地块室外配套工程，建筑规模：主要建设小区大门、围墙及室外景观工程，合同造价1556.32万元；漳州2022P04地块1～3#楼、5～11#楼、P1～P3#楼、S1～S2#楼及地下室（不含桩基），建筑面积193939.05平方米，合同造价45018.98万元；龙文区实验小学改扩建工程（上部工程）及室外配套工程，建筑面积45419.56平方米，合同造价19592.56万元；莲花路（莲尾路至龙溪北路）道路工程，路线全长415.82米，红线宽度16米，合同造价823.77万元；莲池路，道路设计全长约362.07米，红

线宽度16米，合同造价1175.06万元；锦绣碧湖D区1～8#、17～18#、26～27#楼及地下室（不含桩基）及室外工程，建筑面积234320.51平方米，合同造价73102.29万元；漳州2022P12地块（通源华郡）4#楼及地下室（桩基工程），预应力混凝土管桩266根，合同造价81.6万元；漳州2022P12地块（通源华郡）1～3#楼及地下室（桩基工程），预应力混凝土管桩1109根、水泥搅拌桩1781根，合同造价750.6万元；漳州2021P01地块（吾悦广场）项目2#、3#、5#、8#楼及地下室、室外配套工程，建设规模53494.94平方米，合同造价6586.56万元。

【行政审批增补】 2022年，龙文区住建窗口承接由区发改局立项、备案的建设工程项目建筑工程施工许可证核发、建设工程消防设计审查、应建防空地下室的民用建筑项目报建审批、建设工程消防验收、建设工程消防验收备案、人防工程竣工验收备案、建设工程档案验收、房屋建筑和市政基础设施工程竣工验收备案、城镇污水排入排水管网许可、建筑起重机械使用登记等事项审批和服务工作。

【审批模式创新】 2022年，龙文区住建窗口开展审批提速增效。施工许可分阶段办理，桩基先行；针对小型仓储工业项目、改造项目等社会投资简易低风险工程项目，试点探索“清单制+告知承诺制”审批；建立工程项目审批电子档案制度，推行无纸化审批，实现建筑工程施工许可证核发、建设工程消防设计审查、建设工程消防验收（备案）、人防工程竣工验收备案等事项全流程网办、无纸化审批。实行建设工程消防验收（备案）、建设工程档案验收、人防工程竣工验收备案、房屋建筑和市政基础设施工程竣工验收备案等事项联合验收。

【政务服务优化】 2022年，龙文区住建窗口推动企业和群众办事线上“一网通办”、线下“最多跑一趟”。开展预约服务、延时服务、面对面指导报件等服务。30个审批和服务事项实现省网上办事大厅可办，可办率100%；20个事项实现即办，即办率66.67%。

（曾原飞 撰　吴可芸 审）

生活垃圾分类

【概况】 2022年，龙文区开展全区域创建省级生活垃圾分类示范区，建成区生活垃圾分类覆盖率100%，居民知晓率100%，达标投放户数占总户数比例71.02%，生活垃圾回收利用率39.2%。是年，龙文区通过省级生活垃圾分类示范区考核验收，位居全省第一序列。

【生活垃圾分类督导】 2022年，龙文区建立区、街道、社区三级责任体系，强化生活垃圾分类督导检查及指导。印发《2022年漳州市龙文区生活垃圾分类实施方案》《2022年漳州市生活垃圾分类考评办法》，启动第三方常态暗访考评，并将年终考评结果列入政府绩效和文明单位考评。制定《关于推进生活垃圾分类收运网络与再生资源回收网络“两网融合”的指导意见》，促进生活垃圾资源化、减量化。印发《漳州市龙文区生活小区厨余垃圾定时定点分类投放工作方案》，实现全区102个生活小区“定时定点”全覆盖。

【资金支持】 2022年，全区共投入生活垃圾分类资金1660万元。其中，省级生活垃圾分类示范区补助资金530万元，主要用于垃圾分类智慧管理系统建设，垃圾分类宣传氛围布置，招聘督导员、劝导员，开展宣传、培训活动，推广垃圾分类定时定点及垃圾亭建设等；区级资金1130万元，主要用于漳州环境集团有限公司生活垃圾分类运输、处置和推进全区生活垃圾分类工作。

【硬件优化】 2022年，全区建

成投用垃圾分类生态流转屋401座，新建、改建垃圾亭50座，提升改造垃圾分类投放点40余处，设立社区爱心环保互助驿站6个、垃圾分类科普馆8座，覆盖小区98个，提前完成省下达的30座垃圾分类亭建设任务。全省首创餐厨垃圾“秒收集”模式，根据商户分布情况制定收运路线，商户通过终端设备接收信息实现自助倾倒，截至年底，签约商户752家。

【生活垃圾分类宣传】 2022年，龙文区城管局坚持“街道+行业单位+社区+物业+志愿者”的五级联动宣传机制。全年共组织开展垃圾分类行业系统专项培训180场次、垃圾分类志愿服务活动1500场，生活垃圾分类知识学习和测评活动覆盖公共机构178个、3500余人。

物业管理

【小区公共收益监管】 2022年，龙文区城管局联合区发改局、市场监管局、龙文公安分局等部门印发《漳州市龙文区关于深化“整治物业服务企业侵占业主公共收益、收入及分配不公开等问题切实维护业主利益”工作方案》。是年，龙文区破解小区公共收益管理难题，让“糊涂账”变“明白账”项目获评“点赞漳州·2022十大民生实事”。

【物业服务企业信用考评】 2022年，龙文区城管局强化物业服务企业信用等级考评运用，转变“只检查不减分”的管理模式，对物业服务项目进行随机检查，全年共扣除物业服务企业信用853分、物业经理信用76分，约谈物业服务管理不到位的物业服务企业8家、项目负责人17人，调换履责不到位的项目经理1人。按照《漳州市龙文区物业服务企业奖惩暂行办法》要求，根据物业服务项目全覆盖随机检查结果、满意度测评、红黑榜加减分值等，对辖区各物业服务企业开展年度考评，对排名前六的物业服务企业进行奖励。

【智慧物业服务管理平台】 2022年，龙文区城管局联合电信公司制作龙文区智慧物业服务管理平台宣传操作视频，在央视频、漳州市纪委监委、龙文融媒等平台推广。截至年底，全区80个物业小区纳入龙文区智慧物业服务管理平台监管，并在46个物业小区实地推广，注册绑定使用业主3800人。通过平台成立业主委员会小区13个（碧湖街道2个、步文街道5个、景山街道1个、蓝田街道5个），受理前期物业服务合同备案证明8件、前期物业管理备案证明11件、业主委员会备案6件、承接查验备案审批11件、物业服务合同备案4件、物业服务区域划分8件、前期物业管理招标备案2件、前期物业管理中标备案2件。省住建厅印发《福建省住房和城乡建设厅办公室关于转发漳州市龙文区“智慧物业”平台经验做法的通知》，转发学习区智慧物业服务管理平台建设经验做法。

【“养老诈骗”专项整治】 2022年，龙文区城管局要求各物业服务企业在小区开展打击整治养老诈骗专项活动，汇总问题线索清单并动态跟进。截至年底，无发现问题线索。制作宣传手册及横幅，联合社区及物业在小区内开展反“养老诈骗”宣传活动。

【城管进社区】 2022年，龙文区城管局派出执法人员22人，进驻辖区43个社区（除村改居）。各社区均设置办公场所并悬挂指示牌及人员信息，明确进驻社区工作制度，履行城市管理、宣传和执法进社区工作职责。全年共解决问题778个，化解社区矛盾纠纷38起。

市容整治

【环境卫生保洁】 2022年，龙文区城管局根据《漳州市龙文区主次干道漳州环境集团机械化清扫保洁服务项目协议书》，移交道路面积386万平方米（不包含蓝田经济开发区管委会）并授权环境集团清扫保洁。协调、督促环境集团落实主次干道清扫、洒水保洁任务，明确每条道路的具体洒水时间；协调龙文发展出动2部雾炮车在重点路段进行喷雾作业；根据实际情况加大道路冲洗保洁频次，降低道路积尘负荷。强化对环境集团考核考评工作，形成“每日巡查、每月考评”机制。全年共发出整改通报30份，并督促整改，考核结果与清扫保洁费用挂钩。

【占道经营整治】 2022年，龙文区城管局督促各镇（街道）加强临时疏导点管理，对校园、农贸市场、商贸广场周边等区域开展重点整治。全年共取缔流动摊贩3972处，规范商户店外经营10541处。

【户外广告管理】 2022年，龙文区城管局按照“一店一招”要求，联合各镇（街道）开展违规立面广告整治行动。全年共拆除违规立面广告1844处、雨棚1447处。

【车辆乱停放整治】 2022年，全区施划人行道非机动车停车线8600平方米，新增非机动车车位6万个；增划人行道机动车停车位400个；增设人行道物理隔离栏43千米；劝离机动车2305辆，规范摆放非机动车7471辆，拖离违停机动车3154辆、非机动车5387辆。

【夜间市容整治】 2022年，龙文区城管局每周跨区域对占道经营、车辆乱停乱放等夜间市容乱象开展2次以上专项治理。全年共整治商户店外经营248处，劝导不规范飞线充电商户128处，取缔流动摊贩139处、占道广告牌37处、占道泡茶摊21处，劝离违停机动车287辆、非机动车408辆，拖离违停机动车14辆。

【“静夜守护”专项行动】 2022年，龙文区城管局共接到噪声投诉举报167件，均第一时间到达现场依法处置。联合龙文生态环境局、区住建局等部门开展“静夜守护”专项行动10余次，检查娱乐场所236家次、公共场所71处、建筑施工工地254处，督促1处建筑施工工地安装噪声在线自动监控。

【露天烧烤、焚烧垃圾管控】 2022年，龙文区城管局实行定点管控和随机巡查、错时执法相结合的方法，对露天烧烤、焚烧垃圾开展整治。全年共取缔露天烧烤55家，制止露天焚烧垃圾14处。

法治建设与“两违”整治

【城市管理法治建设】 2022年，龙文区城管局落实法制审核制度，对情节复杂、数额较大的行政处罚案件、执法过程中的疑难问题等事项进行集体评议。全年共查处案件218起（生活垃圾分类相关案件100起，“门前三包”相关案件27起，其他案件91起），处罚金额201.69万元。重大执法决定法制审核制度执行比率100%。

【“两违”整治】 2022年，全区处置“两违”建筑物面积69.42万平方米，完成年度任务的126.23%。市“两违”智能监管平台共有涉及龙文案件164起，核查率100%。其中，认定为“两违”案件70起，未结案2起（未到时限）。全年，龙文区城管局完成辖区内工业企业巡查26轮，对巡查或举报发现的在建违建，第一时间调查取证并责令业主自行拆除，逾期拒不拆除的依法组织拆除。截至年底，共处置工业企业违建行为29起（自拆22起、面积4337平方米，组织拆除7起、面积3070平方米）。

餐饮行业整治

【餐饮油烟排放整治】 2022年，龙文区城管局对辖区1524家餐饮店油烟净化设施进行摸排。其中，安装油烟净化设施1374家，无油烟142家，未安装油烟净化设施8家，全部督促整改到位。

【餐饮、洗涤行业废水排放整治】 2022年，龙文区城管局牵头组织区住建局、龙文生态环境局、各镇（街道）对餐饮、洗涤行业商户的雨污管道进行逐户摸排，对拒不整改或整改不到位的，协调相关部门依法处置。牵头组织各镇（街道）摸排餐饮店污水乱排放情况，在辖区餐饮废水排污重点点位安装视频监控，开展智慧化管理，实现试点区域餐饮商户24小时视频监控。

【燃气安全隐患排查】 2022年，龙文区燃气整治办按照《漳州市燃气安全排查整治工作方案》要求，发动镇（街道）、村（社区）对辖区餐饮场所燃气使用情况进行排查，摸清实际经营底数，推动餐饮经营场所安装燃气泄漏报警装置。截至年底，全区共摸排出实际经营的餐饮企业3172家，其中使用燃气的餐饮企业1622家，全部安装燃气泄漏报警装置。配合市燃气主管部门立案16起，行政处罚1起，处罚金额5.98万元。

（朱虹 撰　黄俊勇　郭伟阳 审）

国土资源管理

【国土空间布局优化】 2022年，龙文区自然资源局配合市自然资源局完成辖区“三区三线”划定。其中，城镇开发边界53.65平方千米，生态保护红线11.5平方千米。

【村庄规划录入】 2022年，郭坑镇洛滨村、口社村、汐浦村、东溪农场等4个村庄规划电子成果全部汇交备案，3月，通过省自然资源厅准许入库，成为全市首个将村庄规划全部录入市级国土空间基础信息平台和国土空间规划“一张图”实施监督信息系统的县区。

【土地利用管理】 2022年，龙文区获省政府批准土地征收成片开发方案3个批次，总面积123.45公顷；获省政府批准农用地转用和土地征收11个批次，总面积104.68公顷。全年办理供地手续36宗，面积122.92公顷；其中，出让7宗，面积20.09公顷；划拨29宗，面积102.83公顷。

【自然资源调查】 2022年，龙文区2021年度国土变更调查成果通过自然资源部验收。4月，根据自然资源部工作部署，龙文区自然资源局开展全区永久基本农田核实整改工作；9月，按照“三区三线”永久基本农田划定规则，最终划定“三区三线”永久基本农田面积497.3公顷，并提交自然资源部审查；10月，最终划定成果通过自然资源部审查，并于当月14日正式启用。

【耕地资源保护】 2022年，龙文区自然资源局制定出台《关于加强补充耕地项目管理的实施方案》，推进县级土地开发。全年完成补充耕地14.39公顷，完成率130%；完成耕作层表土剥离再利用9.49公顷，完成率194.92%。开展遏制耕地“非农化”、“非粮化”、农村乱占耕地建房、土地例行督察等整治工作；完成违法占用耕地查处整改200宗，查处整改率100%；8宗新增乱占耕地建房问题全部拆除复耕，整改率100%。

【不动产登记】 2022年，龙文区自然资源局办理不动产权证书6589宗、不动产登记证明4989宗；其中，办理企业不动产权证书78家，登记面积89.6万平方米。办理抵押登记4989宗，抵押金额69.84亿元；其中，办理企业抵押登记123家，融资金额28.79亿元。

【“模拟审批—多证联发”模式】 2022年，龙文区自然资源局推行项目“模拟审批—多证联发”新模式。选取“漳州正能机电高效节能电动机生产基地项目”作为试点项目，在一个工作日内完成签订出让合同和交地“双同时”，建设用地规划许可证、不动产权证、建设工程规划许可证、建筑工程施工许可证办理“四同步”，成为全市首个“拿地即开工”的项目并获人民网报道。截至年底，区自然资源局办理航天机电、景田（漳州）食品饮料、恒丽电子、奥佳华等项目工规许可模拟审批11宗，平均节省办理时间2个月。

【“多事合一”模式】 2022年4月，龙文区自然资源局在全省首推“购房、落户、水电气网过户多事合一”服务模式，办理时限由9个工作日压缩至2个工作日，提交材料由36份缩减至15份，材料精简58.33%，落实“最多跑一趟”和“一趟不用跑”。截至年底，区自然资源局办理一体化办证服务7宗。“购房、落户、水电气网过户多事合一”服务模式作为典型经验被市提升营商环境工作领导小组办公室发文推广。

【“多测合一”改革】 2022年，龙文区自然资源局依托“多测合一”平台，由同一测绘公司承接规划测量与房产测绘等事项，实现编制验收、不动产登记等环节测绘成果共享互认。截至年底，区自然资源局通过“多测合一”平台办结审批12件。

【历史文化遗产保护】 2022年，区自然资源局建立“部门牵头、属地普查、专家审查”的工作机制，指导镇（街道）完成历史文化遗产普查30宗，并对公布的历史建筑和传统风貌建筑进行测绘建档、图则编制及挂牌保护。是年，梧桥当店大厝、湘桥进士第、桥头楼内大厝被市政府确定为市中心城区第五批历史建筑；梧桥郑氏公厅、楼仔角祖厝、上苑古宅B04、兰岭观音亭、小港连氏宗祠被区政府确定为区级传统风貌建筑。

（叶小容 撰 陈志强 审）

生态环境保护

【概况】 2022年，龙文区开展国家生态文明示范区创建工作，深化“水气土”三大重点领域系统治理，落实“三线一单”（生态保护红线、环境质量底线、资源利用上线和生态环境准入清单）硬约束；7月15日，通过省级预审。九十九湾连通水系项目入选全国首批“幸福河湖”试点和省首批河湖文化遗产名录。北溪、西溪流域断面水质均达到Ⅲ类水质考核目标，集中式饮用水水源地水功能达标率100%。年度空气质量改善幅度全省排名第八。

【水环境质量监测】 2022年，龙文生态环境局每月定期对福糖水厂集中式饮用水水源取水口和西溪水质开展监测。全年监测饮用水水源地18次（含江东）、上坂断面24次、内河29次、小流域4次。九龙江北溪江东桥（北十一断面）水质均值达到Ⅱ类标准，九龙江西溪（西六断面）、马洋溪小流域水质均值达到Ⅲ类标准；内河九十九湾（湘桥断面）

2022年7月15日，龙文区国家级生态文明示范区创建工作通过省级预审。图为省生态环境厅专家代表团听取工作汇报 （蔡月蓉 摄）

2022 年 5 月 28 日，龙文生态环境局联合漳州市东墩污水处理厂开展生态环保设施向公众开放活动。图为学生及家长参观环保设施和污水处理流程

水质均值达到Ⅴ类标准，福糖水厂集中式饮用水水源地水功能达标率 100%。

【大气环境质量监管】 2022 年，龙文生态环境局加强建筑施工扬尘管控，全年出动执法人员 6500 人次，检查施工工地、拆迁工地、裸地等 3873 家次，发现问题 1522 条，发出整改通知书 300 份并督促按时完成整改，约谈 16 起，立案查处 4 起，罚款 11 万元。加强辖区道路洒水保持。加大餐饮服务单位油烟直排、露天烧烤、焚烧垃圾等违法行为查处力度，各镇（街道）共检查餐饮服务企业 608 家，出动执法人员 992 人次；区城管局共检查餐饮服务企业 2063 家，取缔露天烧烤摊点 42 起，制止焚烧垃圾行为 49 起，立案查处 4 起，罚款 6300 元。加强道路交通管理，加大大货车违反禁行、限行等交通管制行为查处力度，全年查处大货车闯入禁行区行为 2871 起。加强区域联防联控，全年启动轻微污染天气大气应急响应 40 次，下发督办单 346 件，均按时完成整改。

【污染物总量控制及收储工作】 2022 年，龙文生态环境局成立污染物总量控制及收储工作领导小组。全年收储化学需氧量 268.51 吨、氨氮 21.94 吨；核定 16 家企业新增主要污染物总量指标；出让化学需氧量 125.66 吨、氨氮 10.67 吨，用于支持省重点项目联盛纸业建设。

【环境执法】 2022 年，龙文生态环境局开展“清水蓝天”、危化企业、铁路沿线等十余项专项执法行动。全年出动执法人员 2595 人次，检查企业 1100 家次，立案查处 21 起，查封 8 起，移送公安机关拘留 2 起，涉嫌环境犯罪移送检察院 1 起，罚款 121.74 万元。

【审批许可】 2022 年，龙文生态环境局实施“一个窗口对外”改革，推进排污许可与环境影响评价制度衔接融合，实现环评、排污许可证“同步编制、同步审核、同步许可”；创新“打包”审批，开展“一件事”套餐服

2022 年 10 月 10 日，龙文生态环境局组织人员到九龙江北溪，开展增殖放流活动
（蔡月蓉 摄）

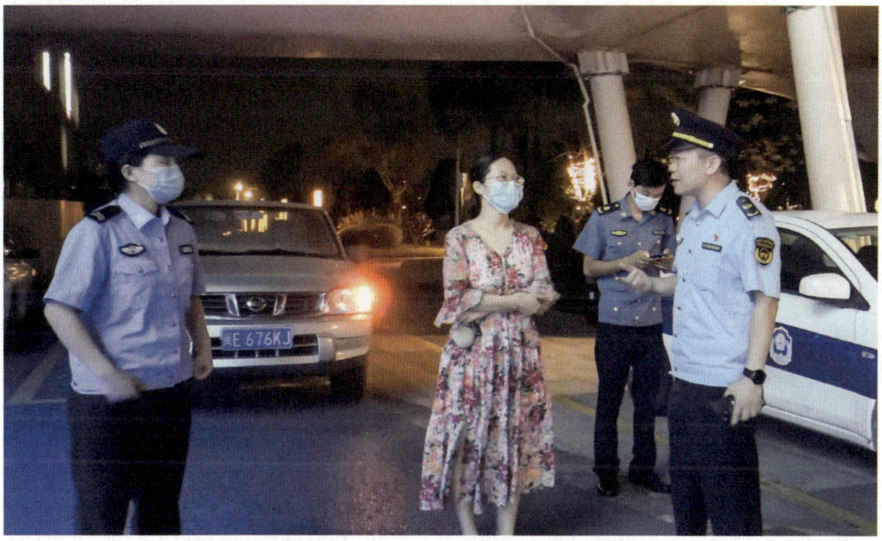

2022年12月9日，龙文生态环境局开展娱乐场所噪声检查　（康艺端 摄）

务；对生态环境总体影响不大、与民生密切相关的社会事业与服务业项目实行环评豁免或告知承诺制；服务重点项目建设，明确豁免27个项目环评手续，跟踪指导74个项目办理环评手续。全年受理办结各类办件399件；其中，环境影响报告表审批许可46件（撤销批文1件）、环评文件审查1件、环境影响后评价备案1件、环评登记表备案90件，排污许可证办理110件（核发7件、延续10件、变更59件、重新核发34件）、排污登记109件；建筑施工许可8件；联审联办34件。全部在承诺时限内完成，办结率100%。全年否决不符合环境保护要求的项目4个。

【督察信访】　2022年，省生态环境保护督察反馈问题涉及龙文区9个（共性问题8个），6个问题完成整改并长期坚持，3个问题达序时整改进度。省生态环境保护督察交办信访件19件，全部完成整改（9件完成销号，10件报市级审查验收销号）。龙文生态环境局受理信访投诉210件，均按时办结。

【“静夜守护”专项行动】　龙文生态环境局牵头组织公安、城管、住建、交通等8个单位开展“静夜守护”专项行动，全年，共开展联合执法37次，出动执法人员437人次，检查社会噪声点位32个、工地噪声点位51个、交通噪声点位20个、企业噪声点位68个，联合约谈2次，督促1处建筑施工工地安装噪声在线自动监控设施。

【绿盈乡村】　2022年，龙文区实现“绿盈乡村”初级版全覆盖。郭坑镇洛滨村、口社村、扶摇村、汐浦村和篁卿村获评“绿盈乡村”中级版，郭坑镇东溪农场、扶摇村获评“绿盈乡村”高级版，郭坑镇获评“绿盈乡镇”高级版。

（陈煌昊 撰　王鹏飞 审）

科技工作综述

【概况】 2022年，全区企业研发经费投入（错年值）3.58亿元、比上年增长12.7%，全市排名第三；67家企业通过国家高新技术企业认定，净增53家、累计159家，净增数、总数均全市排名第一。

【科技计划项目与经费】 2022年，龙文区科技局引导强化企业技术创新，鼓励创新资源和创新要素向企业集聚，动员符合条件的企业申报市级以上各类科技创新项目。福建利利普、大闽食品获中央引导地方科技发展资金项目立项，各获奖励资金100万元；百想生物等3家企业获2022年省级科技计划项目立项。推荐福建恒新源等10家次企业承担的10个项目申报2023年度福建省科技计划项目；推荐科能电器、大闽食品等2家企业参评“揭榜挂帅”重大技术需求征集。

【科技服务】 2022年，龙文区科技局强化科技助企惠企，深入企业宣传解读研发经费补助、高新技术企业补助等相关政策红利。全年兑现省级企业研发经费补助、科技创新券补助等资金共计2561.25万元，累计帮扶企业（个人）187家次。

【科技成果与奖励】 2022年，全区技术合同登记数34项、合同成交额1038.67万元，占GDP（439.15亿元）比重0.02365%，全市排名第五；在第十一届中国创新创业大赛、第十届福建创新创业大赛（漳州分赛区）暨2022年漳州市创新创业大赛中，福建明鑫智能科技股份有限公司获三等奖，海诺斯（漳州）工业机械有限公司、漳州市宏景信息科技有限公司获优胜奖，共获奖励资金14万元。

【创新主体】 2022年，全区净增53家高新技术企业，新增13家省级科技“小巨人”企业、1家省级新型研发机构、137家科技型中小企业。截至年底，全区有29家省级科技“小巨人”企业、6个省级新型研发机构、3个省级重点实验室、7个省级企业工程技术研究中心、6家省级创新型企业。

【创新人才】 2022年，福建省蔡记食品有限公司董事长蔡艺勇获评市“双创之星”。截至年底，全区共有省级“双创之星”2人、市级“双创之星”8人、市级“首席科技官”5人。

（区科技局供稿）

防震减灾

【地震监测】 2022年，辖区地震监测的宏观观测常态化，省级宏观点的朝阳街道科坑村鸵鸟养殖场保持连续无间断观测的良好状态，是年，未发现大的异常现象。

【地震应急】　截至2022年年底，全区共有12处地震应急避难场所。地震应急避难场所总空旷面积15万平方米，可容纳人员12万人，共投入资金200余万元。龙文区防震减灾中心联合区应急局、教育局等单位不定期开展地震应急避难场所的配套基础设备、物资储备、防震减灾知识宣传、应急演练等工作。

【防震减灾宣传】　2022年5月“防震减灾宣传月”及重大节日，龙文区防震减灾中心组织学校、社区、社会团体及志愿者开展应急避险疏散演练和地震知识宣传活动，共发放宣传材料1万余份。开展防震减灾科普示范学校创建，推进防震减灾知识进机关、进学校、进家庭、进企业、进社区、进农村“六进”活动。

【地震预警终端系统运行】　2022年，全区57个地震预警信息专用接收终端运行正常，通过终端系统向全区民众发布地震预警信息，为民众采取有效措施进行避险赢取时间，减少人员伤亡，降低次生灾害影响。

（区防震减灾中心供稿）

气象服务

【公众气象服务】　2022年，龙文区气象局将预报业务重点转为预报服务产品本地订正加工和短临天气气象灾害预警。通过电子显示屏、短信、传真、微信等渠道发布空气质量、森林火险等级指数预报。全年共发布春运专题气象服务专报13期；高考、中考专题气象服务专报8期，针对考试途中、英语听力考试等特殊节点，发布短时预报服务27期。

【决策气象服务】　2022年，龙文区气象局围绕区委、区政府中心工作和辖区气象防灾特点，开展灾害性、转折性、突发性、重大活动和重要节假日等决策气象服务。全年共发布重要天气报告41期、重要气象信息专报32期、专题气象报告62期、短时强天气报告16期、预警信号200期。

【专项气象服务】　2022年，龙文区气象局开展辖区气象灾害综合风险普查工作，完成8个灾种的数据汇交任务。联合市农科所到白背毛木耳研究种植基地，开展专题气象为农服务调研活动。做好交通、城市内涝和空气质量气象预报预警服务。

（张凌艺 撰　李育慧 审）

教　育

【概况】　2022年，全区共有幼儿园104所（民办93所）、小学17所、中学4所、九年一贯制学校1所（民办蓝星学校），形成涵盖幼儿教育、义务教育、高中教育的全链条教育体系。全区公办幼儿园在园幼儿6807人、民办幼儿园在园幼儿6038人；公办小学在校生30501人、民办小学在校生259人；公办初中在校生4716人、民办初中在校生991人；公办高中在校生1642人。小学、初中学龄人口入学率均为100%。公办学校在职教师2680人，其中在编1778人、非在编902人。

【学校建设】　2022年，龙文区建成投用1所乡村独立幼儿园［郭坑中心幼儿园（口社园区）］，以及龙文区第二幼儿园（保利世茂园区）、龙文区区直机关幼儿园（宝龙园区）2所城镇小区配套幼儿园，新增公办幼儿园学位1170个，公办幼儿园在园幼儿人数占比52.68%，比上年提高2.01个百分点；建成投用漳州市实验小学龙文校区，新增学位2160个；公办义务教育在校生数占比96.55%。

【幼儿教育】　2022年，全区有省级示范幼儿园1所、市级示范幼儿园9所、区级示范幼儿园15所、普惠性幼儿园76所。《幼小衔接视角下一年级识字教学现状研究》等2个课题入选市级“幼小协同科学衔接”专项课题。

【义务教育】 2022年,全区有义务教育标准化学校21所,“一校一特色”的内涵发展取得新进展。漳州市第二实验小学龙江分校、郭坑中心小学等2所学校舞蹈节目获省级奖;龙文区实验小学举办朱熹和陈淳诞辰纪念活动,编印校本教材《朱门高弟陈北溪》;鸿浦小学将省级“非遗”——何阳拳改编为武术操;龙师附小龙文分校打造“莲”文化;漳州市第二实验小学创建“福建省义务教育教改基地校”;蓝田经济开发区第二实验小学《种植蔬菜劳动教育实践》申报为福建省第二批中小学劳动教育实践特色项目;闽南师范大学龙文附属小学与漳州市中医院共建,学校中药文化特色教育基地设置百草园、中医药科普实践馆,入选福建省第二批中医药文化试点学校;龙文一中被教育部认定为“国防教育示范学校”。

【高中教育】 2022年,龙文一中实行高中艺体生单独编班,促进高中多样化发展改革实验,全年共有艺体考生52人,其中51人专业、文化双上本科线;特殊类型的控制线37人,其中一人被兰州大学(“985”院校)录取,实现“985”院校零的突破。

【校外培训机构整治】 2022年,全区学科类培训机构均按要求转型或注销,义务教育阶段学科类校外培训机构压减83%。

【课后服务】 2022年,全区22所公办中小学校全部开展课后服务,参加学生1.4万人,实现有需求的学生课后服务“5+2”全覆盖。

【教师队伍】 2022年,全区引进市级名师名校长5人、招聘各类优秀师资46人、公开招聘中小学幼儿园新任教师(含国企聘用制)319人。培育省级特级教师1人、市级优秀名师1人、市级优秀乡村教师1人,41名优秀教师入选市级名师工作室成员或学员。组织开展跨学科整合学习教师发展和校长管理等主题研讨活动5场次、专题讲座3场、课题研究专题辅导12场次、市区名师工作室送培送教活动24场次。开展2022年暑假中小学幼儿园校(园)长能力提升培训和龙文区暑期强师工程培训。

(蔡文惠 撰 黄国昌 审)

漳州理工职业学院

【概况】 2022年,漳州理工职业学院新生报到7171人,其中省内三年专科5257人、省外三年专科911人、五年专科1003人。招生人数全省专科院校排名第一。

【科研能力建设】 2022年,漳州理工职业学院共有11项纵向科研项目获批立项,其中2022年福建省职业教育教学改革研究常规课题2项(《立足本土优秀传统手工艺术资源,推进“工匠精神”在高校思政建设》和《直播电商助力乡村振兴实践研究——模因论在乡村振兴直播电商培训中的应用研究》)、2022年福建省中青年教师教育科研项目8项、漳州市2022年度哲学社会科学研究规划课题1项。

【产教融合实训】 2022年3月8日,漳州理工职业学院商学院和吉马电商产业园产教融合实训开班仪式举行。

文化

【社会文化】 2022 年，龙文区文体旅游局开展文艺轻骑兵巡演、文化三下乡集中活动、龙文区喜迎二十大群众性主题宣传教育等文化活动 6 场，下基层放映农村电影 523 场。区文化馆开展合唱、硬笔书法等免费培训超 300 课时；龙文区图书馆全年有效人流量超 8 万人次，图书借还 21 万册次。

【文化遗产保护】 2022 年，龙文区博物馆展厅展陈工程进入收尾阶段。《陈淳传说》作为全省唯一与朱子文化相关的民间文学类非遗项目入选第七批省级非遗项目名录，同时新增区级非遗项目 10 个、区级非遗传承人 6 人。加强不可移动文物保护，启动 203 处不可移动文物的定线落图、划定保护范围线及建设控制地带线等工作。

【文化艺术】 2022 年，龙文区博物馆启动闽南语音乐情景剧《福满龙文——朱熹陈淳与龙文的隔空对话》创作，完成第一阶段原创剧本制作、原创作曲录音、框架排练等工作。《喜迎二十大 龙文欢迎你》被评为全市短视频创作大赛媒体组三等奖。

【文化交流】 2022 年 12 月 17 日，第十四届海峡两岸（福建·漳州）中华武术“大家练”在吾悦广场举行。活动以“共筑中国梦，同叙两岸情”为主题，30 余家两岸武馆、代表队参加活动，其中台湾武术代表队、台湾武艺文化研究会代表队、台湾嘉义县武术代表团、台北市北投区国术会等通过线上参加。

旅游

【旅游宣传营销】 2022 年，龙文区文体旅游局完成《云洞岩风景名胜区总体规划》报批工作；11 月 30 日，云洞岩基础设施建设工程一期开工建设；裕元大酒店申报为首批“龙文区职工疗休养示范基地”；福建省海丝钟表博物馆入选“十佳婚纱摄影地”，云洞岩景区入选“十佳亲子旅游地”。

【文旅产业发展】 2022 年，龙文区文体旅游局落实各类降费和奖补近 300 万元，发动 12 家文旅经营单位参与文旅消费券促消费活动；全年，全区旅行社服务企业完成营收 4790.4 万元，比上年增长 112.7%；娱乐业企业完成营收 9827.2 万元，比上年增长 37.4%；全区新增规上文旅企业 6 家（含 2021 年结转 2 家）。

融媒

【概况】 2022 年，龙文区融媒体中心在市级以上主流媒体和自办媒体平台共刊发、播出相关报道6757条（平面媒体1560条、广电媒体1573条、网络媒体3624条），其中，央级媒体89条、省级媒体359条、市级媒体1596条。论文作品《媒体融合传播如何从“梗”多走向“梗”强》获得2021年度福建新闻奖二等奖，入围第32届（2022年）中国新闻奖评选；《移风易俗新风尚》作品获得福建省广播电视艺术奖三等奖；林聪华被评为“2022年漳州市文化拔尖人才”（原“漳州市文化名家”），获得2022年龙文区高层次人才（F类）称号。

【主题宣传】 2022年，龙文区融媒体中心组织策划“闽山闽水物华新”“喜迎二十大”“我说二十大”“学习宣传贯彻二十大”“创建全国文明城市进行时”“坚定信心决心、苦干实干巧干、全力确保‘双过半’”“扎实推进‘产业发展项目建设攻坚年’，深入开展‘七比一看’竞赛”“统筹疫情防控和经济社会发展，奋力夺取双胜利”“乡村振兴”等一批专题栏目，各级媒体刊发宣传党的二十大精神相关报道200余条、创建全国文明城市相关新闻300余条。

【新媒体平台】 2022年，龙文区融媒体中心成立一支专门研究新时代新媒体传播方式的年轻干部队伍，延续“聚力新媒，后发赶超”的发展定位，探索、尝试短视频、微直播等新型融媒体产品。中心几个自办新媒体平台的日活跃度均保持在万人左右。今日头条号获评“福建省最具区域影响力头条号”；抖音号是全市融媒活跃度、点击率最高的官方抖音号。

（康丽红 撰　沈鹏昊 审）

卫 生

【概况】 2022 年，全区共有医疗卫生机构 229 家，其中区级综合医院 1 家、民营医院 4 家、眼科医院 1 家、妇幼保健院 1 家、保健中心 1 家、卫生院 1 家、社区卫生服务中心 5 家、门诊部（含疾控预防门诊部）19 家、诊所 79 家、村卫生室 75 家、医务室 2 家、公办社区卫生服务站 13 家、公办村卫生所 26 家。全区开放床位 2040 张，千人均床位数 6.66 张。全区共有注册医师 938 人、护士 1252 人，千人均医师数 3.06 人、护士数 4.09 人。全年出生人口 1024 人，出生率 6.97‰；死亡人数 667 人，死亡率 4.54‰；自然增长率 2.43‰；政策内出生人数 1019 人，政策符合率 99.51%；全员信息准确率 98.56%。

【中医中药管理】 2022 年，龙文区卫健局完善辖区中医药服务体系建设，闽南水乡国医馆建成并运营，发展漳州市第三医院中医科为市重点专科建设项目。截至年底，全区共有中医类别医师 145 人、中西医结合类别医师 65 人、乡村全科执业助理医师 9 人、中医类别全科医生 50 人。全区万人均中医医师数 4.74 人。

【疾病预防控制】 2022 年，全区共报告传染病 2583 例，发病率 855.64/10 万，各类传染病发病率在漳州市平均发病率的 95% 可信区间下限之上，传染病漏报率为 0.04% ；全年共处理突发公共卫生事件 10 起、处置布病疫情 3 起；完成手足口病监测病例 96 份，无重症、死亡病例；完成 8 例麻疹风疹病例调查处置，均排除麻疹风疹病例；完成霍乱标本监测 329 份，阳性标本为 0 份；完成疟疾标本监测 56 份，阳性标本为 0 份。景山街道社区卫生服务中心睡眠康复中心全年诊疗量达 2579 人次。

【公共卫生服务】 2022 年，辖区承担基本公共卫生服务项目的村（社区）级医疗机构数 53 家，承担公卫医生数 55 人；全年建立居民电子健康档案 200019 份，居民规范化电子健康档案覆盖率 65.32%，辖区内按规范管理的高血压患者 13037 人，按规范管理的糖尿病患者 4888 人，共体检老年人 17576 人；家庭医生签约人数 86821 人，其中重点人群签约人数 55728 人；落实乡村医生政府津贴补助 1.56 万元，兑现乡村医生基本公共卫生服务补助经费 432.18 万元。基本公共卫生服务项目市级年度绩效复核位居全市第二，代表市级参加省级 2021 年度绩效复核，获得全省第四；组织基层医疗卫生机构参加国家优质服务基层行和社区医院创建活动。景山街道社区卫生服务中心通过省级优质服务基层行推荐标准和社区医院评价并报国家卫健委备案，步文和朝阳社区卫生服务中心均通过市级优质服务基层行基本标准评价。

【妇幼健康服务】 2022年，全区宫颈癌筛查任务数2000人，完成筛查2011人，完成率100.6%，乳腺癌筛查任务2000人，完成筛查2042人，完成率102.1%；全区增补叶酸任务数770人，实际服用人数723人，叶酸服用率93.89%人；地中海贫血筛查任务数100对，实际筛查111对，完成率111%；免费产前筛查任务数400人，实际筛查484人，完成率121%。

【托育服务】 2022年，龙文区卫健局对接省市扶持政策，在辖区伟才托育园、铭望托育园和悦芽公园美学托育园3家托育机构开展省级试点，龙文区友善托育机构参加市级试点，共争取上级经费240万元，新增普惠托位240个。

【医疗卫生体制改革】 2022年，龙文区卫健局重点做好漳州市中医院与辖区4家基层医疗卫生机构帮扶协作，每周定期指派1～2名专家到各社区卫生服务中心坐诊；探索全民健康管理新模式，由区卫健局及景山街道社区卫生服务中心分别作为主体与海南博鳌县域医疗发展研究中心签订《龙文区全民健康管理示范区发展规划》和《龙文区全民健康管理中心功能规划》，以景山社区卫生服务中心通过省级社区医院评审为载体，结合景山社区卫生服务中心二期规划筹备创建龙文区全民健康管理中心。依托龙文区全民健康管理中心构筑覆盖区、镇、村三级全链条的健康管理网；5月27日，龙文区医学会成立并召开第一届会员代表大会，会议通过龙文区医学会章程、会费标准和管理办法、组织架构及人员安排。

【医政管理】 2022年，龙文区卫健局共办理医疗机构执业许可有效延续13件、注销登记9件、执业登记8件、变更登记60件、年审校验180件；诊所执业备案6件、变更9件、注销1件；完成医师资格考试现场审核169人，审核通过163人；全年共受理医疗纠纷及信访投诉等7起，人民调解成功率100%；全区公立医疗机构及二级以上医院全部参加医疗责任保险，并纳入平安医院考评。

【精神卫生】 2022年，龙文区卫健局构建全区重性精神障碍患者区、镇、村三级防治管理网络。全区严重精神障碍患者在册人数843人，检出率2.79‰、管理率98.7%、规范管理率97.03%、服药率88.02%。

【医疗项目建设】 2022年，龙文区卫健局加强辖区社区卫生服务站的配置和婴幼儿托位的配套建设，参与市中心城区医疗卫生资源分布规划和中心城区双修复规划；推进漳州市第三医院三期项目前期准备，全年累计完成投资额5640万元（含地价及桩基合同），平面设计方案开展调整深化；漳州市医院朝阳分院住院大楼完成立项、桩基及主体施工许可证办理，全年累计完成投资6461万元。

【综合监督】 2022年，龙文区卫健局共办理“卫生许可证”189家，年度校验“放射诊疗许可证”13家，新许可放射诊疗单位3家，全年共出动监督人员1919人次、执法车辆310台次，监督覆盖率100%；国家“双随机、一公开”任务62家，完结率100%；接收和处理投诉举报31件（含6起协查函），办理案件10起，共计罚没款27000元；公共场所许可现场指导装修和整改184户次，完成办证、换证184家；组织量化等级评定509家（其中15家不予评级），达到等级评定100%；下达《卫生监督意见书》349份；广泛开展宣传活动，发放宣传资料5000余份；开展工作场所职业病危害因素监督检测20家，任务完成率均达100%。

【计生奖励与扶助】 2022年，

龙文区卫健局共发放计生奖励与扶助资金1204.45万元，其中省级资金409.21万元，市级资金99.20万元，区级负担696.04万元，累计惠及46391人次。计生奖励扶助政策兑现率100%。

【卫生应急】 2022年，龙文区卫健局开展龙文区“健康使命—2022”应对新冠肺炎疫情区域划定防控应急演练、龙文区2022年应对新冠肺炎疫情流调溯源应急演练，组织紧急医学救援队参与2022年突发环境事件应急演练、龙文区粮食安全应急演练、饮用水水源地水污染事件应急演练等综合演练。全年共协调和落实各类医疗卫生保障工作25场，派出医护人员队伍68人次，救护车6车次，累计执行保障25.5天。

【爱国卫生】 2022年，龙文区卫健局完成12个省级卫生村（社区）的创建；针对无物业小区、城中村、城乡接合部等重点部位、重点场所进行消杀；开展第34个爱卫月系列宣传活动，组织爱卫办各成员单位通过宣传栏、LED、视频、微信公众号等方式开展“文明健康绿色环保”生活方式宣传；印发《健康龙文行动2022年度工作要点》，组建健康宣传员队伍，组织健康漳州行动宣讲员的推荐、报送。

【安全生产】 2022年，全区各医疗卫生机构安全生产设施（含消防、安防、技防）投入383.30万元，实现医疗机构消防设施设备及特种设备专业维保。全年共排查整改安全隐患120条，组织开展各类安全生产业务培训115场，参加培训人数4056人，开展应急演练18次，参加741人次。

【医疗队伍建设】 2022年，全区通过事业单位公开招考、公办村卫生所招聘和医疗机构自主招聘等形式，新招聘引进人员137人，其中公开招聘和调动入编34人；引进全职高级职称人才8人、博士1人、省级健康客座专家1人，认定高层次人才D类8人，推荐参加漳州市首届优秀基层卫技人员遴选并入选1人，创建全区首个“名医工作室”（漳州市第三医院“余良宏名医工作室”）。

（凌代国 撰　林美琳 审）

体 育

【群众体育】 2022年，龙文区文体旅游局制定下发《2021—2024年度龙文区竞技体育奖励办法》《2022年龙文区全民健身运动会实施方案》等文件，全年共举办全民健身运动会系列活动赛事19场。11月16日，全区首个智慧体育公园开工建设，项目争取省级专项资金300万元、市级资金5万元。

【竞技体育】 2022年，龙文区文体旅游局推选在训优秀运动员代表漳州市参加第十七届省运会，2人获得排球项目银牌，1人获得击剑项目个人金牌、1人获得铜牌，5人获得团体银牌、2人获得团体铜牌；同时向省体校输送乒乓球运动员1人，向市体校输送排球运动员2人。

【龙文籍运动员邱祺缘获得全国体操锦标赛女子平衡木冠军】 2022年9月9日，在浙江杭州举行的“韵味杭州”2022年全国体操锦标赛女子平衡木决赛中，龙文籍运动员邱祺缘完成一套难度分为6.5分的成套动作，完成分拿到8.066分，以14.566分获得冠军。

2022年9月9日，龙文籍运动员邱祺缘获得全国体操锦标赛女子平衡木冠军

（嫣子 摄）

就业创业

【就业政策落实】 2022年，全区兑现各类惠企保民生补助1829.85万元，惠及企业3266家次、个人47815人次。全区失业补助金领取人员2140人，合计发放167.80万元；失业保险金领取人员6006人，合计发放994.98万元。

【就业服务】 2022年，龙文区人社局开展“服务企业、服务就业”行动，全区城镇新增就业人数7897人，失业再就业人数1865人。针对高校毕业生、农民工等重点群体，举办招聘会21场，提供岗位7600余个。安排85名干部担任“就业网格员”，对接全区125家规模以上重点企业；研发上线“用工帮”微信小程序，采取“后台接单、分配专人、限时办理”模式，帮助企业解决用工难题235个；搭建“企业共享用工平台”，引导帮助阶段性劳动力闲置企业和缺工企业实现“共享用工”。“线上线下齐发力 做优做实用工服务新模式”被省发改委评为2022年第一批优化营商环境工作典型经验做法。在全省率先建设零工劳务服务中心（驿站），注册企业258家、用户1240人，并在万达商场、丽景社区和梧桥社区建立零工服务驿站3个。

【高校毕业生就业】 2022年，龙文区人社局开展“送岗留才进校园”活动，组织18家企业到闽南师范大学和漳州市城市职业技术学院开展招聘活动；开展青年就业见习工作，全区共有见习单位30家，提供招募岗位85个，组织81人次开展见习，发放见习补贴63.1万元；提供基层公共管理和社会服务岗位2个；开展大中专毕业生创新创业活动，1项大中专毕业生创业省级资助项目获得省级资助8万元，1个项目获得“中国创翼”大赛省级优胜奖，2个服务业项目分别获得“水仙花杯”创业创新大赛主体赛二等奖和优胜奖，2个制造业项目分别获得三等奖和优胜奖。

人才智力

【高层次人才培育】 2022年，龙文区人社局推进“万才聚漳”行动计划，全年共发放省、市、区各项人才补助278.47万元，认定省级高层次人才6人、省工科类青年专业人才2人、市级高层次人才23人、龙文区F类人才5人；推荐2人参加省级“雏鹰计划”青年拔尖人才评选（占全市50%）。全年新增各类人才775人。

【高技能人才建设】 2022年，全区26家企业组织2817名职工开展岗位技能提升（互联网+）培训，发放补贴283.8万元；向601人发放见证补贴或技能提升补贴68.32万元；新增取得职业资格证书或职业技能等级证书人数979人，新增取得证书人数全市排名第一。

【高水平基地建设】 2022年，全区建成博士后创新实践基地3家（漳州市恒丽电子有限公司、漳州科能电器有限公司、福建明鑫智威能科技股份有限公司），市级人才驿站示范站1家（漳州留学生同学会海归青年人才之家）。

人事管理

【事业单位人员管理】 2022年，龙文区人社局优化事业单位人员招考聘用程序，全年共招聘事业单位工作人员34人。制定出台《漳州市龙文区事业单位管理岗位职员等级晋升制度工作实施方案》，首批共有13人晋升职员等级；开展清理规范事业单位工作人员津贴补贴工作，推动“1+X”督查工作常态化、制度化。

【职称评审】 2022年，龙文区人社局共批准确认初级专业技术职务任职资格499人，委托省、市初中高级专业技术任职资格评审委员会评审308人。

劳动关系

【劳动监察执法】 2022年，龙文区人社局推进“双随机、一公开”劳动保障监察执法，共巡查在建工程项目6轮，检查用人单位93家；通过“110”联动等方式，协调处理农民工工资纠纷1594起（次）。

【劳动仲裁】 2022年，龙文区人社局受理劳动仲裁立案327起，综合调解率为56.53%；推进“福建省智慧调解仲裁”信息系统建设，线上办案率达100%。4月，龙文区劳动人事争议仲裁服务中心运用案前调解方式处置一起劳动纠纷，被《福建法治日报》、新浪网等官方融媒体宣传报道。

【劳动关系管理】 2022年，龙文区人社局受理工伤认定申请525件，作出工伤认定516件。

（林剑伟 韩嘉燕 撰 李鹏志 审）

社会民生

医疗和社会保障

【医保参保人数增加】 2022年，龙文区职工和居民医保总参保人数185497人，比上年增长3.53%，完成目标任务的101.44%，增长率和完成率全市排名第一。

【医保基金总额预算管理工作】 2022年，全区纳入总额预算管理医疗机构6家。城乡居民医保基金支出18844.8万元，累计稽核扣款1027.9万元，实际基金使用支出进度88.17%，低于序时支出进度11.8%，比上年下降26.1%；职工医保基金（含门诊）支出4586.9万元，累计稽核扣款215.4万元，实际基金使用支出进度84.6%，低于序时支出进度15.4%，比上年下降28.9%，实现总额预算管理预期目标。

【医保基金监管】 2022年，龙文医保局完成全区134家定点医药机构的检查，覆盖率100%，处理率100%。其中，解除定点药店协议6家（含终止科室3家），暂停协议7家，约谈警告34家，限期整改116家，通报批评16家，暂停医保服务资格22人；追回医保基金3227.92万元，追回资金总额全市排名第二；追回资金占上一年度基金支出比重11.06%，全市排名第一；在区政府网站等曝光各类典型案例233例，曝光量全市排名第二；作出行政处罚6起，罚款4.12万元，行政处罚数量全市排名第二。

2022年8月1日，龙文医保局在漳州市第三医院召开审计专项检查整改部署会

（汤少霞 摄）

【医保便民服务】 2022年，龙文医保局制定《漳州市龙文医疗保障局关于开展全省医疗保障系统“行风建设提升年”活动通知》，细化任务分解表，明确责任人员、整改时限。打造“15分钟医保服务圈”，在全区6个镇（街道）、80个村（社区）设置医保窗口、配备医保协理员、下放服务事项清单10项，基本建

立市、县、乡、村四级经办服务体系。18个医保服务事项在全市医保经办窗口实行“全市通办”服务；19项医保便民服务事项入驻“e政务”便民服务终端，实现24小时“自助办”；6个医保服务事项在医保服务站全面展开；全面实行“综合柜员制”。与漳州市公安局龙文分局联合制定“新生儿出生申报一件事”套餐服务，压缩新生儿落户参保办理时限30%。推广“企业开办一件事一站式”服务模式，申请人在“漳州通”App的“企业+N秒办”平台完成工商认证、银行开户、税务登记后，即可选择医保参保登记，实现全流程网上办理，参保登记即报即办。截至年底，区医保窗口业务办件数7509件，服务满意率100%；医保服务站和各镇（街道）、村（社区）医保便民服务点受理各类医保登记事项近9000件；“12345”平台涉医保问题直连医保热线，全年办理各类群众诉求件近2000件，满意率99.85%；获得红旗窗口2次，表扬信2封，锦旗2面。龙文医保系统行风建设年度绩效考评排名全市第二。

【医保政策宣传】 2022年，龙文医保局强化组织部署、部门联动，提高群众对医保政策的知晓率。全年共印制宣传资料50000余份、宣传海报500张、宣传品60000余份，举办医保业务培训10场。

【医保利民政策】 2022年，龙文医保局落实公务员医疗补助办法、医疗救助制度、城乡居民医保政策以及分娩支付倾斜政策；组织辖区医疗机构做好各批次集采药品和耗材报量工作，跟进国家药品集采2批次、省级药品集采1批次、省际联盟药品集采1批次，涉及药品140种；跟进国家耗材集采1批次、省级耗材集采1批次、省际联盟耗材集采3批次，涉及耗材9类。落实并兑现集采结余留用资金389359.2万元。

（林英珠 撰　翁廷飞 审）

【社会保障】 2022年，全区参保职工265人，参保的离退休人员65人；参加失业保险人数65076人；领取失业保险金人数6039人次，领取金额940.57万元。

（区人社局供稿）

社会救助

【城乡低保对象和特困供养人员救助】 2022年，全区共有城乡低保对象1403户2302人，特困供养人员239人；全年发放城乡低保金1219.85万元、特困供养金492.58万元；实施临时救助1792人次（含元旦、春节慰问），发放救助金231.35万元。龙文区民政局启动社会救助和保障标准与物价上涨挂钩联动机制，发放临时补贴7963人次23.9万元。向城乡低保对象、特困人员发放一次性生活补贴2403人48.06万元。城乡居民最低生活保障标准家庭年人均收入提高至10584元，农村居民最低生活保障人均补助水平提高至412元/月，城市居民最低生活保障人均补助水平提高至490元/月，同步调整特困人员供养标准。城乡低保对象和特困供养人员审核确认权限全面下放到各镇人民政府和街道办事处。

【“漏保”“漏救”点题整治】 2022年，龙文区民政局摸排困难群众954人，纳入低保对象211人、特困供养对象127人，实施临时救助314人次，新增事实无人抚养儿童3人。加大社会救助政策宣传力度，印发宣传材料2万余份，开展“社会救助政策宣讲进村（居）”“农村留守儿童和困境儿童关爱保护政策宣讲进村（居）”等活动14场次。

【困难群众走访慰问】 2022年元旦、春节期间，龙文区民政局走访慰问全区城乡特困供养人员、城乡低保对象、建档立卡的贫困人口、计划生育特殊家庭及因病、因残、因灾、因疫情影响导致生活困难的家庭等1250户困难群众，发放慰问金和慰问品价值共计120余万元。

【教育救助】 2022年元旦、春节期间，龙文区民政局对119名低保和低保边缘家庭全日制普通高等院校在读大学生和新录取大学生开展年度常态化一次性临时救助，发放救助金49万元。

养老服务

【养老服务评估地方标准制定】 2022年，龙文区民政局牵头起草的《居家社区养老服务第三方评估规范》列入福建省地方标准，为全省居家社区养老服务质量评估工作提供方向指引，填补养老服务评估标准的空白。

【养老服务设施建设】 2022年，全区建成朝阳街道朝兴社区养老服务照料中心、打山社区居家养老服务站、西洋村农村幸福院、郭坑镇郭坑社区幸福院4个长者食堂（助餐点）和碧湖街道融升、兴湖、碧湖3个社区居家养老服务站。

【居家养老】 2022年，龙文区民政局以政府购买服务方式为全区60周岁以上特殊老人和75周岁以上高龄老人提供线下居家养老服务和线上基础信息服务，并向其他社会老人低偿开放，实现居家养老服务村（居）全覆盖。居家养老服务线上平台基础服务用户5863人、实体服务对象5863人，平台总呼入量21362人次、回访量133403人次。

【养老设施托管运营】 2022年，龙文区民政局实施第三轮养老设施政府委托运营购买服务项目，托管运营养老设施数量增加至30所。

【适老化改造工程】 2022年，龙文区民政局对全区纳入分散供养特困人员和建档立卡贫困人口范围的高龄、失能、残疾老年人家庭609户（第一批558户，第二批51户）实施居家适老化改造。

【医养结合】 2022年，全区养老服务照料中心、社区居家养老服务站和农村幸福院均与所在地医疗机构建立医养合作关系，为老年人体检、诊疗提供便利。德润医院在德润老年公寓在现址开办，被列入全市医养结合试点单位。

【养老诈骗专项整治】 2022年，龙文区民政局在养老机构、养老服务场所等开展宣传教育，落实宣传教育常态化、摸排隐患常态化、收集线索常态化，全区养老服务场所未发生诈骗案件。

【高龄老人补贴】 2022年，全区共发放高龄老人生活补贴194.28万元。

社会福利

【残疾人“两项补贴”】 2022年，全区共有1602人享受困难残疾人生活补贴、1893人享受重度残疾人护理补贴，全年共发放残疾人“两项补贴”500.94万元。

【未成年人关爱保护】 2022年，龙文区民政局建立“区—镇街—村居”三级救助关爱保护体系，成立龙文区未成年人救助保护中心，6个镇（街道）挂牌成立未成年人保护站。开展全区镇（街道）儿童督导员和村（社区）儿童主任全员培训。全面落实辖区39名事实无人抚养儿童、3名孤儿一人一档、动态管理跟进、定期入户走访、关爱帮扶政策，全年发放孤儿和事实无人抚养儿童基本生活补贴69.58万元。引入专业社工，开展“‘益’童成长·筑梦未来”困境（留守）儿童社会工作服务项目，对160余名困境（留守）儿童开展帮扶关爱的社工服务行动，项目获得团市委、市民政局举办的漳州市重点青少年群体社会工作服务项目大赛一等奖。

社区工作

【社区治理】 2022年，龙文区

民政局实施区委、区政府城市社区治理三年行动部署，以近邻党建促近邻服务，通过民主协商搭建“近邻”平台、智慧社区构建“近邻”网络、公众参与扩大“近邻”辐射、五社联动提升“近邻”实践、人才建设夯实“近邻”基础、养老服务促进“近邻”养老，创建4个五社联动社区示范点，步文街道“党建引领 融合邻里”近邻服务做法在全市民政系统推广。

【社区组织建设】 2022年，辖区增设2个社区，14个社区（村）依法补选28名居（村）委员会成员。

【社区队伍建设】 2022年，龙文区民政局以镇（街道）为单位，开展社区工作人员业务和技能培训。发动社会工作者参加职业水平考试报名，全年报名参加全国社会工作者职业水平考试人数301人。

社会组织管理

【概况】 2022年，龙文区民政局共办理社会组织成立登记10家、注销登记15家。应检社会组织189家，已检167家，年检率88.36%。

【“僵尸型”社会组织整治】 2022年，龙文区民政局在全市率先作出依法撤销2家社会组织登记的行政处罚，促使23家社会组织主动申请注销登记，2家社会组织再次激活。在2022年“社会组织参与平安建设”考评中位列全市第一。

公共服务

【婚姻登记】 2022年，龙文区民政局共办理结婚登记907对、离婚登记325对、补结登记90对、补离登记13对，出具婚姻证明85份。

【殡葬服务】 2022年，龙文区民政局共免费火化遗体956例，其中非龙文区户籍102例，遗体火化率和骨灰寄存率100%，参与“110”联动处理非正常死亡遗体43例。完成郭坑镇扶摇村公益性生命公园一期建设。

【区划地名】 2022年，龙文区民政局更新完善辖区内地名信息及空间点位信息等基础数据。贯彻执行新修订的地名管理条例，规范地名命名和标准地址二维码管理工作。全年完成全区8714面门牌的制作安装。

（王瑞云 撰 李振山 审）

镇（街道）

郭坑镇

【概况】　郭坑镇位于龙文区北部，九龙江支流北溪北岸，东与龙海区、台商投资区接壤，西与芗城区浦南镇毗连，北邻长泰区；2022 年辖洛滨、扶摇、篁卿、院后、汐浦、口社 6 个行政村，郭坑、新街、铁路 3 个社区，以及 1 个镇办东溪农场。土地面积 36 平方千米，年末户籍人口 17615 人。

【经济社会发展】　2022 年，郭坑镇规模以上工业总产值 21.88 亿元，比上年增长 12.95%；固定资产投资 12.49 亿元，比上年增长 119.12%；规模以上工业增加值比上年增长 23%；社会消费品零售总额 2780 万元；一般公共预算总收入 2962 万元，比上年增长 4.1%；其中，地方一般公共预算收入 1682 万元，比上年增长 7.41%。

【重点项目】　2022 年，郭坑镇实施重点项目 15 个，总投资 25.28 亿元；完成率 107.14%。山水林田湖草沙一期完成投资 4200 万元，其中支渠生态护坡工程、水源地保护工程完成验收，院后工业区生活污水改造工程、支渠水质提升工程完成工程建设，水产养殖污染防治研究与示范项目进入施工阶段；山水林田湖草沙二期完成投资 1500 万元，水源地保护与生态带建设工程进入施工阶段；口社田园综合体完成投资 926.96 万元，农旅体验园蔬菜基地基本完工；龙泽花园一期完成交房并启动二期建设；城乡供水一体化工程完成投资 5000 万元，主要管线施工基本完成，并在口社村、汐浦村等安装水表 820 个；启动市级重点项目

2022 年，郭坑镇与龙文发展集团合作，在口社村开发建设田园综合体

国道324线龙海角美大碑头至龙文朝阳漳滨段改线工程征迁，征迁面积19.4公顷，完成基本农田补划、集体土地使用权收回和土地整理工作并通过省厅验收；完成篁卿温泉体验馆、郭坑电商产业园等项目建设并引进6家企业进驻园区直播带货。

【乡村振兴】 2022年，郭坑镇打造乡村振兴“串点连线成片”精品线路，全年开工项目20个，开工率100%，完成投资额2797万元，占年度计划投资额191.05%，项目数、投资额、进展情况均排名全市第一。全市乡村振兴重点镇现场会在郭坑镇召开；口社村获评第二批省级乡村治理示范村。

2022年，郭坑镇申报生态农业产业示范基地和北溪北岸生态旅游基础设施2个乡村振兴专项债，全年下发额度1.81亿元。与龙文发展集团在口社村合作开发建设占地面积约540亩的田园综合体，并启动项目一期的中央果蔬基地，完成65亩的温室青椒苦瓜种植区、七彩农业旅游区等特色果蔬分片种植；完成海丝民宿、金鸡山研学基地、篁卿幽谷温泉招商体验馆等产业项目建设；扶持窖藏茶、猴照山甜茶等茶品牌，鼎寨山茗韵家庭农场入选年度省级生态农场试点名单，11月，集展销、娱乐、美食为一体的猴照山生态园开园。投资2400万元，完成“一村一品”特色村综合项目一、二期工程，开展6千米道路“白改黑”、打造35处由波斯菊组成的“一路生花”示范带、设置29处闽南特色长廊、亭子、篱笆等场景物件，建成洛滨村院士长廊、口社村党建广场等，洛滨村乡贤、中国工程院院士郑绵平返乡为院士长廊揭牌；投资340万元，完成郭坑绿道改造提升工程，打造扶摇风车长廊、篁卿热带沙滩等12个特色景点。深化“万企兴万村”活动，引导广东商会、漳商经济文化促进会等7个商协会与各村共建，参与奖学助学、完善基础设施等工作；与漳州信产集团合作开办漳州市“数商兴农”首期（郭坑镇）直播带货孵化陪跑培训班，培养本土“村播村品共成长”特约主播5人。

2022年，洛滨村新村一期完成装修并入住

【人居环境整治】 2022年，郭坑镇投资1.77亿元，完成口社堤岸拓宽工程、南三号路等道路工程；投资400万元，完成近7000平方米废旧地块改造，增设40余个停车位；完善东部公办教育圈，9月，郭坑第二中心幼儿园开园招生，增加学位384个；投资150万元，完成郭坑农贸市场提档升级；洛滨村新村一期27栋建筑完成装修并入住，启动口社村霞贯新村申报程序；全年全镇完成147宗裸房整治；郭坑水质提升工程进入运营阶段，末端出水基本达到V类水标准。短视频《福建龙文：优化公共服务擦亮乡村幸福底色》入选农业农村部“农村公共服务十年建设成果小视频”优秀作品并在全国展播。

【综治平安】 2022年，郭坑镇开展25场“小手拉大手”、12场“谱写法治新篇章·绘就平安新画卷”平安建设宣传活动，编

2022 年 9 月，郭坑第二中心幼儿园开园招生

发平安三率宣传短信 15 万条，发放宣传品（图册）2000 个；与派出所、司法所等联动，全年共排查各类矛盾纠纷 170 起，调处 170 起，调处率达 100%。

在全镇范围内开展安全隐患大排查大整治和安全生产专项整治三年行动，开展 31 次安全检查，排查生产经营单位 115 家次，排查生产经营租住场所（10 人以上）2 处，排查安全隐患 85 项，整改率 100%；在扶摇关帝庙建立微型消防站，创建东溪农场、新街社区、铁路社区三个防汛责任体系村。

【便民服务】 2022 年，郭坑镇便民服务中心新增老年人优待证办理，增设母婴室并提供无障碍服务，全年共办理事项 11977 件，办结率 100%；完成辖区 205 户低保户、43 户低保边缘户、41 户特困户的年度核查工作；完成全镇退役军人建档立卡及申领优待证工作，配合做好重大节日重点优抚对象慰问及立功受奖军人上门授奖；强化幸福院等养老服务保障设施建设；铁路社区获评省级终身教育提质培优学习型社区。

【文化活动】 2022 年，郭坑镇开展各类文化活动。7 月 26 日，在扶摇关帝庙前广场举行“游扶摇 品三国——弘扬关帝文化，助推乡村振兴”主题文艺会演；12 月 30—31 日，在东溪农场承泽楼举办漳州市郭坑首届国风文化艺术节暨承泽喜事；12 月 30 日，在郭坑绿道开展“学习贯彻二十大 健步迈向新征程”健步走活动。

（苏炳蔚 周艺红 撰　蒋军杰 审）

步文街道

【概况】 步文街道位于龙文区西南部。2022 年辖步文、石仓、锦绣、长福、浦东、龙江、同昌、香榭、田丰、坂上、天亭、北仓、莲花 13 个社区。年末户籍人口 50692 人。

【经济社会发展】 2022 年，步文街道实现固定资产投资总额 51.19 亿元，比上年下降

2022 年 12 月 30 日，郭坑镇开展“学习贯彻二十大 健步迈向新征程”健步走活动

2022 年 7 月 26 日，“游扶摇 品三国——弘扬关帝文化，助推乡村振兴”主题文艺会演在扶摇关帝庙前广场举行

16.14%；社会消费品零售总额 6.46 亿元，比上年增长 5.8%；一般公共预算总收入 2.88 亿元，比上年增长 12.28%；其中，地方一般公共预算收入 1.97 亿元，比上年增长 5.42%。

【重点项目】 2022 年，步文街道共有续建项目 13 个、新建项目 13 个、竣工项目 9 个。落实“千名干部挂千企”帮扶活动，累计走访商贸企业 140 余次。全年共签约项目 6 个，计划总投资 2.71 亿元；新增限额以上贸易企业 12 家，完成全年任务数的 150%；入库项目 17 个，总投资 59.29 亿元。

【人居环境整治】 2022 年，步文街道创建市级示范街道，投入垃圾分类经费 138 万元，开展各类垃圾分类主题宣传活动 178 场次、下发各类宣传材料 15836 份，开展入户宣传工作 231 次。联合环境集团对垃圾桶进行规范化整改，更换破损、错误的垃圾分类桶标识 100 余处，增划垃圾桶定点摆放线 38 处，在 6 个小区新（增）建 8 座垃圾屋和 3 座垃圾亭，年度考评总分全市第一。开展中心城区范围内微“两违”建筑物“增生”整治等 206 宗、面积 5465 平方米，劝导店外占道经营 1639 起，开具违停处理通知书 137 张，拖离机动车 137 辆，增划停车线 1826.75 平方米。

【民生保障】 2022 年，步文街道开展困难群众“漏保”“漏救”点题整治工作，摸排清单内对象 106 人，新增城市低保 16 户 36 人，发放低保保障金 151.53 万元。镇级临时救助 22 人，发放救助金 4.21 万元。打造“15 分钟政务服务圈”。8 月，24 小时社区便民服务平台“智慧芳邻”平台正式投用，首批入驻生育服务登记、居住证明等 7 个高频事项。锦绣社区联合漳州开心社工服务中心共同启动“全龄段公益时间银行”项目，针对各阶段年龄开展不同类型的志愿服务活动。

【生态文明建设】 2022 年，步文街道查获并取缔违规生猪屠宰窝点 2 个、拆除违规畜禽养殖窝

2022 年 10 月 29 日，漳州龙文吾悦广场购物中心举行封顶庆典

2022 年 4 月 4 日，民政部基层政权建设和社区治理司司长到步文街道调研

2022 年 8 月 25 日，漳州市老年大学锦绣社区教学点揭牌成立

点 12 个、面积 2000 平方米，清理家禽 975 羽、建筑垃圾杂物 46 卡车；开展清理河道“四乱”专项行动 6 次，没收销毁涉渔“三无”船舶 5 艘，收缴拦河渔网 10 张 800 米、地笼网 6 张 500 米，整治流浪汉聚集窝点 4 处、劝离流浪汉 12 人次、收容救助 1 人，拆除铁皮屋和临时卫生间各 1 座、清运建筑材料 5 车，拆除清理违章搭盖的钓鱼设施 9 处；整治坂上社区和铺下社等城中村 7 个池塘的黑臭水体，推动水质稳定达标。

（潘锦锋 撰　陈伟红 审）

蓝田街道

【概况】　蓝田街道位于漳州市区东大门，是龙文区政府驻地，东以龙文塔为界，南以 G324 及九龙江（西溪）中线为界，西以九十九湾为界，北以北环城路—梧桥中路—迎宾大道—东环城路及三峰山山脊线为界，土地面积 20 平方千米。2022 年辖蔡坂、蓝田、湘桥、东屿、圳头、小港、景山、梧店、鹤鸣、毅阳、学府、福隆、中骏、龙盛、龙腾、国贸、龙湾、龙兴 18 个社区。年末户籍人口 8 万余人。

【经济社会发展】　2022 年，蓝田街道固定资产投资 42.95 亿元；规模以上工业产值 5.55 亿元；限额以上商贸业销售额 43.14 亿元；限额以上批发业销售额 5.97 亿元；餐饮业销售额 0.3 亿元；住宿业销售额 0.2 亿元。

【招商引资】　2022 年，蓝田街道组织外出招商 5 次，参加龙文区集体签约活动 1 场，对接签约活动 11 场，签约天福区域销售总部、欧拉新能源等 10 个项目；开工吉马电商直播产业园、漳州红旗二店提升改造等 11 个项目，完成投资 3.57 亿元；竣工漳州市小港家具批发市场、百家姓氏贸易等 10 个项目，完成投资 4.53 亿元。

【征地拆迁】　2022 年 7 月 23 日，蓝田街道启动东屿片区地块一 02 地块征迁工作，20 天时间签订协议并封房 310 户、356 宗房屋、13.13 万平方米，实现封房 100%、签约 100%、拆除 100%。推进征迁扫尾工作，完成小港 2 座宗祠及蔡坂后吉自然村 2 座宗

2022年2月1日，蓝田街道举办"领航新时代 迈入新征程"主题元宵晚会

祠和庙宇共1616平方米的征迁工作；完成小港村委会及老人临时过渡用房、蔡坂英桥小学老人临时过渡用房的拆除工作；完成蔡坂安置地高压线和军用光缆的迁改；完成漳州三中项目涉及龙泉宫净地扫尾工作，拆除面积298平方米。

【社会安全稳定】 2022年，蓝田街道开展安全隐患大排查大整治和安全生产专项整治三年行动，排查整改365处隐患，开展消防安全综合治理工作，排查整改23家"三合一"场所；开展燃气安全排查整治工作，排查整治商户909家；开展电动车加装遮阳伞专项整治，拆除电动车加装遮阳伞273辆次。

【社区治理】 2022年，蓝田街道投入治理资金200万元，带动近邻党建"1+2"（福隆+龙兴、中骏）创建，推动"商户、居民、物业、党员、社区"共治联动；建设龙兴社区智慧社区，打造"15分钟智慧服务圈"。

【民生保障】 2022年，蓝田街道补齐教育短板，漳州市实验小学龙文校区竣工，漳州三中龙文校区项目开工奠基，保利世贸配套幼儿园改造完成；推动困难群众"应保尽保"，全年纳入低保26人。

（林颖红 张伟雄 撰　游江仕 审）

朝阳街道

【概况】 朝阳街道位于龙文区西部，土地面积24平方千米。2022年辖6个行政村、7个社区和流岗农场、打山工业区、浦口工业集中区，常住人口3万人。

【经济社会发展】 2022年，朝阳街道完成规模以上工业总产值52.62亿元，限额以上批发业128.77亿元，限额以上社会消费品零售额3.29亿元，固定资产投资37.26亿元。

【重点项目】 2022年，大唐锦绣世家（安得广二期）、佳品厂房配套建设工程、内河港道水质提升工程竣工；龙文区实验小学改扩建项目开工，进入桩基建设；九龙江北溪（龙文段）水源地保护与生态建设工程项目征迁工作完成征迁协议签订580余宗20.67公顷，完成率85%以上。开展6次招商活动，招引物流城重组等7个项目，总投资85.86亿元，新签约项目开工率100%。协助18家企业申请各类政策奖励；清理闲置厂房13.42万平方米。

【现代农业发展】 2022年，朝阳街道运用"互联网+企业+农户"模式，实施"一村一品"建设与现代农业产业化结合，拓宽短视频直播带货、网上超市平台、果苗驿站等新渠道，发挥恒坑村百年果苗明星街示范作用，形成以恒坑、桥头等村（社区）为主的花卉绿化苗木基地；以书厅、流岗、石井等村（社区）为主的333.3公顷无公害蔬菜基地，每年向市场提供新鲜蔬菜5000吨以上；以石井、登科等村（社区）为主的肉鸽养殖基地，年出栏肉鸽200万羽以上。

【人居环境整治】 2022年。朝阳街道共依法拆除"两违"建筑

2022 年 1 月 22 日，朝阳街道朝兴社区揭牌

52 宗、面积 14681 平方米，完成农村裸房整治 116 栋；完成图斑整改 48 宗，复绿复耕 32 宗，立案查处 34 宗，开展联合执法 25 次，累计拆除违法建筑 35 宗。开展安全排查、整治及安全宣传 66 次，排查生产经营单位 2530 家次，发现问题隐患 354 处，全部整改完成。开展创建全国文明城市宣传，通过电子屏刊播 72 处、翻新公益广告 160 处 410 幅、微信转发 18000 余次；落实“动态 + 流动”双项巡查措施，全年共整治不规范经营 522 起，拆除违规广告牌 72 处、破旧遮雨棚 148 处，清理违规停放共享单车 230 辆，拖离人行道违规停放的机动车 8 辆；修复人行道两侧隔离护栏 U 型管 22 根、立柱管 28 根。组织环境卫生整治志愿者 65 人，清理背街小巷卫生死角 260 处、垃圾 35 吨。

【社区治理】 2022 年，朝阳街道推行“访调对接”机制，借助智慧朝阳综合管理平台、“12345”便民服务平台、信访平台、智治平台，推动城乡社区网格治理“2+N”模式暨“社区（乡村）110”工作，全年共排查各类矛盾纠纷 405 次，调解纠纷 270 件，其中书面调处 4 件、口头调解 264 件。探索“六十一心”（党员十分奉献、干部十分尽责、设施十分完善、环境十分漂亮、群众十分满意、邻里十分和谐，一个服务中心）党建引领社区治理模式，推进朝兴社区共享共治。设立朝阳街道执法中心，全年共开展志愿服务等宣讲活动 45 场、集中学习 6 次。

【民生保障】 2022 年，朝阳街道通过漳州通受理各类事项 22192 件，办结率 100%；总评价数 44372 个，主动评价率占比 100%，二维码评价数达 10361 个，占比 23.4%；调阅电子证照数 6515 个。投资 65 万元，开办长者食堂 4 个（桥头、西洋、打山、朝兴），惠及 60 周岁以上老人 1515 人；争取上级资金 70 余万元用于 501 县道低洼积水路段整治；腾出 2666 平方米工业用地，作为朝阳中心幼儿园出入口。

（肖小惠 撰　黄小芬 审）

2022 年 10 月 13 日，朝阳街道执法中心揭牌

碧湖街道

【概况】　碧湖街道位于龙文区西南部，土地面积6.57平方千米。2022年辖土白、下洲、碧湖、后坂、万达、荣昌、融信、融升、仁和、明发、建发、恒大、锦元、兴湖（筹备中）14个社区。年末户籍人口30799人，常住户23774户66153人。街道党工委辖4个二级党委、3个党总支、62个党支部。

【经济社会发展】　2022年，碧湖街道完成固定资产投资26.3亿元；限上社会消费品零售总额78767万元，比上年增长83.34%；限上批发业销售额660.92亿元，比上年增长100.84%；限上零售业销售额26995万元，比上年增长18.88%；住宿业营业额8458万元；餐饮业营业额16116万元，比上年增长282.27%。

【“七比一看”竞赛】　比项目招商　2022年，碧湖街道举办招商推介会3场，共计200多家企业负责人、企业代表参加。全年，新签约三产项目17个，其中重大项目3个，总投资27.68亿元，完成率113%。吸引方田几优选超市、碧湖酒家、元初食品、湾东餐饮等新商贸业项目考察落地。

比项目攻坚　2022年，碧湖街道共有重点项目10个，总投资194.07亿元，年度计划投资26.3亿元。其中，市级重点项目4个（预备项目1个），总投资161.49亿元，年度计划投资24.1亿元；区级重点项目6个，总投资32.58亿元，年度计划投资2.2亿元；全年项目开工率100%。全年竣工区级项目2个

比新增新上企业　2022年，碧湖街道提交审核企业71家，提交数量全区排名第二，其中月度新增18家，年度新增53家。

比向上争取资金　2022年，碧湖街道对接省直有关部门，向上自主争取资金40万元，全年自主争取资金和配合向上争取资金在镇（街道）、开发区中均排名第一。

比征地拆迁和耕地保护　2022年，碧湖街道完成市委督导的后坂工业园（行政中心用地）项目征迁扫尾任务，拆除弘盛发工贸有限公司、建筑面积8300平方米，并交地给市收储中心；完成市民广场地面杂物青苗清表12.67公顷，并实现绿网覆盖。

【社区治理】　2022年，碧湖街道探索形成“党建引领为轴，多方联动聚人，民情联网纳事，问题联解安心”的“一轴三联”碧湖街道基层社区治理模式，在龙文区城市社区高质量治理路径研讨会碧湖街道负责人作经验介绍。以荣昌社区列入市级近邻党建示范点为契机，新建“市城管进社区”小组办公室、区人大代表活动室、社区110警务室等近邻党建阵地4个；打造融信社区“融心”、建发社区“幸福四邻”等近邻党建“1+2”品牌，分别获评区一等奖1个、三等奖1个。

【人居环境整治】　2022年，碧湖街道以荣昌社区为试点，全市

11月11日，碧湖城市广场楼宇党建联盟共建协议签约仪式举行

首创每月“文明日”，组织志愿者参与文明创建及环境卫生大整治；探索形成“61518工作机制”，统筹推进街道文明创建、平安建设、经济发展等工作常态化长效化；将桂溪花园内街、万达金街内通道等8条重点难点背街小巷纳入全市背街小巷整治项目，投入1000余万元，整治总长度2270米。落实“门前三包”街长制，建立健全“总街长+片区街长+管理（副）街长+党员志愿者+执法力量”五方联动机制，将辖区大街小巷划分为57个路段，重点路段设置街长责任公示牌，将122名管理（副）街长、17名碧湖城管中队队员划分成13个小组，做到一日一巡查、问题立即改，该经验做法在市电视台作专题报道、全市推广。加强街居河长、河段长巡河巡查力度及浦头港碧湖段巡查治理，全年共拆除违章搭盖3处、面积167平方米，清除杂物41吨，打捞河漂垃圾39立方米。深化建发玺院、锦绣碧湖、融都新界3个小区定时定点垃圾分类投放工作；每月对辖区90个单位开展生活垃圾分类工作督导，在市中心城区每月工作考评中获得5次第一名，《“五建五抓”助推垃圾分类实践出彩》被国家机关事务管理局评为2021—2022年度公共机构能源资源节约优秀示范案例。完成3个农贸市场（下洲农贸市场、龙文花园菜市场、荣昌市场）的（物权）产权梳理和确认并进行改造提升，下洲农贸市场作为全市农贸市场文明创建示范点，完善考核积分制的管理办法，实时公布对商户考核情况。完成文明创建检查的硬件准备工作。

【安全隐患排查整治】 2022年，碧湖街道开展小场所排查整治，共检查小场所843家，排查整改问题隐患60个。开展高层建筑4类重点对象重大火灾风险专项整治，共检查超高层建筑24栋、高层公共建筑17栋，发现隐患5处，均完成整改。开展燃气行业安全生产隐患排查整治工作，截至年底，辖区使用燃气的餐饮场所330家（使用管道燃气157家、使用瓶装燃气173家），报警器安装率100%。做好市场监管及食品安全工作，对辖区贩卖猪肉及肉制品相关单位进行排查，未发现问题肉品及制品商家。

【民生保障】 2022年，碧湖街道探索“四员联动救助工作法”，推进社会救助兜底保障，对符合条件的73户困难群众实行救助；该工作法作为社会救助领域创新实践案例上报省民政厅。超额完成区征兵办下达的征集任务，被市征兵领导小组授予征兵工作先进单位。漳州市首个防范非法集资宣传教育示范社区在兴湖社区成立。仁和社区入选2022年度全省学雷锋志愿服务“五个最美”先进典型名单（最美志愿服务社区），社区亲子小屋依照国家级标准进行建设。

（陈璇 撰　李益斌 审）

景山街道

【概况】 景山街道位于龙文区东北部，西北边以九龙大道为界、

2022年3月5日，仁和社区举行雷锋日志愿者表彰大会

东北边以九龙江（北溪）为界、南边以北环城路—梧桥中路—迎宾大道—东环城路及三峰山山脊线为界，土地面积24.7平方千米。2022年辖西坑、梧桥、浦口、科坑、漳滨、樟山、石洲、新石洲、朝阳、檀香、阳光、丽景、云景、融景14个社区。

【经济社会发展】 2022年，景山街道新增限上商贸企业6家；批零住餐业总额4亿元，完成年度计划300%，比上年增长154%。

【重点项目】 2022年，景山街道完成土地征收28.18公顷，拆迁72936.7平方米，其中净地交付凤鸣路延长线、东环部队置换地、324先导段、科坑园改耕、景山古厝文创等5个项目，推进食品工业园10号地、324改线等项目征迁。

【招商引资】 2022年，景山街道成立以党政主要领导牵头负责的领导小组及3个招商引资小组，设立街道“招商专员”，以开发区重点产业链为依托，实施招商引资全生命周期管理。

【社区治理】 2022年，景山街道以基层党建工作引领社区治理。丽景社区采用“社企联动·融合党建”模式，建立“社区工作者+企业代表+金牌调解员”微网格工作架构，探索“1+3+N”服务体系，打造全区首家家门口社区阅读空间，解决便民充电桩建设、环境卫生整治、老旧管道改造、企业噪声等居民反映强烈问题126件，被评为福建省新时代党建优秀案例；樟山社区采用“1+1+7+N”模式，形成共建、共治、共享的“红色网格遍地开”治理体系，解决樟亿新村飞线充电、樟山背街小巷杂物堆积、池塘黑臭等问题10件，新增完善民生配套3处；梧桥社区“启动梧家有邻”近邻党建品牌创建。全年，景山街道开展“我们的节日‘欢乐中秋’”“金秋庆国庆、九九迎重阳”等近邻党建活动63场次。

【便民服务】 2022年，景山街道受理“12345”平台投诉件1978件，办结率100%。优化调整便民服务中心窗口，完成13个便民中心、社区便民服务代办点规范化建设。开设E政务机自助查询服务102项，构建“15分钟社区服务圈”。申报完成朝阳、漳滨、科坑、新石洲等4个省级卫生社区，城乡医保参保率99.51%。建成村级小额金融便民服务网点15个，村居社保信息化服务平台试点9个。

【人居环境整治】 2022年，景山街道实现垃圾分类平台与“融E治”系统互联互通。完成松林改造提升532亩。完成景山路、景檀路、龙腾北路等15条道路市政管网清淤。开展城乡面貌五大专项整治行动，发挥智慧城市治理中心平台功能，优化提升党员“双报到”、边界预警、网上巡查等板块功能，完成“百路千村”历史遗留铁皮整治18宗、拆除面积2668平方米，排查整治“破墙开门”行为32宗。开展安全生产专项行动12项，实行森林全区域24小时全覆盖安全巡查，完成森林生物防火林带抚育12.55千米。

（景山街道供稿）

人　物

2022 年龙文区副处级以上领导名录

表 10

姓名	现单位及职务
朱　真	区委书记
林晓强	区委副书记、区政府党组书记、区长
周绍斌	区委副书记
黄庆云	区委常委、统战部部长、区政协党组副书记、区总工会主席、区委办室务会召集人、三级调研员
叶文辉	区委常委、政法委书记
刘蓓晖	区委常委、宣传部部长
沈义勇	区委常委、区政府党组副书记、副区长、三级调研员
江华泉	区委常委、纪委书记、监委主任
林燕真	区委常委、组织部部长、市委党校龙文分校校长、漳州行政学院龙文分院院长、区直机关党工委书记
沈晓辉	区委常委、蓝田经济开发区党委书记
陈志民	区委常委、区人武部政委、区政府党组成员
戴志嵩	区人大常委会党组书记、主任、一级调研员
卢蔚霖	区人大常委会党组副书记、副主任
刘　敏	区人大常委会副主任
张少鹏	区人大常委会党组成员、副主任
郑德良	区人大常委会党组成员、副主任
曾朝良	区人大常委会党组成员、二级调研员
黄小兰	区人大常委会党组成员、三级调研员
王龙庆	区人大常委会党组成员、三级调研员

续表 10

姓名	现单位及职务
黄贤策	区人大常委会四级调研员
黄伟强	区政府党组成员、区人武部部长
林培利	区政府党组成员、副区长、市公安局副局长、龙文公安分局局长
林旺盛	区政府党组成员、副区长
黄喆煜	区政府党组成员、副区长
谢　武	区政府党组成员、副区长
杨勇军	区政府党组成员、副区长
刘杏珠	区政府党组成员、副区长、区红十字会会长
陈　琦	区政府副区长、区残联主席
李华胜	区政协党组书记、主席、一级调研员
蔡丽池	区政协党组副书记、副主席
杨东黎	区政协党组成员、副主席
庄启龙	区政协副主席、民建漳州市委会副主委（兼）
吴敏燕	区政协副主席
林金明	区政协党组成员、二级调研员
沈炎坤	区法院党组书记、院长、三级高级法官
张文锋	区检察院党组书记、检察长、四级高级检察官
王海金	区政府党组成员、蓝田经济开发区党委副书记、管委会主任

2022 年龙文区副科级以上领导名录

表 11

姓名	现单位及职务（职级）
单位：区人大	
郑松辉	区人大常委会党组成员、办公室主任、区六届人大常委
李淑敏	区人大人事代表工作委主任、一级主任科员、区六届人大常委
黄溪强	区人大监察司法工委副主任、区六届人大常委
黄锦波	区人大财经委主任、四级调研员、区六届人大常委
叶美贤	区人大农村经济委主任、区六届人大常委
陈通平	区人大教科文卫委主任、区六届人大常委
苏志杰	区人大侨台民宗委主任、四级调研员、区六届人大常委
吕耘彪	区人大城环委主任、四级调研员、区六届人大常委
姚跃辉	区人大信访办主任、一级主任科员、区六届人大常委
许美萱	区人大常委会办公室副主任、三级主任科员

续表 11

姓名	现单位及职务（职级）
汤团和	区人大监察司法工委副主任、二级主任科员
陈敬国	区人大信访办副主任、二级主任科员
林扬奇	区人大社会建设委专职副主任、二级主任科员
宋子鳌	区人大常委会机关四级调研员
郑淑容	区人大常委会机关一级主任科员、区六届人大常委
蔡启福	区人大常委会机关二级主任科员
郑天文	区人大常委会机关二级主任科员
单位：区委办、台港澳工作办公室	
林金木	区委办主任、室务会成员、一级主任科员
林志华	区委办室务会成员、区委台港澳办主任
连惠斌	区委办室务会成员、区纪委监委驻区委办纪检监察组副组长（主持工作）、二级主任科员
詹　雯	区委办副主任、室务会成员、区委保密办（区国家保密局）局长
卢少政	区委办副主任、室务会成员
徐　扬	区委办室务会成员、四级主任科员
蔡志明	区委办四级调研员
韩冉冉	区委办四级主任科员
林建金	区委办室务会成员、区委史志室主任（人员性质不变）、一级主任科员
陈建杉	区委办室务会成员、区委档案馆馆长（人员性质不变）
单位：区政府办	
吴秋潭	区政府党组成员，区政府办党组书记、主任、一级主任科员
潘志伟	区政府办党组成员、区纪委监委驻区政府办纪检监察组副组长（主持工作）、二级主任科员
朱　靖	区政府办党组成员、副主任、二级主任科员
方焕钊	区政府办党组成员、副主任
张伟鸿	区政府办副主任
张志彬	区政府办党组成员、副主任
黄建东	区政府办党组成员、区红十字会专职副会长、二级调研员
蔡志锋	区政府办党组成员、二级主任科员
廖伟强	区政府办党组成员、区外事办主任、二级主任科员
单位：区政协	
陈晓毅	区政协提案委主任、一级主任科员
苏碰周	区政协经济委主任、四级调研员、区六届政协常委
莫　祯	区政协社法委主任
李涓娟	区政协台侨委主任

续表 11

姓名	现单位及职务（职级）
沈娅敏	区政协文史委主任
黄　华	区政协教科卫体委主任
余斯辉	区政协农业农村委专职主任（试用期一年）
杨沛哲	区政协办副主任
宋　超	区政协提案委副主任
张春献	区政协机关四级调研员
单位：区纪委、监委	
林艺勇	区纪委副书记、监委副主任
唐淑真	区纪委常委（正科长级）、监委委员
陈其国	区纪委常委（正科长级）
林圣杰	区纪委常委、区委巡察办主任、区六届人大常委
成鹏强	区纪委常委、监委委员
吴钦良	区监委委员
吴瑞勇	区纪委、监委办公室主任（试用期一年）
余清泉	区纪委、监委信访室主任
张建华	区纪委、监委案件监督管理室主任
黄日新	区纪委、监委党风政风监督室主任
黄智勇	区纪委、监委第二纪检监察室主任
黄磁平	区纪委、监委第三纪检监察室主任
杨志江	区纪委、监委第四纪检监察室主任
陈　芳	区纪委、监委案件审理室主任
单位：区委巡察办	
林圣杰	区纪委常委、区委巡察办主任、区六届人大常委
庄秋明	区委巡察办副主任
林丽容	区委巡察办副科长级巡察专员
刘　权	区委巡察办四级调研员
王妙红	区委巡察办四级主任科员
单位：区委巡察组	
林锦顺	区委巡察二组组长
单位：区委组织部（老干局）	
康明寿	区委编办主任、区委组织部副部长、部务会成员、一级主任科员
黄坤水	区委组织部副部长（正科长级）、部务会成员、区公务员局局长、一级主任科员、区六届人大常委
冯小英	区委老干局局长、区委组织部副部长、部务会成员、区离退休干部党工委书记、一级主任科员

续表 11

姓名	现单位及职务（职级）
杨贵清	区委组织部副部长、部务会成员、一级主任科员
张丽珍	区妇联主席、区委组织部副部长、部务会成员
林军辉	区委组织部部务会成员、区纪委监委驻区委组织部纪检监察组长
吴东风	区委组织部部务会成员、市委党校龙文分校常务副校长、漳州行政学院龙文分院常务副院长
单位：区委宣传部	
林闽东	区委宣传部部务会成员、副部长，文联主席
黄进强	区委宣传部部务会成员、区纪委监委驻区委宣传部纪检监察组组长
庄建和	区委宣传部部务会成员、区纪委监委驻区委宣传部纪检监察组副组长、二级主任科员
许国强	区委宣传部副部长、部务会成员、区新闻办主任、三级主任科员
戴学慧	区委宣传部副部长、部务会成员
庄志辉	区委宣传部二级调研员
林进福	区委宣传部四级调研员
黄长佑	区委宣传部四级调研员
单位：区委统战部	
陈维忠	区委统战部副部长（正科长级）、部务会成员、区侨务办主任、区六届政协常委
何华忠	区委统战部副部长（正科长级）、部务会成员，区工商联党组书记、副主席
姚志强	区委统战部副部长、民宗局局长
陈在贵	区委统战部部务会成员、二级主任科员
单位：区委政法委	
徐建川	区委政法委委务会成员、副书记（正科长级）
林雪峰	区委政法委副书记、委务会成员、一级主任科员
黄跃军	区委政法委副书记、委务会成员、一级主任科员
方海源	区委政法委委务会成员、区纪委监委驻区委政法委纪检监察组副组长（主持工作）、二级主任科员
郑开明	区委政法委委务会成员、政工科长、三级主任科员
黄建生	区委政法委四级主任科员
单位：区委编办	
康明寿	区委编办主任、区委组织部副部长、部务会成员、一级主任科员
刘清华	区委编办副主任、三级主任科员
陈碧玲	区委编办副主任
单位：区委党工委	
黄丽英	区直机关党工委常务副书记（正科长级）、一级主任科员
黄建伟	区直机关党工委副书记、四级调研员
黄彦兵	区直机关党工委委员、纪工委书记、三级主任科员

续表 11

姓名	现单位及职务（职级）
吉文银	区直机关党工委委员、人武部部长
单位：区工商联	
何华忠	区委统战部副部长（正科长级）、部务会成员，区工商联党组书记、副主席
林惠珠	区工商联党组成员、副主席
林荣通	区工商联党组成员、副主席、二级主任科员
单位：区总工会	
杨义忠	区总工会党组书记、常务副主席（正科长级）、区人大六届常委
陈丽凤	区总工会党组成员、四级调研员
郑艺伟	区总工会党组成员、二级主任科员
单位：团区委	
林凌燕	团区委书记、区六届人大常委
吴文景	团区委副书记
单位：区妇联	
张丽珍	区妇联主席、区委组织部副部长、部务会成员
赖玉洁	区妇联副主席、三级主任科员
戴艺敏	区妇联四级主任科员
单位：区计生协	
林毅	区计生协常务专职副会长（正科长级）、区卫健局党组成员
郭敏明	区计生协专职副会长
周文花	区计生协专职副会长
陈少雄	区计生协二级主任科员
单位：区残联	
罗世荣	区残联理事长、区六届政协常委
卓　莹	区残联副理事长人选、二级主任科员
茅炳辉	区残联四级主任科员
单位：区侨联	
郑益清	区侨联主席、区六届政协常委
颜希鸿	区侨联四级调研员
黄明忠	区侨联四级主任科员
单位：区科协	
洪雪青	区科协主席人选
谢长福	区科协二级主任科员

续表 11

姓名	现单位及职务（职级）
单位：区文联	
林闽东	区委宣传部部务会成员、副部长、区文联主席
黄　毅	区文联副主席、二级主任科员
黄金本	区文联四级调研员
单位：区红十字会	
黄建东	区政府办党组成员、区红十字会常务副会长人选、二级调研员
谢小雄	区红十字会副会长人选、二级主任科员
朱克明	区红十字会四级主任科员
单位：区台联	
邹伟华	郭坑镇党委副书记、镇长，区台联兼职会长
潘燕苹	区台联副会长
单位：区发改局（加挂区粮食和物资储备局牌子）	
苏钟铿	区发改局党组书记、局长
刘亚秀	区发改局党组成员、区纪委监委驻区发改局纪检监察组组长
刘海明	区发改局党组成员、副局长、二级主任科员
林世权	区发改局党组成员、副局长、三级主任科员，区粮食和物资储备局局长
黄新解	区纪委监委驻区发改局纪检监察组副组长、三级主任科员
黄庆辉	区发改局党组成员、副局长
单位：区教育局	
林溪圳	区教育局党委书记、局长、一级主任科员
唐顺军	区教育局党委委员、副局长、三级主任科员
黄国昌	区教育局党委委员、副局长、三级主任科员
陈艺红	区教育局党委委员、正科级职级干部（按乡科级正职管理）
王绍宏	区教育局四级调研员
陈荣祥	区教育局二级主任科员
单位：区工信局	
林加德	区工信局党组书记、局长、一级主任科员
邓义青	区工信局党组成员、副局长（正科级）
叶孙阅	区工信局党组成员、副局长、二级主任科员
黄振宇	区工信局党组成员、副局长、三级主任科员
庄志成	区工信局党组成员、科学技术局局长、二级主任科员
黄志勇	区工信局四级调研员

续表 11

姓名	现单位及职务（职级）
单位：区民政局	
孙树林	区民政局党组书记、局长，区革命老根据地建设办主任、一级主任科员
李　萍	区民政局党组成员、副局长、三级主任科员
李振山	区民政局党组成员、副局长、三级主任科员
陈新正	区民政局党组成员、二级调研员
吴三鸿	区民政局二级主任科员
单位：区司法局	
洪春笙	区司法局党组书记、局长
吴聪文	区司法局党组成员、副局长、二级主任科员
刘丽惠	区司法局党组成员、副局长、二级主任科员
赖礼通	区司法局党组成员、副局长、二级主任科员
李明耀	区司法局党组成员、二级调研员
饶荣禄	区司法局党组成员、一级主任科员
简毅斌	区司法局四级主任科员
林丽（石羡）	区司法局四级主任科员
郑春亮	蓝田司法所所长
林清锋	步文司法所所长
郭智伟	蓝田经济开发区司法所所长
郑剑明	朝阳司法所所长（试用期一年）
郑俊宾	郭坑司法所所长（试用期一年）
单位：区财政局	
何聪佩	区财政局党组书记、局长
陈惠凤	区财政局党组成员、副局长、二级主任科员
邹艺鑫	区财政局党组成员、副局长、三级主任科员
黄秋观	区财政局副局长
杨景茹	区纪委监委驻区财政局纪检监察组副组长
康国聪	区财政局党组成员、二级主任科员
单位：区人社局	
李鹏志	区人社局党组书记、局长、四级调研员
林仁发	区人社局党组成员、副局长、二级主任科员
沈华柱	区人社局党组成员、副局长、二级主任科员
徐克仁	区人社局党组成员、副局长、二级主任科员

续表 11

姓名	现单位及职务（职级）
单位：区自然资源局	
陈志强	区自然资源局党组书记、局长
林浩兰	区自然资源局党组成员、副局长
王智辉	区自然资源局党组成员、副局长、三级主任科员
谢浦勇	区自然资源局党组成员、步文自然资源所三级主任科员
冯厚建	区自然资源局二级主任科员
单位：区住建局	
吴生城	区住建局党组书记、局长，区人防办主任
林金福	区住建局党组成员、区纪委监委驻区住建局纪检监察组组长
张小林	区住建局党组成员、副局长、二级主任科员
吕晓明	区住建局党组成员、副局长、三级主任科员
林永坤	区住建局党组成员、副局长、三级主任科员
郭　昕	区住建局纪检监察组副组长
陈宽彬	区住建局四级调研员
谢志寅	区住建局四级调研员
单位：区交通局	
黄艳辉	区交通局党组书记、局长，区交通备战办主任、一级主任科员
郑伟琦	区交通局党组成员、副局长、一级主任科员
王凤贵	区交通局党组成员、副局长、二级主任科员
罗玉良	区交通局党组成员、副局长、三级主任科员
单位：区农业农村局	
王智铭	区农业农村局党组书记、局长，区委农办主任，区乡村振兴局局长、一级主任科员
郑志江	区农业农村局党组成员、副局长、三级主任科员
林玉铭	区农业农村局党组成员、二级主任科员
陈永顺	区农业农村局党组成员、二级主任科员
薛晓东	区农业农村局党组成员、三级主任科员
邱志忠	区农业农村局党组成员、三级主任科员，水利局局长
单位：区商务局	
林建海	区商务局党组书记、局长、一级主任科员
邹重庆	区商务局党组成员、副局长、三级主任科员
单位：区文体旅游局	
薛晓红	区文体旅游局党组书记、局长，区新闻出版广电局局长
罗　辉	区文体旅游局党组成员、副局长、二级主任科员

续表 11

姓名	现单位及职务（职级）
罗云斌	区文体旅游局党组成员、副局长、二级主任科员
蔡丽霞	区文体旅游局党组成员、副局长
单位：区卫健局	
卢文周	区卫健局党组书记、局长、一级主任科员
林　毅	区计生协常务专职副会长（正科长级）人选、区卫健局党组成员
蔡银山	区卫健局党组成员、副局长、三级主任科员
林美琳	区卫健局党组成员、副局长，区疾控预防局局长
高亚国	区卫健局党组成员、二级主任科员
洪阳峰	区卫健局党组成员、区疾控中心主任
单位：区退役军人事务局	
陈聪毅	区退役军人事务局局长，区双拥共建办主任、四级调研员
范灿明	区退役军人事务局副局长
彭　军	区人武部中校副部长，区退役军人事务局兼职副局长
单位：区应急管理局	
张东溪	区应急管理局党委书记、局长
叶新召	区应急管理局党委委员、副局长、二级主任科员
唐勇亮	区应急管理局党委委员、副局长、三级主任科员
廖明亮	区应急管理局党委委员、副局长
洪永瑞	区应急管理局党委委员、二级主任科员
胡启机	区应急管理局四级调研员
单位：区审计局	
陈跃忠	区审计局党组书记、局长
张倩雯	区审计局党组成员、副局长、三级主任科员
王加才	区审计局党组成员、二级主任科员
许碧梅	区审计局党组成员、二级主任科员
单位：区市场监管局	
林志贤	区市场监管局党组书记、局长，区知识产权局局长
赖火枝	区市场监管局党组成员、副局长、一级主任科员
陈渊旗	区市场监管局党组成员、食药安全总监、二级主任科员
王陈元	区市场监管局党组成员、副局长
陈志坚	区市场监管局党组成员、二级主任科员
倪瑞芳	区市场监督管理局四级主任科员
林锦东	区市场监管局四级主任科员

续表 11

姓名	现单位及职务（职级）
冯长来	区市场监管局四级主任科员
林伟明	区市场监管局蓝田市场监管所所长（试用期一年）
郑承鸿	区市场监管局步文市场监管所所长
林苇聪	区市场监管局郭坑市场监管所所长
朱兴玉	区市场监管局朝阳市场监管所所长（试用期一年）
林　厦	区市场监管局朝阳市场监管所四级主任科员
单位：区统计局	
陈俊毅	区统计局党组书记、局长
何继嵘	区统计局党组成员、副局长、二级主任科员
徐晓贞	区统计局副局长
张平平	区统计局党组成员、调查队四级主任科员
周义银	区统计局二级主任科员
单位：区城市管理局	
黄俊勇	区城市管理局党组书记、局长、一级主任科员
曾小州	区城市管理局党组成员、副局长、二级主任科员
刘　健	区城市管理局党组成员、副局长、二级主任科员
陈长权	区城市管理局党组成员、副局长、二级主任科员
吴求昶	区城市管理局副局长（挂职）
黄志明	区城市管理局党组成员、二级主任科员
江建忠	区城市管理局三级主任科员
单位：区信访局	
张金清	区信访局党组书记、局长，区委信访局局长
陈艺能	区信访局党组成员、副局长
苏坤金	区信访局党组成员、一级主任科员
曾建能	区信访局党组成员、四级主任科员
单位：区行政服务中心	
许惠忠	区行政服务中心党组书记、主任
黄财福	区行政服务中心党组副书记、副主任
苏丽珍	区行政服务中心党组成员、副主任、三级主任科员
周雄斌	区行政服务中心四级调研员
单位：蓝田经济开发区	
陈奕杰	景山街道党工委书记，蓝田经济开发区党委副书记、一级主任科员
谢少华	蓝田经济开发区党委委员、纪检监察组组长

续表 11

姓名	现单位及职务（职级）
张清顺	蓝田经济开发区党委委员、副主任
张　劼	蓝田经济开发区党委委员、副主任
林培闽	蓝田经济开发区党委委员、副主任
林华周	蓝田经济开发区派出所所长、开发区党委委员（挂职）、二级警长
张　峰	蓝田经济开发区规划建设局局长
林淑珠	蓝田经济开发区财政局局长、一级主任科员
严屹珉	蓝田经济开发区党政办副主任
王达丰	蓝田经济开发区规划建设局副局长
陈秀峰	蓝田经济开发区经济发展局局长、三级主任科员
王思亮	蓝田经济开发区经济发展局副局长
甘林杰	蓝田经济开发区三级主任科员
潘福俐	蓝田经济开发区四级主任科员
单位：蓝田街道	
陈跃林	蓝田街道党工委书记
苏毅鸿	蓝田街道党工委副书记、办事处主任
郑仲关	蓝田街道人大工委主任
沈　超	蓝田街道党工委副书记、人武部部长、三级主任科员
陈志伟	蓝田街道党工委委员、纪工委书记、监察组组长
陈勇琪	蓝田街道党工委政法委员、办事处副主任、三级主任科员
黄燕红	蓝田街道党工委宣传统战委员、三级主任科员
林方莉	蓝田街道党工委组织委员
黄惠龙	蓝田街道办事处副主任（试用期一年）
游江仕	蓝田街道办事处副主任（试用期一年）
兰龙德	蓝田派出所所长、二级警长，蓝田街道办事处副主任（挂职）
单位：步文街道	
王志明	步文街道党工委书记、一级主任科员
林宝辉	步文街道党工委副书记、办事处主任、一级主任科员
苏毅彬	步文街道人大工委主任
韩　超	步文街道党工委副书记、副主任（挂职）
黄全春	步文街道党工委组织委员、二级主任科员
刘　磊	步文街道党工委委员、纪工委书记、监察组组长
李空军	步文街道党工委统战委员、人武部部长
李艺华	步文街道党工委宣传委员

续表 11

姓名	现单位及职务（职级）
吴少舟	步文街道党工委政法委员
方淑彬	步文街道办事处副主任、三级主任科员
杨凯全	步文街道办事处副主任（试用期一年）
蔡志超	步文街道副主任，步文派出所所长（正科长级）、一级警长
颜跃祥	步文街道三级主任科员
单位：碧湖街道	
纪冠雄	碧湖街道党工委书记
苏继滨	碧湖街道党工委副书记、办事处主任
杨俊川	碧湖街道人大工委主任
苏再明	碧湖街道党工委副书记、政法委员、二级主任科员
肖玉红	碧湖街道党工委宣传统战委员、办事处副主任
陈　达	碧湖街道党工委组织委员、人武部部长
林伟艺	碧湖街道党工委委员、纪工委书记、监察组组长
陈腾虹	碧湖街道办事处副主任、三级主任科员
蒋　威	碧湖街道办事处副主任（试用期一年）
沈伟斌	碧湖街道办事处副主任（试用期一年）
单位：朝阳街道	
孙秋林	朝阳街道党工委书记、一级主任科员
吴秋逸	朝阳街道党工委副书记、办事处主任
刘亚顺	朝阳街道人大工委主任
连海松	朝阳街道党工委副书记、人武部部长、政法委员、三级主任科员
陈志龙	朝阳街道党工委委员、纪工委书记、监察组组长、三级主任科员
杨跃明	朝阳街道党工委委员
刘　颖	朝阳街道党工委宣传统战委员
庄文杰	朝阳街道党工委组织委员
黄小芬	朝阳街道办事处副主任（试用期一年）
刘　夏	朝阳街道办事处副主任（试用期一年）
陈　锋	朝阳派出所所长、二级警长，朝阳街道办事处副主任（挂职）
张和根	朝阳街道三级调研员
单位：景山街道	
陈奕杰	景山街道党工委书记、蓝田经济开发区党委副书记、一级主任科员
沈倩宜	景山街道党工委副书记、办事处主任
冯亚城	景山街道人大工委主任

续表 11

姓名	现单位及职务（职级）
郑志鹏	景山街道党工委副书记、政法委员
林俊铭	景山街道党工委宣传统战委员、三级主任科员
王光明	景山街道党工委委员、人武部部长
杨海虾	景山街道党工委组织委员
苏永川	景山街道党工委委员、纪工委书记、监察组组长
庄丽珠	景山街道办事处副主任、三级主任科员
金强华	景山街道办事处副主任
王吉辉	景山街道办事处副主任（试用期一年）
张坤祥	景山街道二级主任科员
单位：郭坑镇	
许艺军	郭坑镇党委书记
邹伟华	郭坑镇党委副书记、镇长，区台联兼职会长
邹嘉铭	郭坑镇人大主席
陈晨辉	郭坑镇党委副书记、政法委员、三级主任科员
陈乙萍	市发改委经济研究室主任、郭坑镇党委副书记（挂职）
郭建川	郭坑镇党委委员、人武部部长、三级主任科员
沈怀斌	郭坑镇党委宣传委员、三级主任科员
蔡艺伟	郭坑镇党委委员、纪委书记、监察组组长
蒋军杰	郭坑镇党委组织委员
沈楚虹	郭坑镇党委统战委员、副镇长
陈毅强	郭坑镇副镇长
黄雅荣	郭坑镇副镇长
杨祥平	郭坑派出所所长、二级警长，郭坑镇副镇长（挂职）
陈朝娜	郭坑镇一级主任科员
单位：事业参公	
林建金	区委办室务会成员、区委党史和地方志研究室主任（人员性质不变）、一级主任科员
陈华俐	区委党史和地方志研究室副主任（人员性质不变）
陈建杉	区委办室务会成员、区档案馆馆长（人员性质不变）、区档案局局长
林春香	区档案馆副馆长（人员性质不变）
柯伟毅	区档案馆四级主任科员
吴东风	区委组织部部务会成员、市委党校龙文分校常务副校长、漳州行政学院龙文分院常务副院长
林　珺	市委党校龙文分校副校长、漳州行政学院龙文分院副院长、三级主任科员、区妇联副主席（挂职）
刘建文	区退休干部服务中心三级主任科员

续表 11

姓名	现单位及职务（职级）
曾月彩	区退休干部服务中心主任
郭亚荣	区自然资源综合执法大队四级主任科员
杨元瑞	区卫生监督所所长
沈艳茹	区卫生监督所三级主任科员
潘雪芳	区统计局调查队队长
张平平	区统计局党组成员、调查队四级主任科员
黄文震	区城管局党组成员、区城管执法局直属大队二级主任科员
林小路	区城管执法局直属大队大队长、三级主任科员
郭伟阳	区城管执法局直属大队教导员
陈艺红	区教育局党委委员、正科级职级干部（按乡科级正职管理）
单位：事业单位	
黄景林	区融媒体中心副主任
沈鹏昊	区融媒体中心副主任
林聪华	区融媒体中心副主任，原人员编制（自收自支）性质不变
李　彤	区社科联副主席（试用期一年）
林文景	区社科联八级职员
陈丽芹	区防震减灾中心副主任
蔡旭海	蓝田开发区朝阳园区服务中心主任
郑伟国	蓝田开发区朝阳园区服务中心副主任
刘通河	蓝田开发区朝阳园区副主任（试用期一年）
林木荣	区党风廉政电化教育中心主任
叶火雄	区综治中心主任
黄哲文	区机关事业单位登记中心主任
曾荣溪	区机关社保中心主任
苏雪梅	区不动产登记中心主任
唐志溪	区住房保障与房地产综合服务中心主任（试用期一年）
郭天恩	区建设工程服务中心七级职员
林洪浩	区建设工程服务中心主任
陈明忠	区建设工程质量安全站主任
潘良辉	区运输服务中心主任
杨松泽	区水利与渔业执法大队大队长（试用期一年）
李　忞	区招商引资中心主任
郭清龙	区文体旅游局党组成员、区风景名胜区服务中心主任

续表 11

姓名	现单位及职务（职级）
许周林	区旅游中心主任
洪阳峰	区卫健局党组成员、区疾控中心主任
陈立斌	区妇幼保健院院长
王　乐	漳州市第三医院院长、区六届政协委员
陈家富	区质量计量检验检测所所长
黄丽真	区环卫中心主任
王振华	蓝田经济开发区蓝田园区服务中心主任
许俊杰	蓝田经济开发区蓝田园区，保留事业副科长级待遇，自收自支人员性质不变
单位：镇（街道）事业单位	
黄惠宽	蓝田街道便民服务中心主任
杨建祥	蓝田街道综合执法大队大队长
陈　旭	蓝田街道经济服务中心主任
陈伟红	步文街道便民服务中心主任
林志庚	步文街道综合执法大队大队长
张楼峰	步文街道经济服务中心主任
黄燕燕	碧湖街道便民服务中心主任
张淑娟	碧湖街道经济服务中心主任
李益斌	碧湖街道综合执法大队大队长（试用期一年）
何淑美	朝阳街道便民服务中心主任
陈金勇	朝阳街道综合执法大队大队长
郑清玉	朝阳街道经济服务中心主任
郑淑娟	景山街道便民服务中心主任
张毅敏	景山街道综合执法大队大队长
黄翠琴	景山街道经济服务中心主任
黄建和	郭坑镇便民服务中心主任
林众喜	郭坑镇综合执法大队大队长
阙鸿华	郭坑镇农业农村服务中心主任
单位：龙文发展有限公司	
李杰民	龙文发展有限公司董事长
陈春景	龙文发展有限公司党委副书记、副董事长、总经理
蔡思明	龙文发展有限公司党委副书记、副总经理
周　莉	龙文发展有限公司党委委员、副总经理
方勇强	龙文发展有限公司党委委员、纪委书记、监察专员

续表 11

姓名	现单位及职务（职级）
叶顺兴	龙文发展有限公司党委委员、副总经理
吴毅勇	龙文发展有限公司党委委员、总工程师
单位：蓝田开发有限公司	
陈静宇	蓝田开发有限公司党委书记、董事长，区六届政协常委
陈立岩	蓝田开发有限公司党委副书记、总经理
游秀寻	蓝田开发有限公司副总经理
单位：区法院	
庄伟鹏	区法院党组副书记、副院长（正科长级）、四级高级法官
林长江	区法院党组成员、副院长、一级法官
欧阳剑耘	区法院党组成员、副院长、四级高级法官
杨志明	区法院党组成员、纪检监察组组长
吴月凤	区法院党组成员、二级法官助理
谢颖琳	区法院党组成员、政治部主任、一级主任科员
郑继防	区法院一级主任科员
邹岩松	区法院四级高级法官
陈于闽	区法院法警大队大队长、三级警长
王井根	区法院朝阳法庭副庭长、四级法官助理
蔡媛媛	区法院刑事审判庭庭长、一级法官
陈婧怡	区法院家事少年审判庭庭长、一级法官
黄秀丽	区法院二级主任科员
陈梓敬	区法院一级法官
单位：区检察院	
徐志文	区检察院党组副书记、副检察长（正科长级）、四级高级检察官
阮金银	区检察院党组副书记、政治部主任（正科长级）、一级主任科员
郑跃丹	区检察院党组成员、副检察长（正科长级）、四级高级检察官
陈梅云	区检察院党组成员、纪检监察组组长
陈建煌	区检察院党组成员、副检察长、一级检察官
谢少文	区检察院侦查监督科科长、四级高级检察官
林明强	区检察院二级主任科员
王海鹏	区检察院检委会委员、一级检察官
蔡秋绒	区检察院控告申诉检察科科长、一级检察官
黄毅根	区检察院行政装备科科长、三级主任科员
杨志成	区检察院监察科科长、三级主任科员
吴立强	区检察院公诉科科长、一级检察官

全国“人民满意的公务员”潘进格

潘进格，女，汉族，1984年4月生，中共党员，一级检察官，现任龙文区人民检察院第一检察部主任。曾获全国“平安之星”、全国优秀办案检察官、全国优秀公诉人、全国未成年人检察业务能手、福建省检察机关先进个人、福建省五一劳动奖章、福建省青年五四奖章、福建省未检业务标兵、福建省优秀公诉人。2022年8月30日，被评为全国“人民满意的公务员”。

多年来，潘进格承办各类刑事案件1000余件，无一定性错误，均做有罪判决，多起提请抗诉的案件获上级院支持，2018年以来追诉遗漏罪行39件，追诉漏犯17人。

办案之余，潘进格不断提升理论水平，办理全国首例网络假冒专利案，并撰写《熊某某假冒专利案》，入选最高人民检察院编写的《网络犯罪指导性案例实务指引》典型案例。协助省检察院草拟《假冒专利罪证据指引》；撰写的《司法语境下的检察官联席会》获福建省检察机关第十届检察理论研究年会二等奖、最高人民检察院理论研究所华东检察研究院专题征文二等奖。

2020年11月，潘进格推动成立漳州市首家检医合作“一站式”关爱中心——“星星湾”未成年人关爱中心，开启未成年被害人司法保护与社会综合保护的新模式。

潘进格与青年干警组成新媒体团队、青春龙检法治宣讲团队，参与撰写策划“龙文检察”微信公众号，发布普法法律宣传微文。公众号多次登上全国政法微信影响力排行榜首位，获“全国检察新媒体优秀奖”等称号。与闽南师范大学、漳州市律师协会连续举办“检、校、律论辩赛”9届，带领青年检察干警与优秀青年大学生、律师开展业务交流，打造优秀的刑事检察论辩队伍。

“最美基层民警”施晓健

施晓健，男，汉族，1988年1月生，中共党员，现任市公安局蓝田经济开发区警务三队队长、龙文区反诈骗中心主任。曾获评中国社会福利基金会“公益事业推动者奖”、全国“平安之星”、漳州市道德模范、漳州市青年五四奖章、漳州市直优秀共产党员、优秀公务员等；立个人一等功1次、二等功1次、三等功2次、嘉奖6次。2022年9月，被中共中央宣传部、公安部授予“最美基层民警”。

从警以来，施晓健始终奋战在基层一线，将打击防范电信网络诈骗“四专两合力”理念融入工作实践，内部整合公安数据资源，外部联合中国电信接入启用全国反电信网络诈骗专用号码“96110”，创新打造“全息反诈云平台”，实现“诈骗短信智能识别、预警电话智能呼出、宣防指令智能下达”等功能，第一时间对涉诈电话自动进行电话和短信预警，对高等级警情同步指令属地派出所民警上门宣防。

工作之余，施晓健投身打拐公益寻人事业，其所带领的施晓健工作室，累计为全国1818位寻人求助者提供有价值线索，协助找到2251人，帮助1452个失散家庭实现团圆。

荣 誉

2022 年龙文区省级以上劳动模范、五一劳动奖和工人先锋号名录

全国五一劳动奖章：漳州市第三医院重症医学科护士长、主管护师　　田原卿

福建省五一劳动奖状：青蛙王子（中国）日化有限公司

福建省五一劳动奖章：闽南师范大学龙文附属小学校长、语文教师　　陈晓菊

福建省工人先锋号：福建明鑫智能科技股份有限公司夹具组

2022 年龙文区获地厅级以上表彰先进单位名录

表 12

获表彰单位	表彰单位	表彰名称	表彰时间
国家税务总局漳州市龙文区税务局第一税务分局（办税服务厅）	全国创建青年文明号活动组委会	一星级全国青年文明号	2022.8
龙文消防救援大队	应急管理部消防救援局	集体三等功	2022.5
龙文区检察院	最高人民检察院检察日报社	2022 年度全国检察宣传先进单位	2022.9
步文街道锦绣社区	福建省平安建设领导小组	平安建设先进集体	2022.6
朝阳派出所	福建省公安厅	福建省第二批“枫桥式公安派出所”	2022.12
龙文区应急局	福建省人社厅、福建省应急厅	全省应急管理系统先进集体	2022.12
郭坑镇人民政府	福建省统计局福建省第七次全国人口普查领导小组办公室	福建省第七次全国人口普查突出贡献集体	2022.8
步文街道龙江社区	福建省统计局、福建省第七次全国人口普查领导小组办公室	福建省第七次全国人口普查突出贡献集体奖	2022.8
龙文区检察院	福建省检察院	全省检察机关优秀办案团队	2022.10
龙文区人民法院	福建省妇联、福建省教育厅	福建省家庭教育创新实践基地	2022.12
国家税务总局漳州市龙文区税务局第一税务分局（办税服务厅）	福建省总工会	福建省五一先锋号	2022.5

续表 12

获表彰单位	表彰单位	表彰名称	表彰时间
中共漳州市龙文区蓝田消防救援站支部委员会	中共福建省消防救援总队委员会	先进基层党组织	2022.7
龙文消防救援大队	福建消防救援总队	先进大队	2022.3
民盟龙文总支	民盟福建省委会	庆祝福建民盟组织成立 75 周年先进集体	2022.12

2022 年龙文区获地厅级以上表彰先进个人名录

表 13

姓名	获表彰时所在单位	表彰名称	表彰单位	表彰时间
潘进格	龙文区检察院	全国人民满意的公务员	中国共产党中央委员会、中华人民共和国国务院	2022.8
施晓健	龙文公安分局	一等功	公安部	2022.12
施晓健	龙文公安分局	全国“最美基层民警”	公安部	2022.9
姚跃辉	龙文区人大	农工党中央 2020—2021 年反映社情民意信息工作先进个人	中国农工民主党中央委员会办公厅	2022.4
赖青汗	龙文区检察院	《坚定历史自信，将中华优秀传统文化融入检察执法司法工作中》在 2021 年度优秀检察网络作品评选活动中获三等奖	最高人民检察院新闻办公室	2022.4
阮金银	龙文区检察院	2022 年度全国检察宣传先进个人	检察日报社	2022.11
赖青汗	龙文区检察院	《坚定历史自信，将中华优秀传统文化融入检察执法司法工作中》在“新时代法律监督建言”征文评选活动中获三等奖	检察日报社	2022.7
陈金勇	朝阳街道	福建省第七次全国人口普查突出贡献个人	福建省统计局、福建省第七次全国人口普查领导小组办公室	2022.8
徐晓贞	龙文区统计局	福建省第七次全国人口普查突出贡献个人	福建省统计局、福建省第七次全国人口普查领导小组办公室	2022.8

续表 13

姓名	获表彰时所在单位	表彰名称	表彰单位	表彰时间
杨兰青	龙文区统计局	福建省第七次全国人口普查突出贡献个人	福建省统计局、福建省第七次全国人口普查领导小组办公室	2022.8
王水旺	龙文区委办	全省党委办公厅（室）系统先进工作者	中共福建省委办公厅、福建省人社厅	2022.12
潘进格	龙文区检察院	平安建设先进个人	福建省平安建设领导小组、福建省人社厅	2022.6
周慧茹	龙文区检察院	全省检察机关优秀办案检察官	福建省检察院	2022.10
陈胸怀	龙文消防救援大队	个人三等功	福建省消防救援总队	2022.3
杨毅强	漳州市龙文区蓝田消防救援站	优秀党务工作者	福建省消防救援总队	2022.7
郑宝山	龙文区应急局	全省应急管理系统先进工作者	福建省人社厅、福建省应急厅	2022.12
李芹生	龙文区人民法院	全省法院系统首届年度优秀案例分析评选活动中获优秀奖	福建省高级人民法院	2022.9
李育慧	龙文区气象局	第五届福建省综合气象业务技能竞赛优秀教练	福建省气象局	2022.12
冯艺华	龙文区工商联	全省工商联系统先进工作者	福建省人社厅、福建省工商联	2022.7
郑淑容	龙文区妇联	福建省妇联系统先进工作者	福建省人社厅、福建省妇联	2022.7
林琼诗	龙文区市场监管局	福建省疫苗 NRA 评估迎检试点单位作出贡献相关人员表彰	福建省药品监督管理局	2022.12
张　婧	龙文区检察院	优秀刑事检察官助理	福建省人民检察院政治部	2022.11
李小燕	郭坑镇人民政府	2021 年反映社情民意信息主题年暨参政议政工作先进个人	民进福建省委会	2022.2

续表 13

姓名	获表彰时所在单位	表彰名称	表彰单位	表彰时间
洪惠娇	民盟龙文总支	庆祝福建民盟组织成立 75 周年优秀盟务工作者	民盟福建省委会	2022.12
邱海南	民盟龙文总支	庆祝福建民盟组织成立 75 周年优秀盟员	民盟福建省委会	2022.12
黄鸿坚	民盟龙文总支	庆祝福建民盟组织成立 75 周年优秀盟员	民盟福建省委会	2022.12
黄言豪	民盟龙文总支	庆祝福建民盟组织成立 75 周年优秀盟员	民盟福建省委会	2022.12
林小明	龙文区统计局	漳州市第七次全国人口普查先进个人	中共漳州市委、漳州市人民政府	2022.9
温　薇	龙文区统计局	漳州市第七次全国人口普查先进个人	中共漳州市委、漳州市人民政府	2022.9
林小红	朝阳街道	漳州市第七次全国人口普查先进个人	中共漳州市委、漳州市人民政府	2022.8
张雅芬	郭坑镇人民政府	漳州市第七次全国人口普查先进个人	中共漳州市委、漳州市人民政府	2022.8
戴阿红	步文街道北仓社区	漳州市第七次全国人口普查先进个人	中共漳州市委、漳州市人民政府	2022.8

龙文区2022年度经济建设突出贡献奖名单（6家）

漳州市九龙江集团有限公司
漳州特房开发有限公司
漳州路桥物资发展有限公司
大闽食品（漳州）有限公司
漳州市城市建设投资开发有限公司
百威雪津（漳州）啤酒有限公司

龙文区2022年度经济建设贡献奖名单（57家）

漳州市龙文发展集团有限公司
漳州联东金越投资有限公司
中国平安财产保险股份有限公司漳州中心支公司
漳州梁悦房地产开发有限公司
福建海峡两岸农产品物流城发展有限公司
漳州顶津食品有限公司
荣昌（福建）投资集团有限公司
漳州联悦置业有限公司
漳州宝龙英聚房地产有限公司
漳州龙文华艺房地产开发有限公司
漳州市龙文区桂溪房地产开发有限公司
漳州市龙文区城市建设开发中心
福建漳州农村商业银行股份有限公司龙文支行
青蛙王子（福建）婴童护理用品有限公司
漳州万达广场有限公司
福建兆发房地产有限公司
招商银行股份有限公司漳州分行
厦门银行股份有限公司漳州分行
漳州碧湖生态园开发建设有限公司
漳州市毅达世纪房地产有限公司
福建兆和房地产有限公司
中国邮政储蓄银行股份有限公司漳州市分行
漳州国润房地产有限公司
漳州国融房地产开发有限公司
雷勃动力传动（漳州）有限公司
漳州恒煜房地产开发有限公司
漳州市京焜置业有限公司
福建省漳州市对外贸易有限责任公司
中国人民财产保险股份有限公司漳州市龙文支公司
漳州城投商贸发展有限公司
漳州长福建设发展有限公司
福建海峡银行股份有限公司漳州分行
漳州市交通发展集团有限公司
漳州天同地产有限公司
福建兆盛房地产有限公司
厦门特房建设工程集团有限公司
漳州毅达置业有限公司
漳州龙文唐光房地产开发有限公司
漳州元顺建设投资有限责任公司
宝嘉丽（漳州）房地产开发有限公司
福建信昌卫浴有限公司
漳州市天辰纸品包装有限公司
漳州盛元雷克萨斯汽车销售服务有限公司
交通银行股份有限公司漳州分行
漳州市中宝汽车销售有限公司
福建金锐达金属包装有限公司
漳州市通和建设投资有限公司
福建和润供应链管理有限公司
中国建设银行股份有限公司漳州龙文支行
福建漳州市港昌罐头食品有限公司
漳州城投置业有限公司
漳州极致汽车销售服务有限公司
漳州路桥翔通建材有限公司
漳州市宇丰建设有限公司
上海浦东发展银行股份有限公司漳州分行
漳州世茂朗盈房地产开发有限公司
福建东方食品集团有限公司

龙文区2022年度纳税大户名单（152家）

漳州市九龙江集团有限公司
漳州特房开发有限公司
漳州路桥物资发展有限公司
大闽食品（漳州）有限公司
漳州市城市建设投资开发有限公司
百威雪津（漳州）啤酒有限公司
漳州市龙文发展集团有限公司
漳州联东金越投资有限公司
中国平安财产保险股份有限公司漳州中心支公司
漳州梁悦房地产开发有限公司
福建海峡两岸农产品物流城发展有限公司
漳州顶津食品有限公司
荣昌（福建）投资集团有限公司
漳州联悦置业有限公司
漳州宝龙英聚房地产有限公司
漳州龙文华艺房地产开发有限公司
漳州市龙文区桂溪房地产开发有限公司
漳州市龙文区城市建设开发中心
福建漳州农村商业银行股份有限公司龙文支行
青蛙王子（福建）婴童护理用品有限公司
漳州万达广场有限公司
福建兆发房地产有限公司
招商银行股份有限公司漳州分行
厦门银行股份有限公司漳州分行
漳州碧湖生态园开发建设有限公司
漳州市毅达世纪房地产有限公司
福建兆和房地产有限公司
中国邮政储蓄银行股份有限公司漳州市分行
漳州国润房地产有限公司
漳州国融房地产开发有限公司
雷勃动力传动（漳州）有限公司
漳州恒煜房地产开发有限公司
漳州市京焜置业有限公司
福建省漳州市对外贸易有限责任公司
中国人民财产保险股份有限公司漳州市龙文支公司
漳州城投商贸发展有限公司
漳州长福建设发展有限公司
福建海峡银行股份有限公司漳州分行
漳州市交通发展集团有限公司
漳州天同地产有限公司
福建兆盛房地产有限公司
厦门特房建设工程集团有限公司
漳州毅达置业有限公司
漳州龙文唐光房地产开发有限公司
漳州元顺建设投资有限责任公司
宝嘉丽（漳州）房地产开发有限公司
福建信昌卫浴有限公司
漳州市天辰纸品包装有限公司
漳州盛元雷克萨斯汽车销售服务有限公司
交通银行股份有限公司漳州分行
漳州市中宝汽车销售有限公司
福建金锐达金属包装有限公司
漳州市通和建设投资有限公司
福建和润供应链管理有限公司
中国建设银行股份有限公司漳州龙文支行
福建漳州市港昌罐头食品有限公司
漳州城投置业有限公司
漳州极致汽车销售服务有限公司
漳州路桥翔通建材有限公司
漳州市宇丰建设有限公司
上海浦东发展银行股份有限公司漳州分行
漳州世茂朗盈房地产开发有限公司
福建东方食品集团有限公司
漳州悦华官园房地产开发有限公司
漳州盈众汽车销售服务有限公司
福建省小白心里软食品有限公司
福建恒安达建设发展有限公司
漳州市恒丽电子有限公司

天利仁和发展有限公司
漳州市翼特房地产开发有限公司
漳州市利利普电子科技有限公司
福建省明欣集团有限公司
中国农业银行股份有限公司漳州龙文支行
福建漳州城投集团有限公司
漳州中世房地产开发有限公司
福建龙溪轴承（集团）股份有限公司
漳州伊莱福食品有限公司
漳州国峰精机有限公司
大闽生物科技（漳州）有限公司
漳州杰安塑料有限公司
中国工商银行股份有限公司漳州龙文支行
漳州市三闽工贸有限公司
漳州含羞草食品有限公司
漳州市测绘设计研究院
福建省天钧建设集团有限公司
漳州市龙文房地产开发有限公司
漳州市第三医院（漳州市龙文医院）
中建海峡建设发展有限公司
福建七建集团有限公司龙文分公司
福建漳州发展汽车集团有限公司
福建思特电子有限公司
恒丰银行股份有限公司漳州分行
漳州市港昌工贸有限公司
益禾堂智慧（福建）餐饮管理有限公司
漳州科能电器有限公司
中国人寿财产保险股份有限公司漳州市中心支公司
漳州市特房商业运营管理有限公司
漳州城投资产经营管理有限公司
福建省弘恩发展有限公司
福建大农景观建设有限公司
太平财产保险有限公司漳州支公司
中国平安人寿保险股份有限公司漳州中心支公司
漳州市宏香记食品有限公司
福建省汤头建工集团有限公司
漳州城投建工集团有限公司
中建（漳州）建设开发有限公司
漳州盈众致远汽车销售有限公司
国药控股漳州有限公司
漳州贝壳房地产经纪有限公司
和美（漳州）酒店投资有限公司
漳州烟草物流有限公司
漳州达晟园贸易有限公司
漳州佳伟食品有限公司
华泰财产保险有限公司漳州中心支公司
福建鑫天健医药有限公司
漳州城嘉房地产有限公司
中国民生银行股份有限公司漳州分行
福建祥达制罐有限公司
华润混凝土（漳州）有限公司
福建安华发展有限公司
中国联合网络通信有限公司漳州市分公司
漳州信成房地产开发有限公司
漳州市孚美实业有限公司
漳州和品工贸有限公司
福建漳发生态科技有限公司
漳州建晟家具有限公司
中信银行股份有限公司漳州龙文支行
漳州市城市规划设计研究院有限公司
福建闽泰交通工程有限公司
明发集团（漳州）房地产开发有限公司
福建省人力资源服务有限公司漳州分公司
漳州蓝泽置业有限公司
福建利利普光电科技有限公司
丝耐洁（福建）口腔健康科技有限公司
漳州市龙文佳宝混凝土工程有限公司
福建省新麦食品有限公司
福建省同舟建设有限公司
漳州万佳陶瓷工业有限公司
福建拓扬建筑工程有限公司
漳州爱莱莉家具有限公司

漳州矢崎汽车配件有限公司
福建振达辉建设发展有限公司
福建继昌建筑工程有限公司
福建众辰精密机芯有限公司
安徽三建工程有限公司
福建晟育投资发展集团有限公司
漳州市龙文第三建筑工程有限公司
新利达（漳州）包装纸品有限公司
海峡金桥财产保险股份有限公司漳州分公司
漳州金田机械有限公司
漳州城投房屋租赁有限公司
漳州土地开发服务集团有限公司

在区委六届四次全体会议上关于区委常委会工作的报告（节选）

中共龙文区委书记 朱 真

（2022年12月9日）

一年来，区委常委会坚持以习近平新时代中国特色社会主义思想为指导，认真贯彻落实党的十九大、十九届历次全会和二十大精神，坚决落实党中央、国务院决策部署和省委省政府、市委市政府工作要求，按照“疫情要防住、经济要稳住、发展要安全”重要要求，弘扬伟大建党精神，坚持稳中求进工作总基调，高效统筹疫情防控和经济社会发展，统筹发展和安全，聚焦“提高效率、提升效能、提增效益”，深入开展“产业发展项目建设攻坚年”活动和“七比一看”竞赛，加快建设高质量发展先行区，经济社会发展、党的建设取得新的成效。主要做了以下几方面工作：

一、旗帜鲜明讲政治，坚定拥护“两个确立”。区委常委会紧紧围绕迎接和学习宣传贯彻党的二十大这条主线开展工作，以实际行动坚定拥护“两个确立”、坚决做到“两个维护”。一是做好迎接党的二十大胜利召开和学习宣传贯彻党的二十大精神各项工作。精心组织开展“奋进新征程　建功新时代”系列主题宣传等活动，动员广大党员干部踔厉奋发、苦干实干，为迎接党的二十大营造了平稳健康的经济环境、国泰民安的社会环境、风清气正的政治环境。大会胜利闭幕后，区委把学习宣传贯彻党的二十大精神作为首要政治任务，第一时间召开区委常委会（扩大）会议、理论学习中心组学习会传达学习，研究制定《学习贯彻党的二十大精神工作方案》，常态化推进党员干部培训，开展“九个一”系列活动，推动全面学习、全面把握、全面落实。区委常委同志带头赴基层宣讲、调研；成立“新思想耀八闽‘福小宣’在身边”宣讲小分队21支158人，开展宣讲119场次，推动党的二十大精神进机关、进企业、进社区、进农村、进校园、进网站。用好用活线上线下宣传平台，在龙文融媒开辟“学习宣传贯彻党的二十大精神”等专题专栏，抓好基层群众性宣传教育，持续兴起学习宣传贯彻热潮。二是学深悟透习近平新时代中国特色社会主义思想。坚持“第一议题”制度，召开区委常委会、专题会，跟进学习、深刻领会习近平总书记重要讲话重要指示批示精神。举办区管干部学习贯彻党的十九届六中全会精神专题研讨班；区委理论学习中心组围绕《习近平谈治国理政》第四卷、《闽山闽水物华新——习近平福建足迹》等主题开展专题研讨9次，推动新思想学得更深、悟得更透、贯彻得更彻底。三是坚定拥护“两个确立”，坚决做到“两个维护”。认真做好习近平总书记重要讲话重要指示批示精神贯彻落实情况“回头看”，持续跟踪落实，确保执行不偏向、不变通、不走样。强化督查检查，紧扣“产业发展项目建设攻坚年”活动和“七比一看”竞赛、疫情防控、创城等中心任务、重点工作，开展监督检查231次，发现并督促整改问题89个，切实推动党中央、省委、市委各项决策部署落地见效。

二、全力以赴稳增长，推动经济回升向好。区委常委会坚持把稳增长作为全年经济工作的头等大事，突出项目为王、产业为魂、效率为先，以开展“产业发展项目建设攻坚年”活动和“七比一看”竞赛为抓手，全力以赴抓产业、上项目、促发展，推动经济发展稳中有进、稳中向好。11月份获评2022年度全省城市发展“十优”区，预计全年完成GDP 400亿元，增长6.5%；一般公共预算总收入21.36亿元，增长5%，一般公共预算收入15.6亿元，增长12%。一是加快转型升级。坚持不懈突出工业、突破工业，做大做强实体经济，培育壮大高端食品饮料、高端精密制造、新型消费电子等产业。全年新增新上规上工业企业20家，预计完成规模工业总产值408.25亿元，增长10%；新增限上贸易企业87家，预计完成社会消费品零售总额253.1亿元，增长7.6%。坚持“亩均论英雄”，制定出台《龙文区促进产业集约发展提高投资效益若干措施》，加快“退二优二”，推进低效工业用地再开发169.5亩，清理闲置厂房58.2万平方米。强化创新驱动，全区现有106家国家高新技术企业，位居全市第二，2022年全区国家高新技术企业申报80家，申报数位居全市第一，提前超额完成市下达的全年任务，海诺斯工业机械等13家企业获评省科技小巨人企业。大力发展数字经济，持续做强跨境电商产业园，在全市率先建成新经济产业园（试点），电商交易额突破98亿元。深挖消费潜能，开展“全闽乐购·悦动龙文”“福见商旅”等活动，促进消费加速回暖、经济加快复苏。实施乡村振兴5个“串点连线成片”村庄建设，推进口社田园综合体、汐浦生态养殖基地、篁卿康养体验园等7个乡村振兴项目，大力发展生态休闲游、城市近郊游，撬动郭坑全域旅游事业发展。二是扩大有效投资。坚持项目为王、项目为重、项目为大，每季度举行集体开竣工活动，累计新开工项目95个，总投资212亿元；竣工项目75个，总投资388亿元；4个省级续建、51个市级在建重点项目分别超序时进度20.1和15个百分点，全年预计完成固定资产投资260亿元，增长10%以上。积极向上争取资金，科技产业园等13个项目获得地方政府专项债13.95亿元，智慧科技园基础设施项目获得国开行投放基金3.8亿元，有力保障重点项目资金需求。三是注重招商选资。立足漳州中心城区“核心区”定位，制定《产业大招商攻坚行动工作方案》，编制《龙文区产业链招商地图》，建立健全招商信息储备库，加快研发“数字产业服务地图”，推进精准招商选资，带动龙文产业转型升级。注重“以商引商”，全盘梳理辖区优势企业，发挥本土传统产业优势，谋划建设“恒丽智能穿戴产业园”“工业互联网产业园”“盈科智谷产业园”等产业项目。围绕科技产业园、跨境电商孵化园等产业新高地，持续深化“产业链+新平台+零土地”招商，用好“异地孵化”“飞地经济”等模式，拓展市场和发展空间，目前孵化园已入驻电商及其配套企业89家。全面挖掘外出乡贤资源，设置驻粤港澳大湾区招商联络处，成立招商小分队，派2名干部驻深圳招商，拓展“行业+属地+群团”的联动招商模式，新签约产业项目62个，总投资203.7亿元。截至10月，“比项目招商”全市第三。

三、慎终如始防疫情，守护人民生命安全。区委常委会始终坚持人民至上、生命至上，坚定不移落实“外防输入、内防反弹”总策略，坚定不移贯彻“动态清零”总方针，科学精准做好常态化疫情防控和应急处置，全力保障人民群众生命安全和身体健康。一是打好阻击战歼灭战。“3·17”本土疫情发生后，在市委、市政府坚强领导下，第一时间激活应急防控体系，成立12个工作专班，实行“双指挥长、双会商、双挂钩、双督导”作战机制，扁平化运转，高效完成四轮全员核酸检测，历时5天实现社会面“动态清零”，以最短时间、最小代价打赢了疫情防控阻击战。“11·13”疫情发生后，全区立即平战转换，第一时间启动应急状态，快准严实细做好各项防控措施，有力有序开展流调溯源、核酸检测、转运隔离、追阳断链、社区管控等措施，截至12月7日，及时有效处置了29例确诊病例（轻型）、66例无症状感染者和20例初筛阳性感染者，形势总体可防可控。二是全面筑牢防控防线。紧盯数据排查，建立“五个一”机制（一套流程图、一支主力军、一个志愿团、一套数据库、一张协查网），“三公（工）一大”高效协同、组团作战，对推送的重点人群信息“即来即核查”，做到精准找到人、管到人。3月以来累计接收市平台推进数据46673条，9月以来累计接收省平台推送数据10928条，均按时限100%排查到位。严格落实“外防输入”，严防海上、城区、社区“三个入口”，强化进口冷链食品检测，坚决防控风险。三是提升疫情防控能力。对照国务院联防联控机制《关于进一步优化新冠肺炎疫情防控措施科学精准做好防控工作的通知》《关于进一步优化落实新冠肺炎疫情防控措施的通知》要求，及时调整优化疫情防控政策，提高科学精准防控水平。特别是“3·17”疫情趋稳后，全面复盘防控工作，更新完善全区常态化防控方案和应急预案，建立专业流调、应急采样等“平战转换”队伍，梳理制定22张“战时状态”工作流程图，完善提升防控实战机制，实现全闭环管理。创新研发“龙文区疫情防控信息流转平台”“核检实时通”小程序，数字化赋能疫情防控。强化核酸检测、流调溯源、隔离转运、物资储备等能力建设，压紧压实“四方责任”，强化应急“压力测试”，切实做到有备无患。全面推进疫苗接种，各类人群接种率均超市级任务要求。

四、毫不松懈守底线，确保社会安定稳定。区委常委会坚持“党政同责、一岗双责”，统筹发展和安全，从严从细抓好安全生产、生态环保、社会稳定各项工作。一是严守安全生产底线。严格对照国务院“15条硬措施”和省66条、市99条，细化制定106条措施，紧盯危化品、燃气、自建房三个专项整治以及道路交通、消防、建筑施工等重点领域安全工作，梳理明晰“职责清单”“任务清单”，“一月一主题”开展安全隐患大排查大整治，1—11月亡人事故起数下降25%，亡人数下降50%，顺利通过省政府安全生产考核。二是严守生态环保底线。制定《龙文区国家生态文明建设示范区规划（2021—2025）》，聚焦“水气土”三大重点领域，强化排查整治，加大源头治理，坚决打好污染防治攻坚战。1—10月，全区空气质量改善幅度全省第8，“天地网”下发图斑全部完成核查，累计整改违法占用耕地165个，8宗新增乱占耕地建房全部拆除复耕。扎实推进山水林田湖草沙一体化保护和修复项目，整改完成省生态环保督察交办信访件18件。九十九湾连通水系项目入选全国首批“幸福河湖”试点和福建省首批河湖文化遗产名录。三是严守社会稳定底线。常态化扫黑除恶斗争走深走实，“打财断血”有力有效，上级交办线索核查办结率达100%。完善区镇村三级信访评理体系，落实领导干部“四门四访”，“治重化积”成果显著，100%完成国家交办第一批、第二批治重化积信访件55件。万嘉世贸、华美达等历史遗留问题得到解决，特别是债务高达89亿元的物流城二次重组成功，实现复工复产。持续强化金融风险防控，不良贷款率降至0.54%，不良率（从低到高）在全市排名第2。发展新时代“枫桥经验”，创新“1234”多元调处模式，搭建区、镇、村三级信访评理室73个，打造“王芳武市级金牌调解工作室”等12个品牌调解工作室，推动防范在早、处置在小，6月份龙文获评全省平安建设示范区。

五、多措并举惠民生，持续擦亮幸福底色。区委常委会坚持以百姓心为心，着力解决群众急难愁盼问题，群众获得感、幸福感、安全感进一步提升。一是稳就业促增收。深入实施就业优先战略和积极就业政策，制定“服务企业、服务就业”行动方案，85名干部担任“就业网格员”，研发上线“用工帮”小程序，成为全市唯一一个上榜福建省第批推广二十个优化营商环境典型案例。强化零工经济，在全省率先创建“零工劳务服务中心”“社区零工服务驿站”，供需精准对接，有效解决“用工难”“就业难”矛盾。1—10月，全区城镇新增就业人数7464人。兜牢各类困难群众民生底线，低保和特困供养审核确认权限全面下放到各镇（街），完成城乡低保和特困供养人员提标工作，标准全市最高。全年预计完成城镇居民人均可支配收入53792元、农村居民人均可支配收入27505元，分别增长8%和9%。二是办实事增福祉。着力解决群众“衣食住行学、生老病死养”等实际问题，全区民生支出占财政支出比重达80%。持续扩大优质教育供给，建成投用4所学校，新增学位3330个，开工建设漳州三中龙文校区和通源、龙溪“九年一贯制”学校等5个教育项目；增加教师编制500个，将935名非在编教师纳入市属国企管理。巩固提升“健康龙文”建设，每万人口拥有全科医生数5.98人，千人均床位数4.19张，基本满足辖区居民需求。在全市率先探索“线上+线下”医养结合服务，构建“以居家养老为基础、社区养老为依托、机构养老为补充”的多元养老服务体系，新申报省级卫生村（社区）46个，投用1个养老服务照料中心、2个社区居家养老服务站，开办8个长者食堂，完成部分社区及609户困难老年人家庭“适老化”改造，福隆社区被国家卫健委命名为2022年全国示范性老年友好型社区。三是增内涵提品质。聚焦“未来之城”“幸福之城”目标，高起点推进北溪“一江两岸”、龙江新城等城市设计及云洞岩风景名胜区等规划提升，策划檀林、新社、东屿、浦口等片区开发，分块精准推进高质量发展。聚焦中心城区提质扩容，实施112个城乡品质提升项目、178个中心城区提升项目，完成5条道路、28条背街小巷、7条农村公路改造提升，21个“口袋公园”建成投用，新建改造绿地64.3亩，城区品质更高、环境更美。开展“立体创城、爱我龙文”常态化文明创城活动，创建首批省级生活垃圾分类示范区，1—10月，市级生活垃圾分类考评全市第一。制定《龙文区城市社区治理若干措施》，推进全域社区治理，探索形成“六大类型”治理路径，成为省级社区治理和服务创新实验区。

六、求真务实转作风，激励干部担当作为。区委常委会坚持把作风建设摆在突出位置，聚焦“三提三效”、干部作风“五不”问题专项整治，强化绩效管理，提升工作效能。一是建机制促落实。建立区委“5+N”例会、“五个一”（每月一调度、每月一推进、每月一拉练、每月一通报、每月报告）等工作推进机制及督查问效机制，逐项盯指标、抓进度、压担子，顶格推进各项重点工作落地见效，各项主要经济指标均实现正增长，1—10月我区“七比”位居全市第一。二是抓作风提效能。在全市率先配套区级干部作风“五不”问题专项整治二十条措施，在蓝田开发区试点干部作风考核并在全区推广，力促全区干部在工作上做到“有心、有数、有责、有方”。聚焦产业发展、项目建设、招商引资等重点领域，先后举办15期“两新”领域党组织书记暨党龄逢十党员专题培训、首期招商引资实务培训班，开展“镇街书记赛招商”“比业务赛招商”等活动，加快推动党员领导干部从征迁型向现代化转型。三是树导向激活力。鲜明树立“凭能力用干部、以实绩论英雄”的导向，公平公正选人用人，根据疫情防控、“七比一看”竞赛、创城等中心工作的一贯表现和关键时刻的能力担当，对表现突出的83名干部予以提拔晋级和进一步使用，推动“能上能下、有为有位”形成常态。强化先进典型培树，潘进格同志被授予全国“人民满意的公务员”，施晓健同志入选全国“最美基层民警”。

七、持之以恒优环境，增强发展竞争优势。区委常委会坚持软件硬件两手齐抓、同步发力，持续改善优化发展环境，不断激发市场主体活力和发展内生动力。一是优化营商环境。制定《比改革亮点促营商环境全面提升行动方案》，推进337项改革任务，推动政务服务事项从“能办”到“好办、快办”转变。1—10月，我区审批服务效率全市第三。进一步深化“互联网+政务服务”，率先在全市完成福建省网上办事大厅跨域通办模块配置，设置19个“e政务”自助服务一体机点位，129项政务服务事项进驻，全流程网办事项占90%以上，实现“马上办、网上办、一次办”。创新“整合一类事”“办成一件事”，推出34项“一件事套餐”，办理时限平均压缩59.9%，申办材料平均精简34.2%。编制《项目实施手册》，将原本300天的前期工作流程压缩到128天，并在全市率先推行“交地即交证”“拿地即开工”，提速提效项目建设。二是强化精准惠企。深化“千名干部挂千企”，32名处级领导、81名业务骨干挂钩联系204家企业，推进中央、省、市稳经济一揽子政策精准直达。加强全要素保障，专班服务企业落地投产，出台技改奖补、贴息贷款、“腾笼换鸟”等惠企政策，优化政策“免申即享”流程。截至10月底，共兑现各级惠企政策资金1.15亿元，帮助259家（次）企业争取资金2984万元。三是扩大对外开放。主动融入海丝核心区建设，培育发展服务贸易、数字贸易，推动传统外贸企业向跨境电商转型、向内外贸融合方向发展。预计全年完成进出口总额46.21亿元、增长42.43%，实际利用外资1861.9万美元。深化对台融合，创新对台金融服务，举办龙文区2022年惠台服务政银企座谈会暨战略合作签约仪式，向区台商投资企业联谊会会员单位提供综合授信额度10亿元；完善涉台纠纷化解机制，揭牌成立龙文区涉台纠纷人民调解委员会，在全市率先聘任3名台胞为龙文区检察院听证员，参与检察、监督，强化台胞权益保障。深化两岸基层交流交往，举办宗亲、宫庙、文化交流等活动8场，邀请中新网深入走访重点台青台商台企，制作推出10期台胞在漳生活创业专题系列报道，持续打响龙文对台品牌。

八、坚定不移强党建，引领保障事业发展。区委常委会全面落实新时代党的建设总要求，深入推进新时代党的建设新的伟大工程，把全区各级党组织建设得更加坚强有力，引领作用充分发挥。一是压实主体责任。突出从严管党治党主责主业，落细落实党委主体责任、纪委监督责任、党委书记第一责任、班子成员“一岗双责”“四责协同”机制。认真抓好市委全面从严治党主体责任检查意见问题整改，开展区对镇（街道）检查及“回头看”，推动全面从严治党向纵深发展、向基层延伸。二是夯实基层基础。制定《龙文区“强党建、树典型、促发展”党建三年行动方案》，量化任务清单、健全责任体系，分类推进品牌创建。探索“跨村联建”，赋能乡村振兴，以郭坑镇为试点，成立三个片区联合党组织，12个行政村捆绑联动、抱团发展。创新“五和联创”积分制管理，“积”发乡村善治活力，口社村获评第二批省级乡村治理示范村。深化“近邻”党建，开展省级城乡社区“近邻”服务试点，丽景社区“社企联动”做法获评福建省新时代党建优秀案例。提升“两新”党建，在全市率先成立快递物流行业党委、漳州跨境电商（数字贸易）孵化园党支部，扩大蓝田经济开发区“两新”党建“阵地联盟圈”，推进非公党建和新业态新就业群体党建工作。三是强化人才支撑。全面实施“万才聚漳”行动计划，建立人才“四库”（龙文优秀人才库、在外优秀人才库、各类人才需求库、龙文籍在读大学生信息库），建成市级以上各类平台载体7个，与闽南师范大学等7所大学签订校地（企）合作框架协议，新增各类就业人才700名，位居全市第一。强化人才服务，兑现人才政策资金1190.3万元；制定《龙文区人才公寓管理办法（试行）》，在浙江大学举办高层次人才暨企业高管培训班，让人才留得住、发展好。

区委常委会切实加强自身建设，始终坚持和加强党中央集中统一领导，贯彻执行民主集中制，全面完善区委常委会重大决策机制，先后召开30次区委常委会会议，充分发挥了党委把方向、管大局、作决策、保落实的领导作用。严格落实意识形态责任制等制度，带头深化理论武装、发扬斗争精神、弘扬优良作风、强化廉洁自律，区委领导班子坚强有力、各项事业发展行稳致远。

龙文区政府工作报告（节选）

龙文区人民政府区长　林晓强

（2022年12月23日）

一、2022年：勠力同心，共克时艰

2022年是龙文发展史上值得铭记的一年。这一年大事多喜事多，党的二十大胜利召开，又恰逢龙文建区25周年、蓝田开发区成立30周年；这一年困难多挑战多，疫情反复、经济下行、房地产低迷等多种不利因素叠加出现，给龙文经济社会发展带来了巨大冲击，对企业生产、群众生活造成了深刻影响，给政府治理体系和治理能力带来了严峻考验。

狭路相逢勇者胜，越是艰险越向前。这一年，在市委、市政府和区委的坚强领导下，我们坚持以习近平新时代中国特色社会主义思想为指导，认真贯彻落实党的十九大、十九届历次全会和二十大精神，按照“疫情要防住、经济要稳住、发展要安全”重要要求，坚持稳字当头、稳中求进，高效统筹疫情防控和经济社会发展，统筹发展和安全，以开展“产业发展项目建设攻坚年”活动为抓手，众志成城，砥砺前行，推动经济运行回归合理区间，顺利完成各项年度目标任务，社会大局保持安定稳定，成功入选2022年度福建省城市发展“十优”区。预计全年地区生产总值突破400亿元，增长6.5%；一般公共预算总收入21.36亿元，同口径增长5%；一般公共预算收入15.6亿元，同口径增长14.7%。

这一年，我们突出完善机制，以快制快战疫情，守护了百姓安康生命线。“3•17”本土疫情发生后，第一时间激活应急指挥体系，成立12个工作专班，实行“双指挥长、双会商、双挂钩、双督导”作战机制，扁平化运转，高效率运转，5天实现社会面“动态清零”，以最短时间、最小代价打赢了疫情防控阻击战。随后，我们及时复盘总结，立足“早发现、快处置、主动防”，紧盯数据排查重点，开发“龙文区疫情防控信息流转”“核检实时通”信息平台，形成“大数据+网格化”工作闭环；压紧压实“四方责任”，强化核酸检测、流调溯源、转运隔离、物资储备等能力建设，

优化追阳断链、社区管控等工作。全面提升各类人群接种率，有效守住了基层战“疫”防线。

这一年，我们突出竞赛比拼，创新运作破难题，稳住了经济增长基本盘。面对疫情影响，我们坚持“两周一会商、一月一调度”，围绕GDP抓招商、攻项目、补短板，保持定力，精准施策，推动经济运行从7月份开始逐月回升，“七比一看”竞赛主要指标排名回归全市前列。累计新开工项目95个、总投资212亿元，竣工项目75个、总投资388亿元；4个省级续建、51个市级在建重点项目均超序时完成，全年预计完成固定资产投资260亿元，增长10%以上。在全市率先探索实施征迁“房地分离”模式，完成房屋征收43万平方米，土地征收2203.4亩，“比征地拆迁与耕地保护”竞赛持续位居全市第一。积极向上争取资金，科技产业园等13个项目获得地方政府专项债13.95亿元，智慧科技园基础设施项目获国开行投放基金3.8亿元，“幸福河湖”项目获得水利部财政部补助资金近亿元。盘整安置房停车位、店面等国有资产3.28亿元，推动龙文发展获得AA主体信用等级。试行工程项目招投标在财审基础上分类压减，累计节约财政资金1.8亿元。

这一年，我们突出城市赋能，招商选资增实力，打造了产业发展强引擎。抢抓城市之“新”向城市之“心”转变的机遇，注重产城人融合并进，推进产业链壮大，降低房地产依赖。坚持突出工业、突破工业，修订产业发展规划和招商指导目录，编制产业链招商地图，派出小分队常驻粤港澳大湾区等招商，新签约产业项目85个，总投资219.1亿元。严把亩均税收门槛，实施“腾笼换鸟”战略，收回工业用地107亩，盘活存量土地256亩，推进低效工业用地再开发169.5亩，清理闲置厂房58.2万平方米。全年新增新上规上工业企业20家。新增海峡股权交易中心挂牌（交易）企业2家，列入省级重点上市后备企业4家。净增高新技术企业53家、现有159家，净增数和总数均位居全市第一，新增省级科技小巨人企业13家、省级工业龙头培育企业1家、国家级“专精特新”小巨人企业2家。各类人才加速聚集，新增就业人才705名，位居全市第一。坚持做大商圈、做活业态，大力发展总部经济、楼宇经济、金融服务、旅游文创等都市业态，新增限上贸易企业87家，成功招引九龙江集团、城投集团等30多家国有企业进驻龙文。加快吾悦广场、吉马·富邑小镇等建设，进一步完善碧湖万达、闽南水乡、宝龙商圈等特色商业街区业态。深挖消费潜能，坚持“一月一主题”，组织开展“全闽乐购·悦动龙文”、“福见商旅”、美食嘉年华等活动，推动人气加速集聚、消费加速回补。坚持多点布局、搭建平台，加快跨境电商综合试验区建设，公共服务平台备案企业108家，通关总货值近23.1亿元。创新“异地孵化”“虚拟注册”等新模式，跨境电商产业园入驻电商及其配套企业126家，其中虚拟注册企业94家。在全市率先建立新经济产业园（试点），引进天福、永辉、銮泽工贸等6家企业，集聚效应初步显现。

这一年，我们突出有机更新，提升品质促融合，绘出了城乡建设高颜值。功能配套日趋完善。高起点推进北溪“一江两岸”、龙江新城等城市设计及云洞岩风景名胜区等规划提升，策划檀林、新社、东屿、浦口、建元等片区开发，推动324国道改线、云洞岩步道等项目落地开工，推动海绵城市等项目落地龙文。实施112个城乡品质提升项目、178个中心城区提升项目，完成5条道路、28条背街小巷、7条农村公路改造提升。建成投用21个“口袋公园”，新建改造绿地68亩，新增公共停车位3607个。乡村振兴升级提档。实施乡村振兴20个“串点连线成片”项目建设，完成7个村庄生活污水治理设施建设及验收，整治既有裸房239栋，创建6个“绿盈乡村”，村庄清洁行动典型案例获省农业农村厅印发推广。推进口社农旅体验园等6个“一村一品”特色项目，打造扶摇、口社等文旅农旅融合特色样板村。郭坑镇“五和联创”乡村治理积分制做法获全市推广，桥头、口社获评2022年度省级乡村治理示范村。“福建龙文：优化公共服务 擦亮乡村幸福底色”短视频入选农业农村部“农村公共服务十年建设成果小视频”优秀作品展。“陈淳传说”成功入选省级非遗项目名录，新增10个区级非遗项目、6位非遗传承人。生态环保扎实推进。制定实施《龙文区国家生态文明建设示范区规划（2021—2025）》，深化“水气土”系统治理，严格落实“三线一单”硬约束，扎实推进山水林田湖草沙一体化保护和修复项目，整改完成省生态环保督察交办信访件18件，九十九湾入选福建省首批河湖文化遗产名录。北溪、西溪流域断面水质均达到Ⅲ类水质考核目标，集中式饮用水水源地水质达标率100%。1—11月，全区空气质量综合指数改善幅度位居全省第8。创建首批省级生活垃圾分类示范区，生活垃圾分类考评全市第一，碧湖街道“五建五抓”经验做法被国家机关事务管理局评为2021—2022年度公共机构能源资源节约优秀示范案例。

这一年，我们突出问题导向，深化改革优服务，积聚了持续发展新动能。聚焦便捷高效，实施比改革亮点促营商环境全面提升行动，推进337项改革任务，完善“马上办、网上办、一次办”常态化机制，全流程网办事项占比90%，“最多跑一趟”占比99.9%。推出34个“一件事”套餐，办理时限平均压缩62.9%，申办材料平均精简32.2%。编制《项目实施手册》，加快前期工作，在全市率先推行“交地即交证”“拿地即开工”，实现办证抵押“无缝对接”，有效降低企业成本。聚焦精准务实，强化助企纾困，全面落实各级稳经济一揽子政策，出台技改奖补、贴息贷款、“腾笼换鸟”等惠企政策，优化政策“免申即享”流程。截至11月底，共兑现各级惠企政策资金1.3亿元，帮助259家（次）企业争取资金2984万元。聚焦贴心周到，着力打造数字化营商环境，优化提升“e企通”服务平台，一“码”对接企业多元需求，为企业提供“妈妈式”服务，做法入选全省“放管服”改革优秀案例。深化“千名干部挂千企”活动，率先搭建“企业共享用工”平台，破解企业“用工荒”问题，全市唯一入选全省营商环境优秀案例。在步文街道打造全市首个社区便民服务平台，创新“指尖办、贴身办”服务模式。

这一年，我们突出为民惠民，主动作为办实事，增强了人民群众获得感。34个为民办实事项目年度任务全面完成，民生支出占财政支出80%以上。坚持就业优先战略，开展“服务企业、服务就业”行动，选派85名干部担任“就业网格员”，在全省率先创建“零工服务中心”“社区零工服务驿站”。1—11月，全区城镇新增就业7464人。坚决兜牢各类困难群众民生底线，居民最低生活保障和特困人员救助供养标准全市最高。大力发展教育医疗，4所学校（含幼儿园）建成投用，新增学位3330个，漳州三中龙文校区和通源、龙溪“九年一贯制”学校等5个教育项目加快建设，公办幼儿园占比53.02%，普惠性学前教育覆盖率85.96%；统筹用活教师编制，招考300名编内教师，进一步充实师资力量。区教师进修学校通过省级标准化教师进修学校评估验收。新设立碧湖、蓝田街道社区卫生服务中心，改造公办卫生所（站）3个，新申报省级卫生村（社区）46个，在全市率先实现基层中医馆全覆盖。扩大养老服务范围，在全市率先探索推行“线上+线下”医养结合服务，构建“以居家养老为基础、社区养老为依托、机构养老为补充”的多元养老服务体系；新建成投用8个“长者食堂”、1个养老服务照料中心、2个社区居家养老服务站，完成部分社区及609户困难老年人家庭“适老化”改造，福隆社区获评“2022年全国示范性老年友好型社区”。保持社会和谐安定，以安全生产专项整治三年行动为抓手，强化隐患排查整治，通过省政府安全生产考核。严厉打击各类违法犯罪，推动信访“治重化积”，荣获全省平安建设示范区。坚持“新官理旧账”，推动物流城、华美达等历史遗留问题解决。扛牢粮食安全政治责任，严守耕地保护“红线”。深化“立体创城、爱我龙文”常态化创城活动，引领社会文明和谐新风尚。创新城市社区治理模式，成为省级社区治理和服务创新实验区。持续强化金融风险防控，不良贷款率降至0.49%。

这一年，我们突出“三提三效”，担当作为树形象，提振了干事创业精气神。坚决扛起全面从严治党主体责任，坚持把党的建设贯穿政府工作全过程、各方面，严格执行中央八项规定及其实施细则精神和省市区实施办法，坚定拥护“两个确立”，坚决做到“两个维护”。聚焦“提高效率、提升效能、提增效益”，深入开展干部作风“五不”问题专项整治，驰而不息抓作风，全面培育树典型，涌现出全国“人民满意的公务员”潘进格、“最美基层民警”施晓健等先进典型。扎实推进法治政府建设，自觉接受人大、政协和社会监督，高质量办理人大代表建议52件、政协委员提案90件，办复率、满意率均达100%。

此外，妇女儿童、青少年、关工委、工会、残疾人、民族宗教、精神文明、新闻出版、档案管理、社会科学、防汛防台、防震减灾、应急消防、红十字会、退役军人事务、国防动员、外事等各项工作均取得新成效。

各位代表，这一年，我们经受了前所未有的困难，付出了艰辛卓绝的努力，取得了超乎预计的成绩，这是习近平新时代中国特色社会主义思想科学指引的结果，是党中央国务院、省委省政府、市委市政府和区委坚强领导的结果，是在区人大及其常委会、区政协监督支持下，全区人民勠力同心、共克时艰的结果，值得每一位关注龙文、热爱龙文、建设龙文的新老龙文人铭记和自豪。在此，我代表龙文区人民政府，向辛勤工作在各行各业的全区人民，向人大代表、政协委员，向离退休老同志，向驻龙部队官兵、公安干警和消防救援指战员，向情系家乡的在外乡亲乡贤，向所有关心支持龙文发展的海内外朋友，表示衷心的感谢和崇高的敬意！

看到成绩的同时，我们也清醒看到发展中还面临不少困难和问题，特别是受疫情、经济下行等多种不利因素叠加影响，全区各项经济指标增速明显放缓，发展后劲严重不足，中心城区首位度、影响力差距巨大，民生社会事业发展短板突出，政府治理能力还有很大提升空间。这些问题，我们将深刻反思，全面剖析，切实采取有力措施加以解决！

二、2023年：踔厉奋发，勇毅前行

2023年是全面贯彻落实党的二十大精神的开局之年，也是龙文区加快建设高质量发展先行区的关键一年。我们要以习近平新时代中国特色社会主义思想为指导，全面贯彻落实党的二十大精神，深入落实省委十一届三次全会、市委十二届四次全会、区委六届四次全会精神，坚持稳中求进工作总基调，完整、准确、全面贯彻新发展理念，加快构建新发展格局，更好统筹疫情防控和经济社会发展，更好统筹发展和安全，紧扣“四个更大”重要要求，深入开展“产业发展项目建设提升年”活动，扎实推进全国第五次经济普查，着力加快建设现代化经济体系，着力深化改革扩大开放，着力推进城乡协调发展，着力加强生态文明建设，着力探索对台融合发展新路，着力提升人民生活品质，踔厉奋发，勇毅前行，全方位推进高质量发展，奋力谱写现代化滨海城市建设和中国式现代化龙文篇章！

2023年国民经济和社会发展的主要预期目标是：全区地区生产总值增长7%左右；规模工业总产值增长10%；一般公共预算总收入增长5%，一般公共预算收入增长3%；固定资产投资增长7.5%；社会消费品零售总额增长9%；城镇居民人均可支配收入增长8%；农村居民人均可支配收入增长8%。集中力量实施“七大提升”行动：

（一）实施产业能级提升行动，发展壮大实体经济

突出招大引强，培育优势产业。坚持把发展经济的着力点放在实体经济上，着力大招商、招大商，发挥驻深招商联络处、商会协会、招商大使、招商地图作用，主动跟进“长三角”、粤港澳大湾区产业迁移辐射，力争2023年签约产业项目80个，总投资200亿元以上。全力招引行业头部企业，支持“专精特新”企业发展，强化“个转企、小升规、规转股、股上市”梯度培育，打造一批龙头企业和“单项冠军”企业。加快新型工业化进程，推动制造业数字化转型，加快科技创新平台建设，积极培育高新技术企业，力争全区高新技术企业突破190家，研究与试验发展经费投入增速18%以上。

突出建圈强链，放大集群效应。发挥蓝田开发区主阵地作用，坚持错位发展、协同互补，以园区主题化推动产业集群化，加快建设科技产业园、新经济产业园（试点）、恒丽智能产业园、盈科智谷产业园等载体，引导聚集一批具有全局性、前瞻性的产业项目，打造专业化、差异化产业“园中园”。立足龙文产业链实际，谋划一批新旧动能转换和延链补链产业项目，探索推行产业链链长制，坚持一条重点产业链、一个区领导挂帅、一个工作专班跟进，着力做大做强高端食品饮料、精密电子装备、新型消费电子等优势产业。

突出扩量提质，激活城市业态。实施总部集聚和培育行动，吸引央企国企民企等行业龙头区域性总部和职能总部入驻龙文，引导全市金融、物流、建筑、文创、互联网以及“三大三新”等行业领域企业总部落户龙文，打造漳州总部经济核心区，提升城市经济密度和投入产出效益。加快锦绣碧湖A、C地块，吾悦广场等商业综合体建设，推动吉马—万达广场、市民广场等项目早日落地，着力打造万达、宝龙、吾悦及闽南水乡“三点一线”城市消费群，形成大商圈，提升人气度。用好用活龙文城市会客厅、品质龙文展示中心等优秀平台，搭建更多交流互动窗口。组织商贸企业积极开展线上线下促销活动，做到“周周有活动、月月有主题、节节有促销”，让城市更有活力、消费更有热度。同时，积极培育壮大新能源汽车市场，拓展二手车交易市场，积极引进大型批发业，开辟新消费点。

（二）实施项目引建提升行动，持续扩大有效投资

全方位谋划储备项目。把项目谋划作为重中之重来抓，围绕建设“都市核心、商务高地”，谋划一批惠民生、促发展、补短板、强弱项的基础设施建设项目、民生事业项目和产业发展项目。2023年计划实施区级重点项目215个，总投资989亿元，年度投资201亿元。扎实做好市重点项目跟踪，2023年拟申报实施市级以上在建重点项目52个，确保按计划完成年度投资任务。持续跟踪已申报2023年专项债券项目16个，总投资129.55亿元，专项债券资金需求22.29亿元。

全周期服务保障项目。继续深化领导干部挂钩、部门联系项目建设制度，实行专班服务、挂图作战，强化节点管理，定期调度会商，推动已开工的项目顺利施工，尚未开工的项目尽快开工，确保每个项目都按计划、按进度、按要求实施。持续加强项目“全生命周期”服务保障，健全项目观摩、帮办代办等工作机制，继续推广“交地即办证、拿地即开工”高效审批模式，探索试行工业项目“标准地”出让、工业类重点项目信用承诺预审制等新机制新模式，为项目建设按下“快进键”。

全流程监管考核项目。进一步完善项目监督云平台，深化“互联网+”重点项目管理机制，做好省市重点项目动态跟踪，实行项目全流程信息化管理、时效性评估、随机性问询，倒逼项目按时按质建成投产，形成储备一批、安排一批、建设一批、竣工投产一批的良性循环。

（三）实施城乡品质提升行

动，做精做美中心城区

高位推进城市规划。坚持规划先行，加快北溪“一江两岸”战略发展规划及城市设计，打造跨江联动一体发展的城市中心拓展区和生态科技创新区，进一步拉开山水系、交通网、建筑群框架，为城市二次开发留足“美丽空间”。严格执行规划控制，建立健全城市建筑艺术委员会制度，突出建筑协调美和空间韵律美，区分不同地块用途，加强建筑形态、高度、颜色等规划管控，打造多层次、多维度的城市靓丽天际线，充分彰显龙文神韵和特色，提升城市整体形象品质。

精心实施片区开发。坚持以产兴城、以城聚人，统筹考虑片区功能定位、业态植入、投入产出，高标准推进建元、东屿、上美湖新社、虎山、九十九湾四季花海“五大片区”组团开发。通过修缮、改造、重建等方式，多点布局、拓展优化城市发展空间，完善市政基础、公建配套设施，推动产业可持续发展和历史文化保护传承，不断增强产业发展、人口集聚能力，打造产城人深度融合发展样板，加速推动龙文向“城市核心”实质转变。

完善城市功能配套。加快交通路网“内联外延”，推动九龙大道改造、丹洲大桥及连接线建设等项目前期工作，提速东部公交枢纽、小港路跨线桥、物流城路等项目建设，打通“大动脉”，畅通“微循环”；加快构建城市慢行系统，创建串联山水、景点、商圈的城市慢行示范区。加快建设立体停车设施，合理增设街巷夜间、周末停车位，力争全区新增公共停车泊位500个。整治城市夜景照明，提升城市重要节点、走廊夜景照明品位，推进路灯节能改造，增设多功能灯杆。利用城市低洼地、池塘湖泊等建设滞洪区、雨洪公园，争创省级海绵城市建设试点。增设一批“口袋公园”“沙坑乐园”“城市菜园”，加快建成智慧体育公园、景山公园等，稳步推进体育场馆、户外运动场所、居民健身设施等项目建设，打造宜居、韧性、智慧城市。同时，结合老旧小区改造，逐步补齐社区服务设施短板，探索打造一批安全健康、设施完善、管理有序的“十分幸福”完整社区样板。

赓续城市文脉活力。深耕城市“微文脉”“潮玩节”等新潮流，大力发展“文化+”产业，做好云洞岩、湘桥古民居、内林古街区、片仔癀璞山寺遗址、承泽楼等文化古迹、传统村落保护活化利用，发展商贸文旅服务业，繁荣文化市场，延续城市文脉。推动文旅融合，实施云洞岩基础设施建设工程，加快云洞岩步道建设。推进公共文化场所（馆）提质升级，配备完善综合文化站、综合文化服务中心等阵地，促进城乡公共文化服务“一体化”。统筹完善新时代文明实践中心（所、站）三级体系和志愿服务体系，持续巩固提升全国文明城市创建成果。

（四）实施生态治理提升行动，用心守护绿水青山

强化污染防治攻坚。坚持精准治污、科学治污、依法治污，深入实施“蓝天、碧水、净土”三大工程，全力打好污染防治攻坚战，巩固“两溪一湾”生态治理成果。坚持“管车、治企、降尘、联防”并举，加强污染物协同控制和污染天气应对，实现细颗粒物与臭氧“双控双减”。进一步落实河长制，统筹水资源利用、水生态保护、水环境治理，巩固黑臭水体治理成果，实现区内河流水质稳定达标，市考以上断面水质全面提升。加强全过程土壤污染防治、重金属污染源头防治，强化地块污染调查，推进污染地块治理与修复。加强生态环境保护执法联动、司法衔接，严厉打击生态环境违法行为。健全中央和省级、市级生态环境保护督察反馈问题整改长效机制。

落实节能减排降碳。将碳达峰、碳中和纳入生态龙文建设整体布局，落实碳排放总量和强度“双控”制度。持续深化工业、建筑、交通运输、公共机构等重点领域节能降碳行动，健全节能目标责任制和奖励制，加快推动产业结构、能源结构、交通运输结构等调整优化。实施全面节约

战略，推进资源节约集约利用，大力发展循环经济。倡导绿色低碳生产生活方式，推进绿色制造体系建设，推广应用节能降碳先进技术，不断提升省级垃圾分类示范区创建水平。

拓展城市绿色空间。推进国家生态文明建设示范区创建，健全生态环境损害赔偿、多元化生态补偿制度体系。坚持“城市绿肺”定位，大力实施城市增绿、道路扩绿、水系添绿、镇村复绿等森林覆盖工程。计划实施城市环境美化提升项目32个，总投资23.19亿元，年计划投资2.5亿元。深化九龙江西溪、北溪山水林田湖草沙一体化保护和系统治理，加快九十九湾“幸福河湖”“四季花海”串点连线等项目建设，拓展串联河湖、交融山水的“龙文绿道”，打造“推窗见绿、出门入园”的生态园林城市，让群众体验家门口的满园春绿。

（五）实施要素保障提升行动，着力突破发展瓶颈

推进土地集约开发。制定低效用地评定办法，加大低效和闲置用地回收出让力度，逐步完善工业企业用地“低退高进”常态化机制。加快“腾笼换鸟”步伐，按照“ABCDE”五大类型分类，制定实施“退、转、提、留”政策，通过成片更新、区域改造、个案清退等方式，全域盘活低效闲置用地。科学划定工业控制线，保障实体经济发展空间。围绕空间集约、功能复合目标，探索“工业上楼”新模式，提升工业用地投资开发强度。

提升政务服务质效。持续深化“放管服”改革，加快数字政府建设，推动更多政务服务事项“就近办、自助办”“网上办、掌上办”，打造一流营商环境。加快改革商事登记制度，下沉服务事项，优化“多规合一”“多证合一”“四证联发”审批模式，推动审批提速提效。全面落实减税降费、助企纾困等优惠政策，优化“免申即享”流程，切实减轻企业负担。深化“千名干部挂千企”帮扶活动，完善提升“e企通”等服务平台，为企业提供“妈妈式”服务，大力营造尊企、重企、护企、惠企的浓厚氛围。

构筑人才集聚高地。深化“人才强区”战略，落实“万才聚漳”行动计划，推进人才发展体制机制改革，全方位培养、引进、用好人才。坚持以才引才、精准引才，加强“双创之星”“首席科技官”“青年人才优秀创业项目”等培育选拔，培养和引进高层次科技人才、高素质管理人才、高技能实用人才、高水平创新创业团队。健全人才“全方位”服务保障机制，探索完善“人才团圆”“人才安居”“人才成长”等优惠政策，营造政策引人、事业留人、产业育人的人才环境。

打通多元融资渠道。坚持开源节流与降本增效相结合，大力压减非重点、非刚性支出，优先保障基本民生等重点领域支出。健全现代预算制度，开展资产领域专项整治行动，全面摸清家底，捂热盘活“冻产”。加强与国开行、农发行等银行机构的对接，积极拓宽银行融资渠道。充分发挥龙文发展主体信用AA等级效能，拓展融资渠道，切实发挥国企融资平台作用。深化国资国企改革，提升企业市场化经营管理水平，增强核心竞争力，确保区属国有企业营业收入、经营利润均增长30%以上。

（六）实施乡村振兴提升行动，精心打造示范样板

建设宜居宜业和美乡村。注重乡村形态、业态、生态融合，区分集聚提升、城郊融合、特色保护等类型，加快编制“让村民看得懂、政府用得上”的实用性村庄规划。依托现有山水脉络独特风光，以古村落和特色景观旅游名村等为重点，提升打造洛滨村、东溪农场等一批特色风貌村，推动口社村创评省级金牌旅游村。持续整治提升农村人居环境，加强乡村风貌管控，强化农房规划建设管理和农村“两违”整治，推进乡村基础设施和公共服务提档升级，新增一批“绿盈乡村”“美丽庭院”，让群众望得见山、看得见水、记得住乡愁。实行村庄保洁、垃圾转运、公厕管护市场化运营，扶持发展壮大村级集体

经济。

发展乡村特色产业。坚持农业农村优先发展，畅通城乡要素流动，健全农村金融服务体系，持续巩固拓展脱贫攻坚成果，确保脱贫攻坚同乡村振兴有效衔接。招引专业运营团队，实施“一村一品”，差异化发展果蔬种植基地、生态农业观光园、民宿农家乐、数字农业等项目，促进农业产业化与近郊乡村游融合提升。鼓励农业适度规模经营，持续探索建立特色农产品直播销售基地，打造恒坑果苗、汐浦猴照山甜茶、洛滨鼎寨山窖藏茶等特色农业品牌。培育农业专业合作社、家庭农场等农业经营主体，带动村民在家门口增收致富。执行最严格的耕地保护政策，扎实开展乱占耕地专项整治，强化种业创新和农业科技装备支撑。

厚植乡村文化底蕴。坚持以文化人、以文惠农，深入挖掘传承保护国学文化、非遗文化和优秀传统文化，加快设立龙文区非遗馆及非遗展示中心，完善提升陈北溪纪念馆和陈鸿文爱国主义教育基地，用好用活朱熹陈淳文化以及扶摇关帝文化，使之成为宣传乡贤文化、家风家训的文化传习所，不断提高乡村社会文明程度，焕发乡村文明新气象。

（七）实施民生事业提升行动，共建共享幸福之城

着力稳就业兜底线。突出居民收入提低、扩中、调高“三轮驱动”，构建橄榄型收入分配格局，扎实推进共同富裕。实施就业优先战略，强化就业优先政策，健全就业公共服务体系，发挥“零工服务中心”“零工驿站”等平台作用，统筹做好高校毕业生、农村转移劳动力、退役军人等重点群体就业，加大公益性岗位开发力度，加强困难群体就业兜底帮扶。坚持“应保尽保、应救尽救”，深入实施全民参保计划，落实基本医疗保险、失业保险、工伤保险制度，健全分层分类的社会救助体系，大力发展慈善等社会公益事业。坚持“房住不炒”，构建满足多层次需求的住房市场体系，力争全年竣工交付安置房（含安商房）4500 套以上，做好征迁“双困户”安置保障工作。

着力补短板惠民生。实施“学有优教”计划，加快龙溪、通源等九年一贯制学校和漳州三中龙文校区、龙文一中改扩建等教育项目建设，扩大优质教育资源供给，推进学前教育、特殊教育普惠发展、义务教育均衡发展、普通高中特色发展；持续引进名师名校长等教育人才，实施“名师培育工程”“青蓝工程”，加强师德师风建设，打造高素质专业化创新型教师队伍。实施“全民健康”计划，推进医药卫生体制改革，着力补齐医疗人才、技术等短板，推动市中医院龙文院区落地建设，加快市第三医院三期等 3 个卫生健康项目建设；争创全市全民健康管理示范区，探索实施“每人每天一元钱”体检投入项目，推动群众基础病由治到防的转变；紧扣疫情防控新阶段新特点，全面落实“新十条”优化防控措施，做好医疗救治资源准备，加强新冠重点人群健康调查、服务与管理，推进“一老一小”等重点人群疫苗接种，保障药品、检测试剂等稳定供应，群防群控创建“无疫小区”。实施“老有颐养”计划，推进“互联网 + 养老服务”，扩大家庭医生签约服务，加快养护院等项目建设，探索“长者食堂”等新运营模式，构建社区居家养老机构相协调、医养康养相结合的养老服务体系。

着力抓源头保稳定。坚持“人防、物防、技防、机制防”相统一，构建“大安全”“大应急”格局。落实安全生产责任制，坚持“四不放过”原则，深入开展安全生产专项整治行动，坚决遏制重特大事故发生。深化“餐桌污染”治理，创建国家食品安全示范城市，守护群众“舌尖上的安全”。深化国防动员体制改革，推动国防动员工作走深走实。强化底线思维，创新城乡社区治理模式，提高基层治理网格化、精细化、信息化水平，建设更高水平的平安龙文、法治龙文。坚持源头防范，在全市率先探索实施“后征迁时代”市域治理新模式，防治“拆迁暴富”社会隐患。深化信

访"治重化积"工作，完善基层矛盾纠纷快调联调机制，努力营造安定稳定的社会环境。

三、持续加强自身建设，以为民务实清廉形象赢得更好口碑

金杯银杯不如百姓的口碑。我们将牢记"三个务必"，恪尽职守、勇担使命，不断提升政府治理体系和治理能力现代化水平，奋力走好新时代赶考路。

以忠诚诠释初心。始终胸怀"两个大局"，牢记"国之大者"，把学习宣传贯彻党的二十大精神不断引向深入、落到实处。持续学懂弄通做实习近平新时代中国特色社会主义思想，坚定拥护"两个确立"，坚决做到"两个维护"，不断提高政治判断力、政治领悟力、政治执行力。坚持把党的领导贯穿政府工作全过程、各方面，坚决服从区委统一领导，做到党委有部署、群众有需求、政府有行动，推动上级各项决策部署在龙文落地生根、开花结果。

以担当践行使命。持续发扬斗争精神，保持"有心、有数、有责、有方"的工作状态，以"时时放心不下"的责任感和"处处奋勇争先"的使命感，奋力推动全区各项工作再上新台阶。把成效展现到思维创新上，善于用市场的逻辑谋事、用资本的力量干事、用平台的思维成事；落实到改革攻坚上，继续在政府职能转变、国企国资、财税金融、农业农村、生态环境、社会治理等方面加大改革力度，打造龙文更多原创性、引领性、标志性成果；体现到对上争取上，全力争政策、争牌子、争资金、争试点，为龙文高质量发展争得更多资源。

以实干赢得民心。大力弘扬"马上就办、真抓实干"等优良作风，紧盯重点工作、重大项目、重要事项，明确责任主体，限定时间节点，健全高效闭环的体制机制，坚持项目化、目标化、节点化、责任化，一项一项抓推进、一件一件促落实，以每项工作的"小成"促进全局工作的"大胜"。运用"12345"热线、"e企通"平台等各种渠道，了解企业急需解决的困难和群众关心关注的"急难愁盼"，把工作落到发展紧要处、做到群众心坎上。

以清廉涵养正气。贯彻全面从严治党要求，严格落实中央八项规定及其实施细则精神，坚持不懈纠正"四风"，力戒形式主义、官僚主义。一体推进"不敢腐、不能腐、不想腐"机制建设，突出抓好工程建设、政府采购、资金管理等重要领域廉政风险防控。坚持过紧日子，加强预算绩效管理，继续压降"三公"经费和一般性支出。深入践行全过程人民民主，主动接受区人大、区政协和社会各方面监督，加大审计监督力度，切实办好建议、提案，把代表、委员的"金点子"转化为政府工作的"金钥匙"。深化政务公开，让权力在阳光下运行。

《政府工作报告》有关注解表

表 14

缩写词	具体内容
城市发展“十优”区	省政府发展研究中心从1994年起连续开展县域经济评价工作，2021年新增城市发展“十优”区评选。该评价指标体系不完全以GDP论英雄，既有经济指标，也有社会和生态指标，既考虑体量与质量因素，也考虑速度与效益因素，体现了高质量发展的要求
“双指挥长、双会商、双挂钩、双督导”	在疫情防控工作中，书记、区长均担任指挥长；每天早上召开指挥部会商会，晚上召开领导小组会商会；每位区处级领导挂钩一个工作组和一个镇（街道）；领导小组派出监督检查组，人大、政协派出工作督导组
“四方责任”	在疫情期间，全面落实属地、部门、单位、个人的防控责任，建立全社会共同防控体系
“七比一看”竞赛	比征地拆迁与耕地保护、比项目招商、比工业攻坚、比项目攻坚、比争取资金、比乡村振兴与生态建设、比新增“四上”企业和看高质量发展
征迁“房地分离”	征迁补偿标准实行土地与房屋“分开计算、合并结算”
“幸福河湖”	根据《水利部办公厅关于开展幸福河湖建设的通知》（办河湖〔2022〕114号）精神，我区谋划生成九十九湾连通水系“幸福河湖”项目，为福建省唯一试点项目
“腾笼换鸟”	把现有的低效传统制造业 从目前的产业基地“转移出去”，再把“先进生产力”转移进来，以达到经济转型、产业升级、效益提升
“专精特新”小巨人企业	具有“专业化、精细化、特色化、新颖化”特征，且业绩良好，极具发展潜力和培育价值处于成长初期的中小企业
“异地孵化”	注册在龙文、办公在一线城市、数据和纳税回归龙文、享受龙文区各类扶持政策的模式
“虚拟注册”	符合条件的企业在龙文区开办公司时不需要实际租赁一间办公室来注册公司，而由商务局、工商局批准提供孵化园一个房间号，用来工商注册办理营业执照
“一江两岸”	围绕龙文区北部九龙江北溪两岸地区，规划打造产业、服务、生态皆优的城市新中心，开展综合空间规划与重点片区城市设计，并针对发展潜力较大的朝阳、郭坑等片区，在一江两岸协同的思路下进行城市设计
“五和联创”	和善村民、和煦村落、和畅乡风、和谐社会、和睦邻里
“三线一单”	生态保护红线、环境质量底线、资源利用上线和生态环境准入清单
“五建五抓”	建机制抓常态、建设施抓链条、建阵地抓宣传、建队伍抓联动、建平台抓参与
“一件事”套餐	既有单独的“一件事情”，也有涉及多个部门办理或多件相关“一揽子事”，经过重新梳理整合、流程再造后，变成企业群众眼中或窗口统一办理的“一件事”
“交地即交证”	通过环节并联、提前预审，做好权籍调查、资料审核、信息录入等工作，为企业提供“打包服务”，实现企业拿到土地的同时，也拿到不动产权证

续表 14

缩写词	具体内容
“拿地即开工”	已基本确定建设内容的项目，在土地出让前先行开展各项准备工作，在签订土地出让合同并缴纳土地出让金后，原则上 1 个工作日内办结建设用地规划许可证、建设工程规划许可证、建筑工程施工许可证等审批事项，确保企业拿地即可开工建设
“免申即享”	充分利用各部门间的数据共享，让符合条件的企业免予申报，免于提交材料，直接兑现惠企政策
“e 企通”服务平台	龙文区针对企业普遍反映的用工难、招商难、政策兑现难等“够不到行政审批，但又比便民热线类棘手”的问题，开发上线集“在线帮”“用工帮”“投资帮”“政策帮”等服务模块，一“码”对接企业多元需求的政务服务平台
“企业共享用工”平台	依托漳州人事人才网搭建平台，引导帮助阶段性劳动力闲置企业和缺工企业实现“共享用工”
“就业网格员”	以解决企业用工需求为导向，选派干部组建一支服务队伍，主要对接全区 125 家规模以上重点企业
“零工服务中心”	主要为就业困难人员和灵活就业人员提供“即时快办”就业服务，满足辖区经济发展和企业用工需要及外来务工人员就业需求，集招工求职、政策咨询、现场招聘、信息推介、技能培训等多种公益服务功能
“社区零工服务驿站”	因地制宜在商场、社区等前沿阵地延伸拓展“零工服务驿站”，通过“中心—驿站”的辐射模式，进一步拓宽就业和职业培训受众面
“长者食堂”	主要以解决高龄、失能等老年人“吃饭难”的问题为重点，兼顾其他老年人助餐需求，建立的“中央厨房 + 中转配送 + 社区或居家就餐”服务体系，突出安全、方便、实惠
信访“治重化积”	治理重复信访，化解信访积案
“五不”问题	履职不担当、工作不碰硬、落实不见效、能力不适应、内心不敬畏
“四个更大”	在加快建设现代化经济体系上取得更大进步，在服务和融入新发展格局上展现更大作为，在探索海峡两岸融合发展新路上迈出更大步伐，在创造高品质生活上实现更大突破
“七大提升”行动	产业能级提升、项目引建提升、城乡品质提升、生态治理提升、要素保障提升、乡村振兴提升、民生事业提升
“单项冠军”企业	长期专注于制造业某些特定细分产品市场，生产技术或工艺国际领先，单项产品市场占有率位居全球前列的企业
产业“园中园”	在已经建成的产业园内再建造一座微型专业园，为入驻企业“量身定制”研发、生产、办公场所，可以克服企业自行拿地、建设带来的分散经营精力和开发建设周期过长等问题，也可以避免企业拿地后“圈而不建”的现象
“三大三新”	大石化、大健康、大装备等三大主导产业集群；新一代信息技术、新材料、新能源等三个战略性新兴产业集群
工业项目“标准地”出让	土地出让时把每块建设用地的投资、建设、税收、能耗、环境等标准给予明确。企业拿地前，就已知道该地块的使用要求和标准

续表 14

缩写词	具体内容
“十分幸福”完整社区	在居民步行十分钟范围内配有完善的基本公共服务设施、健全的便民商业服务设施、完备的市政配套基础设施、充足的公共活动空间、全覆盖的物业管理和健全的社区管理机制，让居民归属感、认同感较强的现代居住社区
“两溪一湾”	九龙江北溪、九龙江西溪以及九十九湾
“ABCDE”五大类型	A. 优先发展类；B. 提升发展类；C. 调控发展类；D. 落后整治类；E. 倒逼建设类
工业控制线	依照规定程序划定的一定时期内需要严格控制和保护的工业区块范围，原则上以工业用地为主，其他用地功能包括区块内无法扣除的道路、绿地、宿舍、各类配套设施等
“工业上楼”	把重量比较轻且震动小的生产设备转移到高层，实现立体式开发，提高土地利用率
“多规合一”	将国民经济和社会发展规划、城乡规划、土地利用规划、生态环境保护规划等多个规划融合，实现一个区一本规划、一张蓝图，解决现有各类规划自成体系、内容冲突、缺乏衔接等问题
“多证合一”	将建设用地规划许可证、建设用地批准书合并，自然资源主管部门统一核发新的建设用地规划许可证，不再单独核发建设用地批准书
“四证联发”	采取减环节、优流程等审批方式，提前解决审批过程的堵点、难点，实现建设用地规划许可证、不动产权证、建设工程规划许可证、建筑工程施工许可证等“四证联发”
“万才聚漳”行动计划	聚焦我市主导产业发展和教育、卫生等民生领域人才需求，力争用5年时间实现“12345”人才引育目标，即接收实习实训1万人、引进主导产业管理和技术人才2万人、引进教育卫生专业人才3万人、培育技能实用人才4万人、培育乡村振兴人才5万人
征迁“双困户”	长期居住龙文区且具有该区常住户口（直系家庭成员）中等偏下收入和住房困难的被征迁户
“四不放过”原则	事故原因未查清不放过、责任人员未处理不放过、整改措施未落实不放过、有关人员未受到教育不放过
“后征迁时代”市域治理新模式	主要是以被征迁群众及集体经济组织为主要受益对象，组织社区和居民成立合作公司作为经营主体，以购置区属国有企业开发的商品厂房等类似有投资价值、有稳定回报的资产标的作为运营资产，以返租形式交由区属国有企业统一对外招商出租，出租收益由合作公司享有，实现群众和集体“双增收”
“三个务必”	习近平总书记在党的二十大报告中指出，全党同志务必不忘初心、牢记使命，务必谦虚谨慎、艰苦奋斗，务必敢于斗争、善于斗争
“两个大局”	中华民族伟大复兴战略全局、世界百年未有之大变局

龙文区
2022年国民经济和社会发展统计公报

漳州市龙文区统计局

（2023年5月30日）

2022年，在区委、区政府的坚强领导下，全区上下以习近平新时代中国特色社会主义思想为指导，坚持稳中求进工作总基调，对标高质量发展要求，持续做好稳增长、促改革、调结构、惠民生、优生态、防风险各项工作，全区经济持续健康发展，社会保持和谐稳定，人民生活水平稳步提高。

一、综合

初步核算，全年实现地区生产总值439.15亿元，比上年增长7%。其中，第一产业增加值5.42亿元，增长6.2%；第二产业增加值167.99亿元，增长8.7%；第三产业增加值265.74亿元，增长6%。人均地区生产总值143303元，比上年增长6.7%。

一般公共预算总收入21.82亿元，比上年增长7.1%，其中，一般公共预算收入16.08亿元，增长18%；一般公共预算支出18.92亿元，增长21.6%。

二、农业

全年农林牧渔业完成总产值9.27亿元，比上年增长6.8%。粮食种植面积987亩，比上年增加75亩，其中油料种植面积439亩，增加1亩；蔬菜种植面积17262亩，增加808亩。全年粮食产量463吨，增加40吨，增产9.46%。

2022年主要农产品产量一览表

表15

产品名称	产量（吨）	比上年增长（%）
粮食	463	9.46
春收	70	3.86
夏收	44	-6.38
秋收	349	12.94
油料	115	1.23
其中：花生	109	1.30
水果	1674	6.35
蔬菜	43323	5.37
食用菌	1313	13.68

肉蛋奶总产量6288.1吨，比上年下降1.75%。肉类总产量5358.1吨，下降0.57%。其中，禽肉285.36吨，增长27.45%。奶产量2吨，下降82.3%。

三、工业和建筑业

全部工业增加值114.6亿元，比上年增长9.2%，其中规上工业增加值增长11.3%。工业产品销售率94.5%，比上年下降2个百分点。

在规模以上工业企业中，股份制企业、外商及港澳台投资企业、其他经济类型分别完成增加值71.27亿元、42.3亿元、0.9亿元，分别增长9.2%、13.15%、212.4%。

规模以上工业的27个行业大类中有16个增加值增速在两位数以上。其中，印刷业、记录媒介的复制增长88.6%，有色金属冶炼和压延加工业增长88.3%，化学原料及化学制品制造业增长46.8%，饮料制造业增长34.3%，皮革、毛皮、羽绒及其制品业增长34.2%，农副食品加工业增长30.6%。文教体育用品制造业增长27.6%，木材加工和竹、藤、棕、草制品业增长26.7%，食品制造业增长24.7%。规模以上工业中食品、金属、家具三大主导产业实现增加值20.56亿元，增长12.29%。其中，食品制造业实现增加值9.62亿元，下降8.4%；金属制品业实现增加值5.9亿元，增长6.7%；家具制造业实现增加值5.03亿元，增长41.1%。

2022年规模以上工业增加值主要分类情况表

表16

指标	总量（亿元）	增长（%）
工业增加值	114.5	11.28
其中：股份合作制企业		
股份制企业	71.26	9.16
外商及港澳台投资企业	42.29	13.15
其他经济类型企业	0.9	212.4
其中：轻工业	73.93	9.35
重工业	40.57	14.92

2022年规模以上工业企业主要工业产品产量一览表

表17

产品名称	单位	产量	比上年增长（%）
大米	万吨	15.38	325.3
罐头	万吨	8.9	-174.1
家具	万件	810.3	-77.5
纸制品	万吨	68.2	307.1
塑料制品	万吨	3.78	350.4
商品混凝土	万立方米	126.1	47.5
钟	万只	722.38	-36.6
饲料	万吨	8.9	7.4

规模以上工业企业实现利润32.59亿元，比上年增长18.4%。其中，股份制企业实现

利润26.04亿元，增长51.8%；外商及港澳台投资企业实现利润4.4亿元，增长40.5%。

全区资质等级以上的总承包和专业承包建筑业企业完成建筑业总产值81.6亿元，增长17.6%；全社会建筑业增加值53.8亿元，增长7.6%；房屋建筑施工面积294.7万平方米，增长7.3%；房屋建筑竣工面积68.5万平方米，增长29%；实现利润30亿元，增长36.4%；税金及附加总额2432.8万元，增长17.3%。

四、固定资产投资

全年固定资产投资261亿元，比上年增长10.5%，其中，项目投资159.2亿元，增长40.8%；房地产开发投资101.8亿元，下降17.8%。

按工程用途分，商品住宅投资53.2亿元，下降30.7%；商业营业用房投资23.4亿元，增长43.6%；办公楼投资5.6亿元，增长30.2%；其他投资19.6亿元，下降25.8%。商品房销售面积139.9万平方米，增长2%，商品房销售额120.3亿元，下降21.7%。

2022年固定资产投资情况一览表

表18

指标	投资额（亿元）	比上年增长（%）
固定资产投资	261	10.5
按项目类型分		
项目投资	159.2	40.8
房地产开发投资	101.8	-17.8
按产业分		
第一产业		
第二产业	61.4	51
其中：工业	61.4	51
第三产业	199.6	2

2022年房地产开发和销售主要指标完成情况一览表

表19

指标	单位	绝对数	比上年增长（%）
投资完成额	亿元	101.8	-17.8
其中：住宅	亿元	53.2	-30.7
房屋施工面积	万平方米	617.8	-7
其中：住宅	万平方米	388.9	-7.7
房屋新开工面积	万平方米	98.07	197.2
其中：住宅	万平方米	61.95	224.3
房屋竣工面积	万平方米	187.5	37.8
其中：住宅	万平方米	128.7	34.8
房屋销售面积	万平方米	139.9	2

续表 19

指标	单位	绝对数	比上年增长（%）
其中：住宅	万平方米	91.5	-7.3
本年资金来源	亿元	109.98	-39.96
其中：国内贷款	亿元	7.3	-62.2
其中：个人按揭贷款	亿元	30.6	-37.4
本年购置土地面积	万平方米	0	-100
本年土地成交价款	亿元	0	-100

五、国内贸易

全年社会消费品零售总额252.5亿元，比上年增长7.3%。在限额以上批发零售业零售额中，化妆品类增长30.8%，体育、娱乐用品类增长161.4%，家用电器和音像器材类下降37.5%，文化办公用品类增长388.5%，汽车类增长10%，服装鞋帽针纺织品类下降17.6%，粮油、食品类增长75.4%，饮料类增长9.8%，烟酒类增长41.6%，日用品类增长3.9%。

全区限额以上汽车业完成销售额93亿元，增长9.4%，其中限额以上汽车零售额完成89.8亿元，增长10%。

六、对外经济

全年进出口总额123821.08万美元，比上年增长24.65%。其中，出口91289.94万美元，增长33.76%；进口32531.14万美元，增长4.66%。

新设立外商投资企业9家，比上年增长12.5%。按验资口径统计，合同外资3776万美元，增长5.6%；实际利用外资1862万美元，增长193.6%。

2022年分行业外商直接投资情况一览表（验资口径）

表 20

行业	新设企业数（个）	合同外资（万美元）	实际利用外资（万美元）
总计	9	3776	1862
制造业	1	3750	223
建筑业	0	0	0
服务业	8	26	1639

七、交通

全区公路网点里程203.067千米。全年实现公路货运量1026.95万吨，比上年增长41.8%；公路货物运输周转量127313.67万吨千米，比上年增长43.5%。全年实现公路客运量50.8935万人次；实现公路旅客运输周转量7683.4915万人千米。

2022年各种运输方式完成货物运输量、旅客运输量情况一览表

表 21

指标	单位	2022年完成数	比上年增长（%）
公路货运量	万吨	1026.95	41.8
公路货物运输周转量	万吨千米	127313.67	43.5

续表 21

指标	单位	2022 年完成数	比上年增长（%）
公路客运量	万人	50.8935	64.1
公路旅客运输周转量	万人千米	7683.4915	59.9

八、教育、文化和卫生

全区普通高中招生 1470 人（其中民办 818 人），在校生 4067 人（其中民办 2425 人），毕业生 983 人（其中民办 603 人）。全区初中招生 3008 人（其中民办 1238 人），在校生 8584 人（其中民办 3868 人），毕业生 2989 人（其中民办 1434 人）。普通小学招生 5908 人（其中民办 0 人），在校生 30760 人（其中民办 259 人），毕业生 3684 人（其中民办 99 人），特殊教育在校生（6～15 岁）107 人。幼儿园在园幼儿 12845 人（其中民办 5604 人）。

全区年末共有各类艺术表演团体 1 个，文化馆 1 个。

年末共有各类卫生机构 229 家，其中医院 6 家，卫生院 1 家，社区卫生服务中心 5 家。年末共有卫生技术人员 2415 人，其中医生 938 人（含医师、乡医），注册护士 1252 人。年末共有床位 1270 张。农村有医疗点的村数占总村数的 100%，乡村医生和卫生员 22 人。

九、科学技术与食品安全

科学技术支出经费 5027 万元，增长 33.93%。全区高新技术企业竞争数 53 家，共有 159 家。专利授权 957 件，比上年下降 23.68%。

全年开展了肉制品、乳制品、打击食品非法添加等 3 个专项整治工作，共检查食品生产经营企业 626 多家次，抽检食品 1296 批次，合格率为 98.23%，组织 1210 人次参加食品关键岗位考试，合格率为 99.01%。检查特种设备使用单位 75 家，巡查率为 9.42%。开展“计量惠民”活动，免费检定辖区集贸市场在用衡器近 887 台（件），血压计 352 台、其他医疗仪器 153 台。

十、人口、人民生活和社会保障

全区年末常住人口 30.67 万人，全年净增常住人口 0.05 万人，全区出生率 4.04‰，死亡率 3.4‰，自然增长率 0.64‰。城镇化水平 91.85%。

全体居民人均可支配收入 50823 元，增长 7.5%，总量位居全市第 2。其中，农村居民人均可支配收入 27732 元，增长 9.9%；城镇居民人均可支配收入 53051 元，增长 6.5%。

年末参加城镇基本养老保险人数 330 人（仅指实行自收自支、差额核算的事业单位），其中参保职工 265 人，参保的离退休人员 65 人。全区参加失业保险人数 65076 人。全区领取失业保险金人数 6039 人次，领取金额 940.57 万元。

2022 年，全区纳入城市最低生活保障的居民 1091 户（1811 人）；纳入农村最低生活保障的居民 312 户（491 人），其中“特困”供养对象 239 人。

年末全区农村幸福院（园）13 所，床位共 105 张。全区各种社区服务设施 66 个，其中社区服务中心 1 个。

十一、资源和环境

全年完成造林绿化总面积 1493 亩。其中，植树造林 529 亩、封山育林 432 亩、森林抚育 532 亩。全年发生森林火灾 0 起。

全区已发放排污许可证的企业为 107 家，全年关停与转迁企业数为 1 家。全区集中式饮用水水源水质达标率为 100%。全年完成 82 家企业环境统计。

十二、安全生产

全年共发生各类生产安全事故 5 起，比上年下降 16.6%，死亡 2 人，下降 50%；受伤 4 人，上升 33.3%。亿元生产总值生产安全事故死亡率为 0.46%；工矿商贸就业人员十万人生产安全事故死亡率为 0；道路交通万车死亡率为万分之三点一。全年共发生道路交通事故42起，比上年下降40.85%；死亡18人，上升28.57%；受伤28人，下降56.92%；直接经济损失1.1687万元，下降12.44%。

说明：1. 本公报所列数据为初步统计数。

2. 本公报地区生产总值、各产业增加值按现价计算，增长速度按可比价格计算。

索 引

说 明

一、本索引采用主题词分析法，按主题词首字汉语拼音字母顺序排列。

二、栏目、分目标题用黑体字。“特载”“专记”“大事记”“人物荣誉”“附录”内容不做索引。

三、索引主题词后的数字表示页码。

四、空一字起排的款目为上一主题的“附见”。

A

B

C

D

F

G

K

L

M

N

P

Q

R

S

T

W

X